岭南师范学院2022年筑峰计划专项项目资助
"新课程视域中的中学语文教材文本研究"成果
"基于学业质量监测的高中语文教师教育研究与实践"成果

# 语文
## 教科书研究

陈斐

著

U0330219

中山大学出版社
SUN YAT-SEN UNIVERSITY PRESS

·广州·

版权所有　翻印必究

图书在版编目（CIP）数据

语文教科书研究/陈斐著．—广州：中山大学出版社，2023.12
ISBN 978 - 7 - 306 - 07970 - 1

Ⅰ. ①语…　Ⅱ. ①陈…　Ⅲ. ①语文课—教材—研究—中小学
Ⅳ. ①G633.302

中国国家版本馆 CIP 数据核字（2023）第 254358 号

出 版 人：王天琪
策划编辑：高　洵
责任编辑：陈　芳
封面设计：曾　斌
责任校对：赵琳倩
责任技编：靳晓虹
出版发行：中山大学出版社
电　　话：编辑部 020 - 84110283，84113349，84111997，84110779，84110776
　　　　　发行部 020 - 84111998，84111981，84111160
地　　址：广州市新港西路 135 号
邮　　编：510275　　　　传　真：020 - 84036565
网　　址：http://www.zsup.com.cn　　E-mail：zdcbs@ mail. sysu. edu. cn
印 刷 者：广州市友盛彩印有限公司
规　　格：787mm × 1092mm　1/16　18.25 印张　327 千字
版次印次：2023 年 12 月第 1 版　　2023 年 12 月第 1 次印刷
定　　价：58.00 元

如发现本书因印装质量影响阅读，请与出版社发行部联系调换

# 前　　言

"尺寸课本，国之大者。"近年来，教育部印发《中小学教材管理办法》等文件，党的二十大报告首次提出"加强教材建设和管理"。这表明了教材建设国家事权的重要属性，凸显了教材工作在党和国家事业发展全局中的重要地位。教材作为教育目标、理念、内容、方法、规律的集中体现，是教育教学的基本载体和关键支撑，是教育核心竞争力的重要体现。研究教科书，以此助力高质量教材体系的建设，是教育工作者应有的责任。

从理论上看，教科书的生命周期包括教科书的准备、设计、编写、试验、审定、出版发行、选用、使用、评价、收藏与传播等多个环节。在上述诸多环节中，与教科书的教学功能关系最为密切的阶段是教科书的编写与使用。这也是本书探讨的主要问题。

在众多的语文教科书研究成果面前，本书该如何定位？这需要解决好如下三个问题。

首先，读者是谁？本书的目标读者主要是在校的师范生。他们当中大部分人缺乏语文教育实践经验，对语文教科书有一种盲从的心理定式，缺乏自觉开发、建设教材的意识，可以说对语文教科书的建构没有什么概念。此外，本书的目标读者是一线语文教师，他们拥有不同程度的教育教学实践体会，但是，从近些年的在职教师的研修培训或职务培训效果来看，大部分在职教师的教材开发与建设的素养及能力并不比师范生高，甚至有些教师还形成了一定的消极定式和顽固套路。

其次，读者为什么要读这本书？对于读者（无论是师范生还是在职教师）而言，语文教科书的开发与建设是他们进行语文教学的必备基本功，是他们从教的底气。

最后，读者需要什么？为了避免自作主张或者一厢情愿，本书的架构是基于师范生和在职教师的调研反馈而建设的。学术研究如果不能给语文教学实践以实际的帮助，那么无论它的理论再怎么有系统，它的研究再怎么有深度，也无助于语文教学，更难以赢得语文教师的信任。本书舍弃了一般同类专著为追求理论系统性所采用的集中阐述的方式，而是结合语文课程标准、统编语文教材体系、语文课程实施要求而展开论述。

　　本书共分为六章。第一章，对教科书的内涵进行界定，阐述语文教科书的特质；第二章，概述语文教科书的历史变迁；第三章，阐述语文教科书与语文课程标准的关联；第四章，从范文系统、知识系统、助读系统、练习系统探索语文教科书体系的建构；第五章，从教学单元、学习任务群、语篇等角度阐述教科书开发与建设的策略；第六章，阐述语文教师提升教材开发与建设能力的途径。

　　本书从实践操作的视角探讨语文教科书的建设与开发，在保障学理性的同时，注重以课例为辅助，每一章节内容的操作策略均使用教学案例来辅助说明，教学案例皆选用现行统编语文教材经典篇目，具有代表性。

# 目　　录

## 上编　语文教科书的建构

# 下编　语文教材的应用

# 上编

## 语文教科书的建构

# 第一章　语文教科书概说

## 一、教材的内涵

关于教材的界定，各类词典有不同的解释。

《现代汉语词典》对"教材"的解释是："有关讲授内容的材料，如书籍、讲义、图片、讲授提纲等。"教科书"是按照教学大纲编写的为学生上课和复习用的书"。

《辞海》认为教科书是"根据教学大纲编选的供教学用和要求学生掌握的基本材料"，并认为教材包括教科书、讲义和视听教材等。

《教育大辞典》对教科书的定义是："（教科书）亦称'课本''教本'。根据各科教学大纲（或课程标准）编写的教学用书。教材的主体。是师生教学的主要材料，考核教学成绩的主要依据，学生课外扩大知识领域的重要基础。通常按学年或学期分册，划分单元或章节。主要由课文、注释、插图、实验和习题等构成。其中课文是最基本的部分。"[1]

《中国大百科全书》对"教材"的解释如下："①根据一定学科的任务，编选和组织具有一定范围和深度的知识和技能的体系。它一般以教科书的形式来具体反映。②教师指导学生学习的一切教学材料。它包括教科书、讲义、讲授提纲、参考书刊、辅导材料以及教学辅助材料（如图表、教学影片、唱片、录音、录像磁带等）。"[2]

《简明国际教育百科全书课程》认为："教材作为达到课程目的的一种手段，可以看作是为学习者提供的有计划的经验，获得预期学习结果所必需的知识；或必要的信念、理解力和习惯。"[3]

---

[1]　顾明远主编：《教育大辞典（增订合编本）》，上海教育出版社1998年版，第698页。

[2]　中国大百科全书总编辑委员会《教育》编辑委员会、中国大百科全书出版社编辑部编：《中国大百科全书·教育》，中国大百科全书出版社1985年版，第144页。

[3]　江山野主编译：《简明国际教育百科全书·课程》，教育科学出版社1991年版，第66页。

从国家教材管理文件的角度来看，对教材的定位如下：

《中小学教材管理办法》规定："本办法所称中小学教材是指根据国家课程方案编写的、供义务教育学校和普通高中学校使用的教学用书，以及作为教材内容组成部分的教学材料（主要包括教材配套的音视频、图册和活动手册等）。"①

尽管"教材"概念有多种表述方式，但是大多数书籍及文件的核心观点都认同教材是为实现一定的教育目标而供教师和学生使用的媒介材料。简单来说，教材就是供教学使用的材料。与教材紧密相关的一个概念是教科书，教材是教科书的上位概念，教材包含文字教材和视听教材。《中国大百科全书》认为："教科书、讲义和讲授提纲是教材整体中的主体部分。"② 在教材体系中，教科书的内容体系最成熟，它主要依据现代学制编写，分学科、分年级、分学段，因此在学校当中使用最多，是教材系统的核心组成内容。例如，《三字经》《百家姓》《千字文》是我国古代私塾通行的蒙学教材，却不是现代意义上的教科书。一般说来，学界普遍认为我国最早的具有教科书体例雏形的教学用书是上海南洋公学于1897年编辑的《蒙学课本》。

从社会学视域来看，教科书受到政治、经济、文化等方面的影响，是教育领域与政治、文化、经济等领域博弈的产物。可以这么说，教科书展现了人类生产生活的思想和文化的精粹要素，体现了国家意识形态的主流观念，是一种将文化资本与经济资本相统一的特殊商品。

从教育学视域来看，教科书的本质是教学活动文本。教科书是在学校当中所使用的教学工具用书，是基于教学大纲或课程标准所编写的反映学科基本内容的教学工具用书，是作用于受教育者的一种隐性的教育力量。尽管教科书具有政治属性、文化属性和教学属性等多重属性，但教学属性规范并制约着其他属性，教科书的其他属性也必须通过教学属性来加以体现。教科书需要服从并适应受教育者的客观发展规律，其主要目的是达成一定教学目标，促进学生学习、发展，推动学生主动性、自主性、创造性和社会性等主体性特质发展，以期让受教育者实现所预期的变化。所以，

---

① 《教育部关于印发〈中小学教材管理办法〉〈职业院校教材管理办法〉和〈普通高等学校教材管理办法〉的通知》（教材〔2019〕3号），（2019-12-19）［2019-12-29］，http://www.moe.gov.cn/srcsite/A26/moe_714/202001/t20200107_414578.html。

② 中国大百科全书总编辑委员会《教育》编辑委员会、中国大百科全书出版社编辑部编：《中国大百科全书·教育》，中国大百科全书出版社1985年版，第144页。

教科书的本质属性是教学属性。本书所探讨的是课程视域范畴的教科书，主要是依据学制编制供中小学教学使用的教学用书，即通常教学所用的"语文"课本。

## 二、教科书的属性

### （一）教学属性

教科书需要适合教师的"教"，同时也需要适合学生的"学"。对教师而言，教科书必须具备可操作性。对学生而言，教科书应当具有学材化的特征。

#### 1. 可操作性

可操作性是基于教师操作层面而言的。简单来说，教科书应当提供清晰的教学内容和有效的教学路径，便于教师实施教学。

一直以来，语文教科书的编写比较注重选文内容的思想性和学科知识的专业性，教科书内容的编写形式也尽可能照顾适龄学生的年龄特点和学习需要，这方面的成功经验比较多。但是，由于语文教科书大多以选文系统承载课程内容，大多数选文本身是带有一定写作目的的已发表成品，这些作品并非为教科书而撰写，它们被编入教科书之后，被附加一定的教学目标及功能，这就使得教科书选文的教学内容比较复杂而隐晦，不容易被教师把握。语文教师面对一篇课文，经常要思考的一个简单而又复杂的问题就是："这篇课文教什么？"这个问题让语文老师困惑、为难，甚至为此争论。正确把握课文的教学内容，成为有效阅读教学的关键。例如，郑振铎所写的《猫》一文，有的教科书版本将该文编入记叙文单元，要求落实记叙文的有关知识；有的教科书将其定位为散文，单元要求强调领会作者的情感；有的教科书版本没有根据文体编排，单元要求提出学会概括文章中心思想，指向语文要素的落实。对于这篇课文的教学，文体属性素有争议：教记叙文、教小说还是教散文？老师们对文本的解读内容多种多样，教学内容更是五花八门。不少老师抱着"多多益善"的心态，教学内容的选择无所不包，课堂教学涉及这篇文章的主题、作者情感、任务分析、写法特点和语言风格等。这一现象的出现，固然与教师自身的教材解读能力相关，而教材本身缺乏教学指示也在无形之中增加了教科书使用的障碍。

"教师如何使用教材"不应该成为一个教学难题。教科书的编写应当明确"教什么"和"怎么教"。教科书编写过程中既要以课程标准导向为依据，符合学生基本学情所需，又要关照教师"用教材教"，便于教师明确经由教科书应当使学生掌握学习目标所要求的课程内容，而非以教科书来限制师生双方的教与学。

"他山之石，可以攻玉。"我们来看看德国语文教科书的编写（节选）[①]：

### 马戏团——无所不能的世界

你读过盖特·罗施茨的小说《分币痣》吗？书中讲述了一个特别的马戏团的故事。马戏团本是一个无所不能的世界，这本书也不例外，它可以为我们提供无数个叙述和表演的机会。右栏是书的一个选段"小丑的喊叫"。我们为段落编了序号，感兴趣的同学可以阅读全书。左栏有阅读提示和练习，为了启发和引导你发挥想象。按照自己的方式阅读和讲述这个故事。

| 导读和练习 | 课文 |
| --- | --- |
| 1. 故事开头就是一个名字 Tom Courtey（汤姆·考尔特）。你会正确读出来吗？看到这个名字能联想到什么？请给这个人物画一幅肖像或勾勒一幅侧面像。画好后就对他进行人物描写（注意不要让别人听见）。然后相互介绍练习结果，并讨论一下什么样的人物形象（包括语言）更符合原著的精神。 | 1. 汤姆·考尔特拥有世界上最大的马戏团。他演出的足迹遍及大西洋两岸。著名杂技演员们纷纷加盟登场。汤姆本人无疑是他们中的佼佼者。 |
| …… | …… |

---

① 张心科：《接受美学与中学文学教育》，华东师范大学出版社 2019 年版，第 44 页。

续上表

| 导读和练习 | 课文 |
| --- | --- |
| 7. 回到宫殿后，国王突然觉得有必要把当晚发生的事情记载到日记里，于是他招来宫里最高秘书执笔，由他本人口述……请你记录国王的日记内容。<br><br>8. 试比较不同的人是怎样发现和看待汤姆脸上那颗痣的。怎样可以分辨出这些区别？"痣"意味着什么？原文首先出现"一颗痣"，然后是"那颗痣"，两种表达有何区别？ | 7. /8. "一颗痣，"观众发出惊叫，"看汤姆脸上那颗痣呀！"这叫声迅速传遍每个角落，这叫声也传到埃及国王的包厢里。"什么？汤姆脸上有颗痣？"国王问他的陪同。于是他们拿起望远镜仔细观看，回答说："有。"<br><br>话音刚落，国王便从座位上站起来，匆匆离开跑马场。他的随从紧随其后。 |
| …… | …… |

以上节录的教材内容通过表格提供了体验性的读解指引，而非编写者事先确定的、带有权威性的阐释内容。这篇文章的文前导语、文后小结也为教师教学提供引导路径，师生的教与学可以达成共识。

教科书是教师开展教学实践的凭借，以往语文教科书编写比较注重教科书的"呈现者"角色，将教科书所呈现学科领域内的知识体系奉为权威甚至真理。教科书既是课程内容的"呈现者"，又是教材使用的"解释者"，传达编写者的意图，明示教科书所呈现的资料的基本用途，有助于教师掌握语文学科相应学段的知识内容，便于指引教师开展课程教学活动。教科书应当具备可操作性，简单来说，就是提供明确的教学内容指引或指示特定教学活动所必需的路径和手段，促使教师高效使用教科书，使教师能够引导学生按照既定的程序和步骤完成教科书的学习任务。

2. 学材化

学材化是从学生"学"的层面加以界定的，即教科书要易于被学生接受，便于学生学习。学材化的内涵理解分为两个层面：第一，立足于学生实际，即教科书编写更加关注学生的兴趣、身心发展、接受能力等各个方面；第二，致力于学生发展，即教科书编写不仅要重视知识的传授，更应以"教是为了不教"为目的，使学生适应终身教育的社会发展。语文课程标准在"教材编写建议"中也强调"教材编写体例和呈现方式，要围绕学生生活实际和认知需求创设学习情境，以问题探究为导向，有机组合选文及辅助性学习资源，循序渐进地设计支架式的学习任务和活动"①。教科书编写要有学生立场，教科书的内容要使学生乐于学习，教科书的编写要使学生易于学习。

教科书应当是一座桥梁，沟通教学的参与者，促使教师、学生与编写者进行对话。例如，现行统编语文教材采用双线组元的结构，每个教学单元内都以一定的"内容主题"和相当的"语文素养"将单元选文贯串成一个整体。编写者意图通过单元导语、预习提示、旁批得以体现。

教科书应当成为指向标，明确教学内容和方法。对教师而言，透过教科书明确教学目标和教学内容，可以提高语文教学的科学性，避免忽略语文课程的整体要求。对学生而言，经由教科书可以明确学习的重点，明确应当掌握的语文知识，了解与掌握语文知识的方法和程序。

教科书应当成为助推器，推进学生自主学习。学材化要求教科书为学生提供一定的学科学习领域的入门指导。同时，教科书还应通过创设相应的学习情境，提供一定的学习支架，培养学生学习并运用语言文字的能力。此外，教科书要为学生提供相应的评估、反馈其学习状况的条件。例如，教科书中的助读系统就应当发挥入门引领和指导作用，练习系统则通过一系列应用于不同的情境之中的思考题和测验题促使学生检查、反馈某些知识和技能。

教科书应当是脚手架，用来帮助提升学生的认知能力。语文教科书的助读系统和知识系统应当结合教科书的文本特色来分解单元教学要求，有针对性地提出相应的教学目标，并以此强化学习方法的训练，补充学生的语文基础知识。例如《周亚夫军细柳》这篇课文，知识系统应当补充不同时期不同学者对于《史记》的评价，才有助于学生理解《周亚夫军细柳》并评价异同的观点，培养学生的文学批评思维能力。

学材化是我国语文教科书编写一直比较关注的问题。近代教科书雏形——上海南洋公学自编的《蒙学课本》（1897 年）或《澄衷蒙学堂字课图说》等，每课用字数目和识字内容及编写方式都尽可能适应学生的学龄特点。当然，教科书编写适应学生并不等于与学生的认知水平平行。一般而言，教科书文本的水平应当略高于学生的认知阅读水平。这类文本内涵丰富、形式别致，如一些经典名篇，让学生读起来感到既熟悉又陌

---

① 中华人民共和国教育部制定：《义务教育语文课程标准（2022 年版）》，北京师范大学出版社 2022 年版，第 53 页。

生。有不少选文与学生的现实生活、思想认识水平距离较大，编写时更是需要参照学生学情需求，搭建各种学习支架，使学生可以获得有效的指引。现行语文教材在每篇课文前都设置预习提示、自读提示，这些助读系统是指引学生学习的教材要素，避免师生在阅读教学中迷失方向。

## （二）政治属性

从社会学的视角出发，教科书所提供的是一种官方知识，试图回答"谁的知识最有价值"这一问题，并通过"用谁的知识去教育学生"的思考来体现其政治属性。

教科书的知识体系是课程内容选择、确定和组织的结果，是课程内容、学科知识、教育知识等的分配结果。教科书的编制必然是为某种社会目的而服务，确切地说，是为社会的共同利益或者说是为国家利益服务的，体现国家意志。也就是说，教科书所包含的知识总是带有一定的社会价值取向的，将本国本民族重要的价值理念贯穿于教科书当中，并通过教科书来实现教育知识的分配，促使学习者学习不同的课程内容知识。

教科书反映社会现实需求。这里的"社会现实"主要指国家主流意识形态，是社会认可的主流"社会现实"，以及由此形成的符合人民价值取向的"社会需求"。教科书是传播国家主流意识形态和社会主流文化价值的特殊载体，国家主流的政治、经济和文化利益的需求往往成为教科书文本内容选择的主要标准之一，其所呈现的教科书内容与现代社会的发展趋势是一致的。这一特殊性使得教科书具有相当的公信力和权威性。并且，教科书的编制、出版、选用、评价需要获得政府、社会权力机构的支持。自新中国成立之后的 50 多年的中小学教材都是全国统编的。2001年，教育部全面启动关于教材多元化的改革，开始实行"一纲多本"，即在课程标准指导下，由一些有实力的出版社组织编写教材，经全国中小学教材审定委员会审查通过可以发行。一般而言，教科书由具备资质的出版社或教育机构依据课程标准编写，交由国家指定的审查机构审定，通过审定的教科书才能出版、发行，而后供学校选用。

被选编的教科书内容如同获得了制度化身份和合法性地位。教科书不仅提供了学习的参照，而且为师生构建了特定的世界观、人生观和价值观的尺度标准，甚至成为学科知识的"权威"或"真理"。在教科书的解读和使用过程中，学生处于一种确定的文化意识之中，他们用共同的价值视角来思考和理解世界，学生的思想认识、文化精神得到提升，乃至民族文化、国家文明都得到一定的传承和发展。例如，教科书文本借助闻一多、屈原、花木兰等国民形象体现我国传统的"忠、义、仁、礼"等思想。又如，教科书文本以文字符号的方式呈现经过选择的榜样人物，这些榜样人物以间接的、隐性的方式渗透国家主流意识形态。某版本教材选文《郑成功》描述了民族英雄郑成功收复台湾、建设台湾的伟大功业，通过郑成功的事迹激发学生的民族认同感和自豪感。学生通过学习课文了解历史并认识英雄人物，铭记台湾是中国不可分割的一部分。

### （三）文化属性

人类文化具有间接的、派生的育人性。正因为如此，语文课程具有"以文化人"的特殊性，语文教科书得以从中选取一定的教学内容，以此促进学生的发展。语文教科书实质上是一种特定的教育化的文化，这种文化不可能是原生文化，也不可能是简单地割取文化，语文教科书是根据一定的课程因素或教育标准进行严格选择的文化精华的承载体。因此，教科书可以说是特定文化的精选本，是一种再生的、带有强烈教化功能的文化载体。

一方面，教科书的文化属性主要体现为教科书通过一定的社会的主流文化，对学生进行潜移默化的熏陶感染，进而使其产生改变。

课程内容来自对文化的选择和重组，基于教育情景要素所选择和重新组织的文化内容便成为教学内容，这些教学内容最基本的呈现方式便是教科书。教科书所选择的教学内容是具有一定社会价值的文化，希望为学生所接受且有助于学生成长。被选择的文化因素被赋予一定的教育意义，由此获得了不同于一般文化的新的规定性和价值特性。教科书所选择的文化既要符合社会现实的需要，又要有助于学生发展。教科书的编写必然要注重传承民族文化，呈现历史文化精粹，渗透时代文化因素，同时，要关注社会现实、了解社会冲突、预估社会未来，以此促使学生将文化精华内化为自身文化认识，尽可能得到充分的发展。

以语文教科书为例，它是对文化的优选和重组，也批判地适应文化。语文教科书不仅要对人类文化进行择优汰劣，而且要根据学生的认知水平等实际经验进行选择加工和系统编排。作为课程文化的物质载体，语文教科书不仅要吸收和传承过去的优秀传统和文化遗产，而且要吸纳具有时代特色的思想文化，在保持文化传承的连续性中不断变革和创新。从某种意义上来说，语文教材是一个时代社会文化的反映。它诉说着一个时代社会文化的逻辑，扮演着一个时代社会文化的角色。各国语文教科书都显示着其特有的民族文化传统和当代文化特质以及国家的文化政策，注意多元文化的交流和融合。当然，语文教科书对文化的选择和传递并非被动复制，而是主动介入处理原初文化信息。我国不同时代的文化在语文教科书文化构成中表现出"厚古薄今"的特点，即较为重视中华优秀传统文化的继承与弘扬。在选文内容方面，经典的古代作品多集中在百家争鸣的先秦和文学繁盛的唐宋，原因在于经典作品承载着传统文化的精髓。

另一方面，教科书的文化内容具有潜隐性。这种潜隐性源自教科书本身作为一种隐性课程，其文化内容及价值取向自然而然地以一种隐含的方式加以呈现，这种潜隐性同时又具有易接受性。在现实情境中，教科书为学生个体的思想、行为以及社会生活提供参考架构。在某种程度上，绝大多数人的人生观、世界观等都与教科书的启蒙直接相关。人们不知不觉地依据教科书逐步提供的文化标准"参考架构"来规范自己的思想和行为，来解释社会现象与事实。以语文教科书为例，其文化内容及价值取向依附在选文系统，通过选文这种隐含的方式传递国家认可的价值观，通过单元导语、预习提示等助读系统渗透、说明特定的意识形态或价值观，使得学生在潜移默化中受到一定的情感、态度、价值观的熏陶感染。这是语文教科书与专门的德育课程的教科书的不同之处。

语文教科书提供了共同的文化标准。对于学生个体而言，潜隐的文化思想通过语文教科书得以传播，学生的成长被确定的文化意识熏陶感染，其精神成长与特定的民族性和国民性相关联。可以说，语文教科书利用文学的功能影响学生的个人思想品德和道德修养，"默默地"为学生的精神成长指明方向。如果忽视教科书文化的潜隐性，教学中过于强化教化、教导功能，则既有悖于语文的课程性质，也会导致学生对教科书产生抵触情绪。例如，统编语文教材一年级下册第21课《小八路》，有的老师过于强调其革命教育价值，过于生硬的道德说教迫使语言文字服务于特定的思想品德教育，导致学生产生抵触情绪。语文教科书应该借助本学科内容中蕴含的价值教育因素，融合思政课中的价值理念进行渗透。语文教科书的编写应当关注学生的体验、感悟，注重通过联系与学生切身利益相关的活动或事件让学生去感受、体验，进而产生合社会性的行为，从而完成从知到情到意到行的转化过程。

## 三、语文教科书的内涵、特质

语文教科书是语文教材系统的核心。广义上的语文教材包含一切对人的语言文字修养产生影响的书面和非书面的材料。学校范围内所使用的语文教材是指学校语文课上教师和学生所使用的材料，包括语文教科书、习题册、课外阅读素材，还有视频、音像、图像等教学材料。语文教科书专指语文教材，即我们日常口头所表述的语文课本。语文教科书在语文教材系统中处于核心地位，是教师的日常语文教学活动和学生日常语文学习的凭借材料或教学工具，其编写依据课程标准（或教学大纲），呈现语文学科理论成果的关键知识，并遵循学生身心发展规律，依照一定的科学顺序，形成一个相对稳定、系统的语言学习和训练系统。

语文教科书具备一般教科书的基本特征和一般功能，是语文教与学的工具。语文教科书的使用者主要是语文教师与学生，基本上是在语文课堂这一环境中使用。师生对教科书文本的使用形成了语文教师直接参与指导和同学互动的交际语境。在这一特殊的交际语境中，语文教科书成为重要的载体。语文教科书是语文课程内容显性的、直接的表现形式，语文教科书的内容是精选的学科基本内容和基础知识，是语文教师有规划地进行教学的工具。语文教科书的组织、编排考虑并尽可能适应学生的身心发展或认知过程，系统提供适当的学习方法（策略）或学习活动，是激发学生的学习动机、帮助学生建构知识并学会学习的工具。此外，语文教科书是语文教与学的指引。教科书无法包容学科知识的方方面面，也无须包办介绍全部学科知识的任务。在现代网络化信息技术的帮助下，语文教科书仅需呈现有助于学生理解语文学科领域的关键知识、方法，以及语文学科与社会和生活的关系的重要案例，尤其关键的是语文教科书要能够为学生选择、组织并建构知识系统提供指引。

语文教科书有自身的特质，主要体现为语用特性、话语特性、文化特性、美学特性。

### （一）语用特性

首先，语文课程性质决定了语文教科书文本的语用特性。语文课程具有很多特性，如综合性、实践性、人文性等，但归根结底工具性才是其本质属性。这一本质属性决定了语文学科的根本任务是指导学生正确地理解和运用祖国语言文字。《普通高中语文课程标准（2017年版2020年修订)》关于课程性质的表述为："语文课程是一门学习祖国语言文字运用的综合性、实践性课程。"①《义务教育语文课程标准（2022 年版）》也明确指出："语文课程是一门学习国家通用语言文字运用的综合性、实践性课程。"② 可见，语文课程区别于其他课程的特质在于它以培养学生正确理解和运用祖国语言文字的能力为根本宗旨，其他的思维提升、审美创造、文化自信都是语言运用这个主干上的衍生物。

　　语文教学的主要任务就是学习语言文字运用。这里所说的语言，不是理论意义上的语言学，而是实践意义上的语言运用，诸如日常工作、生活的语言交际，教学、学习中的语言运用，文学艺术的创作表达等。"学习语言文字运用"是语文课的本质特点。学习语言文字运用主要包括学习口头语言和书面语言，自然也包括学习若干文学语言和古代语言，体现为"字词句篇、语修逻文、读写听说"。其宗旨就是培养学生语用能力，使学生具备规范、得体、有效的语言交际能力。作为开展教学活动的主要凭借，语文教科书的编排就应该突出这一点，要因任务而异，以有利于培养学生听、说、读、写能力等为基础。

　　其次，语文教育的特点决定语文教科书文本的语用特性。语文教育根本上属于言语教育，语文课本质上是语言课程，但不是语言学课程。语言属于第二信号系统，不经过反复的刺激就不能建立这种复杂的神经联系。语文课程的核心内容不是像语言学课程一样帮助学生掌握若干概念、规则、原理构成的理论系统，也不是掌握关于语言文字、文章、文学、文化的知识系统，而是应着重培养学生的语文实践能力，且这种能力是在语言文字实践性运用中形成和发展的。课程标准明确指出语文教育实践性的实施路径："语文课程应引导学生热爱国家通用语言文字，在真实的语言运用情境中，通过积极的语言实践，积累语言经验，体会语言文字的特点和运用规律，培养语言文字运用能力。"③ 语文实践的途径很多，实践领域也很宽泛，但是，与日常语文实践不同的是，语文教材是有计划、有组织、讲策略的，其实践安排是规范化的。语文课程内容的选择、语文教材

---

　　① 中华人民共和国教育部制定：《普通高中语文课程标准（2017 年版 2020 年修订)》，人民教育出版社 2020 年版，第 1 页。

　　② 中华人民共和国教育部制定：《义务教育语文课程标准（2022 年版)》，北京师范大学出版社 2022 年版，第 1 页。

　　③ 中华人民共和国教育部制定：《义务教育语文课程标准（2022 年版)》，北京师范大学出版社 2022 年版，第 1 页。

的编制是根据教育教学的规律、学生学习语文的心理特点和语文学科的特点而精心设计的，它有着明确的目标、内容，也有着合理的程序、科学的方法，充分凸显语用的地位。

事实上，不同学科课程的内容表达和教学都离不开语言这个工具，也为学生提供了"言语经验"。但是，其他学科课程所教所学的是教科书的言语内容，重在教科书"说什么"；语文学科则以教科书的言语形式为教学内容，重在教科书"怎么说"。语文课程主要指向言语形式方面的经验而不仅仅是言语内容方面的经验，这是语文课程的专责，也是语文课程区别于其他课程的本质所在。简言之，语文教育的实践性要求语文教科书具备语用特性。

最后，教科书文本所附加的教学特性强化了语文教科书的语用特性。"教材无非是一个例子。"教科书文本自身言语表达方式是语文教与学依凭的语言材料。进入教科书范畴的文本被附加了一定的教学目的性、工具性，并且作为典型，成为培养学生听、说、读、写能力的范本。怎样才能更好地发挥"例子"的功效？《义务教育语文课程标准（2022年版）》在"教材编写建议"部分明确提出："教材选文要体现正确的政治导向和价值取向，文质兼美，具有典范性，富有文化内涵和时代气息。题材、体裁、风格要丰富多样，各种类别配置适当，难易适度，适合学生学习。"① 可见，语文教科书文本必须高质量，其选文应当"文质兼美""具有典范性，富有文化内涵和时代气息"，符合国家通用语言文字运用等标准，是学生学习语言文字运用的活动文本。语文教科书以选文系统为主体的编排，选文本身就是规范、优秀的言语表达运用示例，所涉及的语音、文字、词汇、语法、修辞、文体、文学等丰富的知识内容为学生提供语言运用的规范。语文教学正是引导学生通过对教科书文本当中典型的言语作品的体验、感悟和模仿，在课内外的实际或模拟的言语实践过程中，梳理并积累语言材料和语言经验，形成良好语感，掌握语言文字运用的规范。

综上所述，语文课程与教学实质上是一种言语教育，应当属于语用学范畴。语文教科书文本应当具备语用特质，教学文本的选编应当凸显从语用角度进行解读和实践运用，促使学生的语言文字运用能力的习得。

---

① 中华人民共和国教育部制定：《义务教育语文课程标准（2022年版）》，北京师范大学出版社2022年版，第52页。

### （二）话语特性

语文教科书的话语具有模糊性。一方面，这是源于汉语言文字的特点。汉语言作为一种非形态语言，重意合轻形式，这是汉语区别于西方语言的显著特点。汉语言构词能力强、富有形象性，这是汉语不同于拼音文字之处。汉语言的运用往往基于语境需要，其词语搭配、句子结构、句与句的组合取决于语义上的搭配是否合乎事理。汉语没有"法"的规则的强制性，其表达与思维以语言情境需要为主，常常随实际环境而变化，因此，汉语言适宜在模糊中求准确，在准确中允许蕴含模糊。此外，汉语言文字富有深厚的文化底蕴和强烈的感情色彩。汉语本身内涵丰富，一个汉字往往就是一个特定的意义世界，并且表达根据语境发生变化，文本言语表达往往具有"言有尽而意无穷"的可能，这使得文本话语具有一定的模糊性。并且，中国文人讲究"造化"、追求"意境"，言语表达重在心领神会。不少经典名篇"不著一字，尽得风流"。这种"不全之全"也使得语文教科书文本表述含蓄、委婉，具有一定的模糊性。

另一方面，源于选文本身具有多层次的意义所造成的内隐性。教科书的文本，是具有层次结构的能指系统，即由语言符号或非语言符号按照一定的规则组合而成的、具有多层结构的能指系统。所谓"能指"，是按照语言学家或者哲学家所划分出来的语言本身的功能之一，指的是试图通过语言表达出来的东西，即音形层面，语言的外在形式。而语言实际传达出来的东西叫"所指"，也就是语言的意义层面，是语言的内在含义。比如"树"，它的发音就是它的"能指"，而"树"的概念就是"所指"。又如，鲁迅先生的《孔乙己》中，有一句非常重要的话："孔乙己是站着喝酒而穿长衫的唯一的人。"对于那些不熟悉中国历史文化的人来说，这句话提供的"所指"语言信息只是有一个穿长衫的人在喝酒，但对那些熟悉中国历史文化的人来说，它"所指"的语言信息却是大有深意的。在中国封建社会，衣着服饰是分社会等级的，穿长衫者意味着接受过一定的文化教育，进可荣登仕途，退则可开馆授徒。因而穿长衫代表着地位尊贵，生活阔绰，能够踱进店里，是要坐下来舒舒服服喝酒的，只有那些穿短衣的才站着喝酒。孔乙己既穿着长衫却又站着喝酒，表明他的生活地位非常尴尬：一方面，他穿着长衫，说明他接受过一定的文化教育，在精神上不愿与穿短衣者为伍；但在另一方面，生活的穷途潦倒又迫使他只能站在店外喝酒，却放不下读书人的穷酸架子，仍旧穿着那件又脏又破的长衫。这句话既揭示了孔乙己低微的社会地位，又勾勒出孔乙己虚荣迂腐、自视清高的性格特点。"唯一"揭示出他的特殊性。

教科书文本这一能指系统主要包含以下三个结构层次。

第一层次：显性的、表层的感知连贯，表现在作品中，就是作品所呈现的叙事和观点材料。文本是一个语言符号系统，自身具有独立生命，文本自身包含着产生某种意义的各种要素，无须借助文本之外的因素加以展现。文本作为固定的物化物，一旦确定，自身不再变化，以同一面目向所有读者敞开。

第二层次：隐性的，在显性感知过程以下的，是作者"意脉"变化流动的过程。这一意义层面是隐藏在文字背后的。其中，艺术类语篇的语言表达通常伴随着冗余信息，在一定程度上增加了"意脉"的内隐性，使得文本意义层面含蓄、内敛。以《秋夜》为例，开篇第一段"在我的后园，可以看见墙外有两株树，一株是枣树，还有一株也是枣树"。如果撇开通篇主题不谈，这句话有些累赘，为何不直接写"我的后园墙外有两株枣树"？这样一句看似累赘且不合逻辑的话，恰恰是借助冗余信息构建出了一种语境、一种氛围。这句表述仿佛电影拍摄镜头的推进，让我们看到院子外边有两株树，慢慢地从一株枣树推转到另一株枣树，单调且孤独。这种孤寂的感觉若用"院子外面有两株枣树"来表现，肯定是达不到如此效果的。这样的例子在选文当中十分普遍。

第三层次：文体形式的规范性和开放性，还有文体的流派和风格。由于语言组合方式形成的相互作用，文本总是在向读者显示某种语义、寓意或意味，即意义内涵。这些意义内涵期待着读者通过自己的解读，去领悟、理解并加以充实。一来，文本原初的意义，由于时空间距日益增长，其意义变得模糊起来，产生了诸多歧义或误解。二来，读者受自身的成长境遇和文化素养的限制，必然会做出不同的解释。有句话说得好："佛以一音演说法，众生随类各得解。"

教科书文本意义世界的多层性和内隐性导致文本表意的复杂，其隐性意义既可寄生于一句话、一段文字、一篇文章，也可借助于许多文章来形成整体隐喻。这些都使得语文教科书的话语具有模糊性。

## （三）文化特性

所有学科的教科书都具有文化属性。教科书所包含的文化渗透着权威的知识、观念，以及国家教育部门（如教育部等）认同的为青少年儿童选择的特定的教学内容。教科书文化是社会文化的重要表现形式之一，其与社会文化之间存在着密切的联系。教科书的文化选择，就是根据某种社会化的目的，对文化思想体系或者文化观念进行筛选、改造或者摒弃，以将适当的内容纳入教科书。教科书的文化构成，体现着教科书的价值取向以及认同的文化观念。不过，语文教科书文本在一般的文化属性之上，包含独有的文化特质。

**1. 语文教科书本身就是一种植根于民族土壤的母语文化**

语文教科书是特定文化的载体，其特殊性在于母语文化是语文教科书的"底座"。语文教科书就是一种经过严格筛选的母语文化精华的承载物，这是语文教科书与其他教科书的不同之处。语文教科书文化主要通过选文系统加以体现。选文系统当中那些文质兼美的篇章承载着千百年来中华民族的文化积淀，呈现了历代学者、文人、名家看待世界的体验感悟，有的文本以饱含文化韵味的风土人情为题材，有的文本通过对某种社会现象的批判或反思来传递文化思考，提炼和概括了中华民族文化的精粹，在一定程度上可以说是中华民族数千年来文化的一个缩影。所有这些都可以让教师、学生体悟到语文教科书所蕴含的文化精神。

语文教科书本身就是文化的一种存在方式，是一种可以独立于教师、学生之外的文化形态，其文化要素主要集中在八大主题：国家与社区（包括国家、社区、邻里等方面）、中华民族传统文化（包括中华传统节日、观念、礼俗、民俗、古代神话、古代杰出人物等）、外国文化（包括外国文化、风俗、景物、杰出人物等）、自然天地（包括植物世界、动物世界、环境生态、人与自然等）、科技天地（包括科学常识、科学发明、医药及用途、电脑资料等方面）、超自然（超人类的想象、科幻等）、人际关系（包括个人、家庭、社会、朋友等）、生活健康（包括个人卫生、生活习惯、居住环境、体育活动等）。例如：萧乾的《吆喝》，以独具京味儿的语言为我们刻画了普通北京人的生活，让我们在北京人的吆喝声中领略了民俗文化的精髓；丰子恺的《竹影》叙述了描画竹影的游戏，呈现中国画的艺术魅力；史铁生的《我与地坛》，叙述了关于生死的某种宗教性的体验与顿悟，让我们明白了应该如何面对生死。无论是叙述故事，抑或抒写心绪，语文教科书文本总是在字里行间传递着对人类文化的体认与思考，通过教科书文本所蕴藏的深厚丰富的文化精神去感染学生，从而促使学生自身人格的圆满。

17

## 2. 语文教科书文化的特质是"言语—语言"文化

在我们的社会日常生活中，语言运用是非常普通的一种生活方式。但是，从言语角度来看，言语行为每时每刻显示着人的精神文化面貌，言语活动中有文化过程留下的痕迹。《普通高中语文课程标准（2017 年版 2022 年修订）》指出："语言文字是人类社会最重要的交际工具和信息载体，是人类文化的重要组成部分。"① 汉字的结构具有直观性、象征性等特点，其形体构成与人的思想、感情、生活和行为往往有着特定的联系，蕴含着丰富的文化意蕴。一个汉字，往往可能包含一个故事、一种姿态行为或情致；一个汉字，有可能是关于人的智慧；一个汉字，更有可能是民族文明的反映。汉字与文化在一定意义上具有密切的同构性。一方面，汉字是表意和表情的文字，每个汉字都有特定的意义，每个汉字都包含特定的感情；另一方面，汉字是象形性和审美性的文字，汉字有其特定的形象，具有可观性、可感性和审美性。

语文教科书选文系统的各种文化现象都依托语言文化而存在，与语言的文化特质具有内在的一致性。可以说，语文教科书选文系统的文化，其特质不仅是语言文化，更是实践着的语言的文化，即言语文化。语文学科存活在言语中，以言语为主体的特性，是它不同于其他学科的个性。其他学科是借助言语学习语言内容，而唯独语文学科是以言语形式为教学本体，教会学生如何用言语形式来表达言语内容。毋庸多言，"言语—语言"文化是语文学科应具有的独特个性；进行"言语—语言"文化教育是我国语文学科的使命，是语文教科书的命脉，是语文教师义不容辞的责任。

### （四）美学特性

《义务教育语文课程标准（2022 年版）》课程目标部分提出核心素养，其中一项就是"审美创造"："审美创造是指学生通过感受、理解、欣赏、评价语言文字及作品，获得较为丰富的审美经验，具有初步的感受美、发现美和运用语言文字表现美、创造美的能力；涵养高雅情趣，具备

---

① 中华人民共和国教育部制定：《普通高中语文课程标准（2017 年版 2022 年修订）》，人民教育出版社 2020 年版，第 1 页。

健康的审美意识和正确的审美观念。"① 同时，在"学段要求"部分也提出相应目标要求，例如：在第一学段（1～2年级），学生能够"初步感受汉字的形体美""感受语言的优美"；在第二学段（3～4年级），学生能够"感受汉字的书写特点和形体美""初步感受汉字的文化内涵"；在第三学段（5～6年级），学生能够"在书写中体会汉字的优美""注意语言美，抵制不文明的语言""学习辨别是非、善恶、美丑"；在第四学段（7～9年级），学生能够"体会书法的审美价值"。《普通高中语文课程标准（2017年版2020年修订）》基本理念提出："语文教育也是提高审美素养的重要途径，要让学生在语言文字运用的学习中受到美的熏陶，培养自觉的审美意识和高尚的审美情趣，培养审美感知和创造表现的能力。"② 此外，学科核心素养主要包括语言建构与运用、思维发展与提升、审美鉴赏与创造、文化传承与理解四个方面，其中，审美鉴赏与创造是指"学生在语文学习中，通过审美体验、评价等活动形成正确的审美意识、健康向上的审美情趣与鉴赏品位，并在此过程中逐步掌握表现美、创造美的方法"③。在《义务教育语文课程标准（2022年版）》中，出现"审美情趣""审美体验""审美乐趣""审美趣味""审美价值""优美""美观""文质兼美""美好""语言美""美丑""汉字的形体美""德智体美"等词或短语；在《普通高中语文课程标准（2017年版2020年修订）》中，提出与"审美对象""审美能力""审美品质""审美鉴赏与创造""审美体验""审美意识""审美情趣""表现美""创造美""审美素养""审美感知""审美趣味""审美追求""审美取向""审美品位"等与美有关的要求。课程标准已经对教科书编制与使用提出了若干美学要求。语文课程标准中"美"的要求如此丰富，与语文教科书本身的审美属性不无关系。

　　语文与美学具有天然的内在联系，语文教科书中具有丰富的美的形象、美的画面、美的意境和美的语言。语文教科书文本的审美性特质不是单一的，更不是裸露在外的，而是比较内敛，具有综合性、多面性。语文

---

　　① 中华人民共和国教育部制定：《义务教育语文课程标准（2022年版）》，北京师范大学出版社2022年版，第5页。

　　② 中华人民共和国教育部制定：《普通高中语文课程标准（2017年版2020年修订）》，人民教育出版社2020年版，第2－3页。

　　③ 中华人民共和国教育部制定：《普通高中语文课程标准（2017年版2020年修订）》，人民教育出版社2020年版，第5页。

教科书具备语言美（包括语音美、语词美、语句美、语段美等）、文章美（包括意旨美、结构美、事料美、情感美等）、文学美（包括意象美、典型美、意境美）、文化美（传统文化所表现的山川之美、风物之美等自然美和田园之美，风俗之美、情怀之美等社会美），构成"立言""立意""立人"的良性循环。

### 1. 教科书选文的文质兼美

语文教科书文本的美存在于运用符号规则的言语实践之中，其审美特质比较集中体现为语文教科书选文的文质兼美。语文教科书应坚持"取法乎上"的审美趋向，选好典范作品，从审美的角度优化语文教科书的内容。《义务教育语文课程标准（2022年版）》明确提出："教材选文要体现正确的政治导向和价值取向，文质兼美，具有典范性，富有文化内涵和时代气息。题材、体裁、风格要丰富多样，各种类别配置适当，难易适度，适合学生学习。"① 一直以来，"文质兼美"都是不同时期的语文教科书的主要选文标准。文质兼美凸显对教科书人文性、作者"言语"个性美的要求。文，指作品的艺术性；质，指作品的思想性。就教科书而言，文是指教科书文本的艺术性，它包括选文的遣词造句、谋篇布局、表现手法、语言特色等；质是指教科书文本的思想性，它包括选文的情感思想、态度主张等。艺术上的特性与思想上的特性达到高度归拢，作品就是文质兼美的典范。这种美表现在文本语言本身，汉字是审美性的文字，一个汉字往往就是一个审美世界；还表现在文本语言运用的智慧，工于词句，合乎韵律；更主要的是表现在精神层面，优秀的文章能带来精神的滋养和灵魂的感召，体现精神的尊严，体认生存的价值回归，从而让读者在精神上产生巨大的审美愉悦。

### 2. 教科书编辑的人性美

语文教科书文本的编辑设计体现人性美，提供"品美"的平台和途径，促使师生体悟教科书的审美价值。编写者通过思想与情感过滤，力求将他们认为好的东西表现出来。这样，教科书就有了明确的审美导引。导引是对的、优秀的，对于提升人们的审美境界有好的作用。这也是实现语文教科书审美要素之感性美的追求。构成教科书的各元素及其相互关系的清晰化，排列有序、环环相扣，教科书的布局，包括编辑意图、各单元知

---

① 中华人民共和国教育部制定：《义务教育语文课程标准（2022年版）》，北京师范大学出版社2022年版，第52页。

识目标以及单元内知识目标等简洁、缜密，体现了教科书编辑的内在逻辑之美。在教科书里，书籍的材料、印刷、线条、装帧，包括封面、插图、用纸和装订等讲究色彩、版式的美，各单元组元之间讲究结构美，诸如此类，都是教科书形式美的内容。

一般而言，教科书各要素的直观可感部分要尽可能多样化，形色兼具、材料丰富，设计、安排灵活多变，显示出形象、愉悦的美学特质。这些美学特质体现在选文的版式设计、目录编印、单元组合形式等一些形式安排方面。例如，封面设计是一种造型艺术，它的构思、形象、色彩、表现手法等，要能吸引读者，给读者以艺术享受，提高读者阅读兴趣，并在一定程度上反映教科书包含的内容，用形象的语言直观地感染读者，帮助读者更好地理解教科书的思想内容。高中语文课本封面"语文"二字，专门邀请我国著名的作家、教育家、编辑家、文学出版家和社会活动家叶圣陶先生用行书题写，作为基础教育的权威范本的书名，"语文"二字简明易识、收放自如、大气磅礴、大小和谐、生动流畅。现行统编语文教材小学各年级教科书的封面设计分别展示了春联、皮影、脸谱等独具特色的中华文化元素，并且采用传统的手绘水彩的绘画手法，极具设计感和美感，突出展现了中国传统文化元素和绘画美学。又如，教科书的插图通过使用作者肖像图、课文某一片段描绘图、课文内容升华的抽象图等从不同的角度补充关于课文的解说。例如，《雨巷》分别呈现了作者戴望舒的肖像图和狭窄阴长的雨巷图，既加深了学生对作者的了解，又营造出一种恍惚朦胧的氛围。悠长、寂寞的雨巷图既是对课文内容的高度浓缩，又给读者丰富的想象。

简而言之，教科书在编辑出版过程中的美渗透于形式和内容的方方面面。形式美主要体现在语言文字的运用之美、编辑风格之美、内容编排设计之美、信息处理之美四个方面，如版面设计的人性化，色彩搭配合理且具有感染力，内容设置主次分明，封面设计美观淡雅；内容美主要表现在自然美、社会美、爱国美等方面。没有无内容的形式，也没有无形式的内容。形式美是艺术创造追求的目标之一，但形式只有和相应的精神内容相结合才会产生强烈的感染力。

# 第二章 语文教科书的历史变迁及编写经验

　　我国的语文教育有着悠久的发展历史，但是古代语文教育内容比较宽泛，并不限于语文学科本身，还包含关于文化的教育，涉及政治、历史、自然、哲学等学科知识，正所谓"文史哲不分家"。所以，我国古代没有严格意义上的语文教育，也就没有专门为传授语文知识、技能而编写的具有教科书特征的语文教材。在民国之前，专供儿童识字的读物主要有《三字经》《百家姓》《千家诗》，专供"小学"语言文字教育的有《字体蒙求》《文字蒙求》等，古文选本方面有《古文观止》《幼学琼林》《龙文鞭影》。这些读物成为晚清以前各私塾采用的教学材料。关于语文教科书的历史发展，一般以1903年为标志，那年颁布的癸卯学制是历史上第一个正式颁行的现代学制，现代学校和分科教学也由此应运而生。1904年，语文独立设科，与之相适应的现代意义的语文教科书开始出现。从1903年至今，语文教科书发展的历史大略划分为六个时期：清末至五四时期、国民党政府统治时期、新中国成立初期、"文革"时期、改革开放时期、回归统编时期。本章内容主要介绍各时期比较有代表性的教科书，旨在提炼语文教科书编写的经验，为语文教师自编教科书提供借鉴。

## 一、清末至五四运动时期的语文教科书

　　清朝末年，随着"西学东渐"，以及洋务运动的兴起与发展，清政府开始兴办新式学校，废除科举，颁行学制。1903年，清政府颁布了由张之洞等人拟订的《奏定学堂章程》，因制定颁布于旧历癸卯年，故又称"癸卯学制"。这是我国第一次在全国范围内实际推行的近代学制。新学制规定开设的课程中出现了与语文教育相关的课程，即初等小学的"中国文字"、高等小学和中学的"中国文学"。癸卯学制指出，设立"中国文字"的目的是"识日用常见之字，解日用浅近之文理"，"并当使之以俗语叙事，及日用简短书信"；设立"中国文学"的目的是"使通四民常用之文理，解四民常用之词句，以备应世达意之用"。"中国文字"和

"中国文学"课程是我国语文教育史上由政府命名并在全国正式开设的学习本国语言文字的课程。不过,彼时的"中国文字"和"中国文学"课程内容名不副实,这两门课程所学的内容远不止文字、文学,并非严格意义上的语文学科内容。

从癸卯学制的颁布到民国初年,语文教育存在多种课程名称,语文教科书使用"国文"名称居多。在"国文"学科上,新式学校沿用旧时的"三百千"蒙学读物显然不合时宜,部分学校尝试自编教材,其中以《澄衷蒙学堂字课图说》(以下简称《字课图说》)较为突出。

《字课图说》属于启蒙阶段的识字教材,是晚晴时期上海的新式学校澄衷蒙学堂的教员们在校长刘树屏带领下编撰的。全书共四卷八册,选取汉字3291个,按照天文地理、人事物性、花鸟虫鱼、民生日用等分类。这本书影响了《共和国教科书》(1912年)、《国民字课图说》(1915年)的编写,可谓近现代中国语文课本的先驱。

《字课图说》的汉字按词性分为九个大类——名、代、动、静、状、介、连、助、叹,同一类中按照事类排列先后顺序,再按义类编排,把同义字、反义字编列在一起,这样有助于学生联想记忆,在对比中可以识记一系列字。《字课图说》的释义类似于字典,从最初的意义一步步转化引申出后来和当代的意义,堪称一部近代正本清源的"说文解字"。例如,"京""都"的释义(如图2-1所示)。

释"京":"首善之区曰京,北京,京都……大也,京为天子所居,故大之。国朝因前代之旧,以顺天府为京师,为城三重,宫阙壮丽,居民二百万,人烟稠密,冠绝各省。"释"都":"天子所宫曰都,大都,都门……总也,美盛也,故以为天子所宫之名。"

这样的编写运用直观的方式呈现汉字的构形理据,抓住了汉字的音、形、义之间的联系,并对此讲解清楚,不仅准确呈现字义、词义,也有利于学生从汉字构造上理解字的音、形、义,从而把握其语用。

《字课图说》类似于微型百科全书,这样的编撰体例可谓首开先河。这本书没有明显的学科分类,书中内容包含各科驳杂的知识,书中也没有"课"的概念,一页上可能是一个字,也可能是几个字,甚至十几个字。可以说,《字课图说》并不是严格意义上的语文教科书,但是它的选编体现了语文课程的综合性,其编撰内容十分侧重中华传统文化,往往从注解传统文化经典的角度阐释字源字义,可以说是一部百科全书式的中国文化字典。

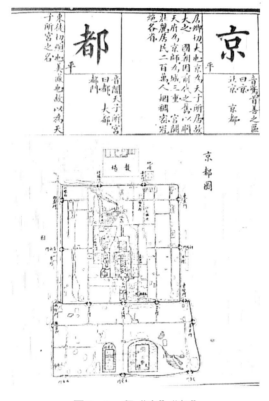

图 2 - 1　释"京""都"

此外，图文并茂是《字课图说》编排设计的一大特色。《字课图说》以直观形象的图画辅助说明抽象的字义、词义，其中，人物、花鸟、建筑、器物等配图大多为《点石斋画报》风格。书中汉字的书写注重体现书法艺术的美感，由"民国十大书法家"之一的唐驼所示范。风格合宜的配图与书法艺术所呈现的艺术美造就了《字课图说》的艺术性。

## 二、国民党政府统治时期的语文教科书

这一时期，国民党政府教育部在 1929 年、1932 年和 1936 年先后颁布了中小学课程暂行标准和正式标准。国文科课程标准对教科书选择标准及组织原则等有详细规定，提出学习文法和修辞等知识，并指导选文标准，为语文教科书的编写提供了指导性意见。20 世纪三四十年代，在叶圣陶、夏丏尊等先进语文教育家的积极探索、辛勤耕耘之下，中小学白话

语文教材已经由五四时期的探索，发展到成熟、繁荣的阶段。这一时期，语文教科书最显著的特点是中学国文教材的编制探索用单元组合法编排。其中，最成熟、最有特色的当属《国文百八课》，它开创了单元组合的新体例。

《国文百八课》由叶圣陶、夏丏尊编写。在我国现代意义的语文教材编辑队伍中，叶圣陶、夏丏尊两位先生是个中翘楚，少有的集写、教、编、研于一身。他们自身文学造诣颇深，早年都在中小学从事语文教学和管理工作，对于语文教学有丰富的实践经验，当年还同在出版社工作，合作编写语文教学专著《文章例话》《文心》等。《国文百八课》虽说是语文教材，但也可以说是叶圣陶、夏丏尊对于文章读写的训练体系的探索，两位先生有关文章读写的经验认识通过这套教科书系列化地呈现出来。

在编辑理念上，《国文百八课》的独特之处在于其鲜明的实用主义、实践理念。有别于当时其他语文教材注重选文的文学、文化涵养，《国文百八课》突出文章学、阅读学的教学方法，同时淡化文学色彩。正如夏丏尊、叶圣陶在《国文百八课》编辑大意中所说的："学习国文的目的，一部分在练习写作，一部分在养成阅读各种文字的能力。"《国文百八课》以文章学的理论统摄全书，这主要体现在"文话"部分，文话主要概述一般文章理法内容。可以说，这是文章学理论全面系统地贯彻运用于中学语文教材编写实践的重要而成功的尝试。

在编写体例方面，《国文百八课》的突破是建设"课"这一单元形式，即教材内容以"课"为单位的单元式呈现。在此之前，中小学语文教材没有教科书体系的建构意识，没有"课"（或单元）的意识。语文教科书编写基本上是注重选文质量，选文数量、选文次序等都比较随意，语文教科书成为文选荟萃。有的语文教材仅仅是纯粹的选文的汇集，无注释、无导读、无练习；有的语文教材虽设有练习，但是习题设计与选文关联性较差，呈现出较大的随意性。对于当时国文教材编制理念的笼统化和选文编撰的随意性，叶圣陶批评道："杂乱地把文章选给学生读，不论目的何在，是从来国文教学的大毛病。文章是读不完的，与其漫然的瞎读，究不如定了目标来读。"[①] 叶圣陶、夏丏尊认为，语文教育有其自身的内在规律，并通过《国文百八课》这套教材自建读写体系。《国文百八课》

---

① 夏丏尊、叶圣陶编：《关于〈国文百八课〉》，见叶圣陶著，刘国正主编《叶圣陶教育文集》（第5卷），人民教育出版社1991年版，第406页。

的独特之处在于，每册教材都按"课"编排，"课"就是现在的单元。一个单元就是一个专题，所有专题都是关乎文章读写知识的。

《国文百八课》的《编辑大意》介绍："本书每课为一单元，有一定的目标，内含文话、文选、文法或修辞、习问四项，各项打成一片。文话以一般文章理法为题材，按程配置；次选列古今文章两篇为范例，再次列文法或修辞，就文选中取例，一方面仍求保持其固有的系统；最后附列习问，根据着文选，对于本课的文话、文法或修辞提举复习考验的事项。"

文话是全书的纲领。每篇文话就是一篇知识短文，用精粹而简要的语言说明一个语文知识点。从编排来看，依次是记叙文、说明文、议论文，层层深入。72 篇文话是教材的核心，它们分散在各册各个单元之中，构成全套教材的系统性架构。

第一册：文章分类，应用文、书信、记叙文。

第二册：日记、游记、随笔、记叙文。

第三册：小说、诗歌、散文、说明文。

第四册：学术文、诗歌、戏剧、仪式文、宣言、议论文。

文选即课文。文选主要围绕文话，作为文章读写知识的示例，服从编写框架体系的需要。《国文百八课》选文面广，古今中外各类文章兼收并蓄。选文薄古厚今，全 4 册共有选文 144 篇，其中语体文 86 篇、文言文58 篇。这当中尤以时文居多，选入当时比较有影响力的作家作品。

文法主要包含以下内容：词法、句法知识，语言应用知识，文言语法知识等。其中，语法知识取自《马氏文通》，修辞知识取自陈望道《修辞学发凡》。文法的选编既独立又系统，每一课安排一个独立的文法点，文法与文法之间互有关联。文法的内容讲求实用，注重字词句和修辞手法的实际运用。

习问即本课学习的回顾总结，相当于现在教科书的练习或思考探究。习问勾连文话的知识和文选的内容，其内容往往从文选和文法中提取知识点，从文选中提取内容要点和例句，是对文话、文选和文法学习的回顾与检测。习问重在检查和训练学生掌握语言文字的能力、学习修辞的能力，以及从文章学、阅读学理解课文的能力。故而习问所设计的阅读理解题少，而以语言应用题居多，文章学应用、语言知识应用（尤其是后者）的特点非常明显，实实在在地训练学生的言语能力。

由于《国文百八课》的《编辑大意》强调"唯运用上注重于形式，

对于文章体制、文句格式、写作技术、鉴赏方法等，讨究不厌详细"①，故这套语文教科书突出语文形式方面的东西，体现了以阅读为中心、以阅读为本位的倾向，缺少写作教学的指引。

## 三、新中国成立初期的语文教科书

1949—1966 年，从新中国成立初期到"文革"前这一时期，是语文教科书的试验探索期。1950 年 8 月，国家颁布了《小学语文课程暂行标准（草案）》。这一暂行课程标准第一次明确界定了"语文"的内涵："所谓语文，应是以北京音系为标准的普通话和照普通话写出的语体文。少数民族小学，除教学本民族语文外，教学汉语汉文时，也应以此为标准。"②

新中国成立前，中学语文课称为"国文"。1950 年之后，学科和教材名称发生变更。当年由中央人民政府出版总署编审局编辑出版的《初级中学语文课本》，其编辑大意里说明："说出来是语言，写出来是文章，文章依据语言，语和文是分不开的。语文教学应该包括听话、说话、阅读、写作四项。因此，这套课本不再用国文或国语的旧名称，改称语文课本。"③ 同年出版发行的语文教材还有《初级小学国语课本》《高级小学国语课本》，这些语文教材开创了全国使用统一教材的局面。自此，中小学语文教材的编写进入"一纲一本"时代，即一个"教学计划"、一个"教学大纲"和一套"教科书"。从这一时期开始，语文教科书由人民教育出版社承担编写任务，语文教科书的出版也从过去各自为政走向全国统一。

这一时期的语文教科书基本上属于自然承继，主要是对老解放区的语文教科书进行改编和修订。当时的语文教科书具有强烈的政治色彩，力图通过选文贯穿全新的人民民主专政的质的规定。因此，选文的政治化取向十分明显，不断强调语言及课文的思想性、阶级性。教科书的具体版本的更换比较频繁，没有持续性，同一版本使用的时间不长。

---

① 夏丏尊、叶圣陶编：《国文百八课》之《编辑大意》，生活·读书·新知三联书店 2008 年版。

② 课程教材研究所编：《20 世纪中国中小学课程标准·教学大纲汇编（语文卷）》，人民教育出版社 2001 年版，第 65 页。

③ 朱绍禹、庄文中主编：《国际中小学课程教材比较研究丛书：本国语文卷》，人民教育出版社 2001 年版，第 478 页。

这一时期的语文教材的改编和修订主要借鉴、学习苏联经验，有步骤地进行改造。首先，语文教科书编撰的依据由"课程标准"改为"教学大纲"。这是源于教育部统一使用苏联教学理论的概念术语，以教学大纲作为教育教学指导文件的名称，原来的学科课程标准改称为教学大纲。其次，初中阶段语文实施"汉语""文学"分科教学，编写分科教科书。1955年，教育部借鉴苏联母语课程分为"俄语"和"文学"的课程设置方式，在初中阶段试行"汉语""文学"分科教学，语文教科书被分为语言部分和文学部分。同年，人民教育出版社编写了《初级中学汉语课本》和《初级中学文学课本》（以下分别简称《汉语》《文学》）。1956年下学期，分科教材在全国推广。汉语文学分科教学是我国语文教育史上的一次重大改革，语文教育首次根据汉语言学习和文学教育的不同要求，建立各自的教学大纲和教材体系。汉语、文学分科教材是语文教材编写类型的一次全新尝试，两套教材都强调汉语文学知识的系统性，建立了比较完整的汉语与文学教学体系，是这一时期语文教材建设的一个亮点。

《汉语》课本的教学内容包括语音、词汇、语法、修辞、文字、标点符号六项。六册《汉语》课本的内容分别是：第一册，绪论和语音；第二册，文字和词汇；第三册，语法（上）；第四册至第六册，语法（下）和修辞。各篇章对每项内容都做了简要的提示，而后附有练习题。这套汉语教材确定了一个汉语语法教学的暂行体系，教材采用了"词—词组—句子"组成的三级语法单位，这是我国语文教育第一次制定的内容完备的、正式的语法课程内容。

《文学》课本的编排有别于常规语文教材的选文服从于单元主题的编排方式，《文学》教材选文按照文学体裁组织单元，每一类中又按照作家和作品年代的先后顺序排列，每学年采用圆周循环、螺旋上升的编排方法，这样容易使学生形成"文学史"的概念。《文学》课本所编选的"文学"作品也有别于常规语文教材。一般来说，大多数语文教材的"文学"是泛"文学"范畴，除了正统的文学作品，还包括历史故事、杂文等作品。《文学》课本所编选的"文学"作品是"纯"文学作品，包括文学作品及结合文学作品讲授的文学理论常识和文学史常识。所编选文学作品基本上以历代名家名篇为主，名家名篇数量之多、质量之高超越很多语文教科书，凸显了选文"文质兼美"的典范价值。

《汉语》《文学》编写体系的系统性带来的最大挑战就是语文教师是否具备相应的学科素养，能否有效发挥教材的功用。就当时的师资队伍整体水平而言，教师学科素养尤其是文学修养明显偏低。对大部分语文教师而言，《汉语》《文学》教材显得难度偏大、分量过重，这成为严重制约教材有效使用的一个瓶颈。

## 四、"文革"时期的语文教科书

"文革"时期的语文教科书是语文教科书发展最弱化的时期。在这一时期，语文教科书的基础知识和基本技能被严重削弱，在学制缩短、课程设置精简、教材被彻底改革的时代背景下，语文教科书成为政治运动的工具，其编写朝着严重的政治化方向发展。

这一时期，语文教科书呈现出无序开放的局面。全国各地的师生自订方案、自选教学内容、独立编印语文教科书。所有语文教科书的编、审、用都处于以"阶级斗争"为纲的自由状态，选文以毛泽东同志的文章为基本教材，选读当下时文（"文化大革命"期间的政论和指定的革命作品），突出政治主旨、突出革命斗争、强调生产实践，严重削减语文基本知识。可以说，这一时期的语文教科书极端政治化，语文教科书编写经验一片空白。

## 五、改革开放时期的语文教科书

为了适应改革开放的形势，我国逐步确立"中小学教材要在同一基本要求的前提下实行多样化"的方针。1988年，据九年制义务教育要求，国家教委制订并颁发了《九年制义务教育教材编写规划方案》，方案明确指出："把竞争机制引入教材建设，通过竞争促进教材事业的繁荣和教材质量的提高。鼓励各个地方，以及高等学校，科研单位，有条件的专家、学者、教师个人按照国家规定的教育方针和教学大纲的基本要求编写教材。在教材内容的选择和体系的安排上允许有不同的风格和不同的层次。"这一决定成为我国语文教科书建设史上的重要变革因素。此后，我国语文教科书编写实行编审制度，中小学语文教科书进入"一纲多本"时期。"一纲多本"指的是，为了更好地适应不同地区和各类学校的实际需要，在统一的教学大纲（或课程标准）的基本要求的大前提下，各相关部门或个人都可以参与编写教科书，再由国家审定教科书的内容，认定合格者方可供各地方教委会、学校选用的一种制度。随之而来的是语文教科书建设百花齐放的局面。

其中，人民教育出版社、江苏教育出版社和北京师范大学出版社所出版的语文教材使用率较高。人民教育出版社、北京师范大学出版社受国家教委委托，按不同风格、不同层次编出实验教材，供全国不同地区、不同条件的学校使用。江苏教育出版社所出版的由江苏省泰州中学语文教研组编（洪宗礼主编）的语文教科书，以"一本书、一串珠、一条线"建立了"单元全合成，整体训练"的编写体系。上海地区作为我国课程改革整体实验区，该地区中小学语文教材编写由师范院校领衔，分别是华东师范大学所编写的"H版"和上海师范大学所编写的"S版"。这类教材的编写注重阅读吸收和写作表达，阅读方面强调以阅读方法为序，写作表达则以不同文体为序。这些比较主流的教材编写一般都是由专门的教材编写机构、高等教育机构进行编写。

还有一批语文教材并非专家学者型的编写模式，而是经验型的编写成果。这些教材编写也许在理论上缺乏一定的学术性和科学性，但因编写者长期从事语文教育，掌握语文学科特点，熟悉学生语文学习的年龄特征和认知规律，在编写教材时往往基于语文教学现实问题进行积极探索。例如，欧阳黛娜主编的阅读、写作分编教材，是对合编型教材编写惯例的挑战和突破。这套教材注重培养学生的自学能力，教材体系以能力为经，以知识为纬，以学生阅读、写作的能力点组织单元。其中，"阅读教材以阅读方法为经线，以语文知识为纬线……写作教材以审题立意、观察、组材、表达方法和语言运用等写作能力为经线，以不同文体写作方法为纬线交织组成"①。

此外，还有许多具有代表性的教科书都从不同路径进行了"科学化"的体系探索。例如：华东师范大学出版社出版的华东师范大学一附中陆继椿主编的语言训练实验教科书，尝试"分类集中分阶段"进行听、说、读、写综合训练；四川人民出版社出版的四川西昌地区教材编写组编（颜振遥主编）的自学辅导语文课本；北京刘胐胐、高原主编的作文三级训练教材；广东省湛江市教研室李寰英主编的初中语文实验课本，丁有宽编的五、六年制小学语文读写结合实验教材；等等。

其中，《三级训练作文课本》在写作教材建设方面具有积极的建设意义。我国历来重视写作，但是缺少对写作教学和写作教材编写的深入研究。作文教材的缺位是语文教师作文教学不作为或难以有效作为的一个深

---

① 史荣光：《"一纲多本"中学语文教材的调研报告》，载《教育改革》1996年第2期，第27页。

层次的原因。刘胐胐、高原于 1977 年创立了"作文三级训练体系"实验，而后于 1985 年出版了《三级训练作文课本》、1989 年出版了《作文三级训练体系概论》，攻克了作文教学无"本"经营的局面，这是对作文教学教材建设的突破。

我国传统作文教学理论重视研究文章的作法，以文章的结构、技法为研究对象，重视对文章进行静态分析。作文教学则是以文体知识、写作知识为主轴的静态的训练体系。这样的作文教学的最大弱点在于将写作局限在局部的表达技法的过程中，割裂了学生与生活的直接联系，属于纸上谈兵、闭门造车。作文三级训练突破了传统作文教学的定式，以学生在写作过程必需的基本能力为作文训练抓手，重视作文全过程的动态研究与训练。其中，观察是基础，分析是核心，表达是结果，三者紧密相连，形成螺旋上升的训练体系。整套教材的编排采取三级六阶段四十四课的序列，三级指的是"观察—分析—表达"，"初一年级着重培养观察能力并采用写观察日记与观察笔记的训练方式，侧重指导学生练习记叙、说明；初二年级着重培养分析能力并采用写分析笔记的训练方式，侧重指导学生练习议论、说明；初三年级着重培养表达能力并采用写语感随笔与章法随笔的训练方式，侧重于指导学生作语言运用与文章结构的练习"①。这样的作文训练有计划、有序列，且适应学生实际的需要。并且，《三级训练作文课本》不仅授之以法，还示之以例，通过相应的作文实例让学生从中学到观察、分析、表达的使用策略。

【附】《三级训练作文课本》"三级六阶段四十四课"目录
第一级　观察训练
　第一阶段　一般观察训练
　　第一课　观察与记观察日记
　　第二课　定向观察与机遇观察
　　第三课　热爱大自然
　　第四课　留心身边的科学现象
　　第五课　注意平凡的日常生活
　　第六课　要重视观察人
　　第七课　努力了解人的内心世界

---

① 刘胐胐、高原：《作文三级训练体系概要》，载《人民教育》1990 年第 4 期，第 28 页。

第八课　观察日记的多种表达方式

第九课　学习观察与记观察日记的收获

第二阶段　深入观察训练

第十课　深入观察与记观察笔记

第十一课　全面观察与细致观察

第十二课　比较观察与反复观察

第十三课　观察与体验

第十四课　观察与调查

第十五课　观察与阅读

第十六课　观察与联想

第十七课　观察与想象

第十八课　观察日记、笔记的编选

第二级　分析训练

第一阶段　分析起步训练

第十九课　分析与记分析笔记

第二十课　命题分析与选题分析

第二十一课　分析的基本方法之一

第二十二课　分析的基本方法之二

第二十三课　要研究分析的具体方法

第二十四课　分析的角度之一

第二十五课　分析的角度之二

第二十六课　分析的角度之三

第二阶段　分析入门训练

第二十七课　多角度分析

第二十八课　特点分析

第二十九课　本质分析

第三十课　意义分析

第三十一课　分析与知识

第三十二课　分析与联想

第三十三课　分析与情感

第三十四课　学习分析的小结

第三级　表达训练

第一阶段　语感训练

第三十五课　加强语言的修养

第三十六课　语言分寸感的训练

第三十七课　语言畅达感的训练

第三十八课　语言情味感的训练

第三十九课　语言形象感的训练

第二阶段　章法观察训练

第四十课　要在章法上下功夫

第四十一课　角度的选择

第四十二课　剪裁的设计

第四十三课　层次的安排

第四十四课　衔接的处理

在"一纲多本"的体制之外，也有不少一线教师尝试自编教材。深圳育才中学的严凌君编写了"青春读书课"系列读本，让人们看到了语文的另一种样态。"青春读书课"秉承"在阅读好书中构建自己的精神家园"的编辑理念。严凌君认为，语文教材应当有助于语文教育，语文教育应该回归其自身的特色，从汉语、文学、文化三个层面来理解语文，使学生学会读书——既有自学的兴趣，又有读书的方向，还有读书的方法和审美意识。"青春读书课"系列读本的编辑标准强调了"青春"二字，作品选读希望学生通过阅读丰富的文本，一边吸收文化底蕴，一边成长，有自我追求的动力和激情，让学生通过阅读获得内心的力量和温暖。

这套语文读本的选文没有界限和禁忌，主要标准就是对青年的尊重和对智慧的敬畏。选文上至经典如孔子、老子、尼采、叔本华的作品，下至摇滚歌词和劳动号子，甚至《人权宣言》《独立宣言》《共产党宣言》也被选入其中。例如，《古典的中国——日常生活人性读本》的选文并非按照编年史选取该时代最具有代表性的传统名篇，而是按民族原生态文化体例，选择那些能还原中国古人的日常生活情调、呈现中国人传统生活中富有诗意的一面，属于普通人的日常生活的一面的选文，让学生贴近古典，体验古人的精致的修养情趣，欣赏与大自然和谐共处的人性画面。这套读本尤为值得称道的是，书中并不提供所谓的阅读理解训练，而是在每一篇选文的前面呈现一份阅读导引，或介绍文章意旨，或分享作者志趣，或提供一些阅读思路和阅读拓展，有的时候向学生介绍文章的精妙，有的时候迁移拓展，与学生谈人生、谈艺术、谈文化，通过展示各民族文化的思想之美、人性之美、语言之美，引导学生构建自己的精神家园。

【案例】《〈汉书〉下酒》阅读导引①

由于长期的对传统文化的鄙弃，由于过分地渲染科举制度的弊端，由于片面宣传古人悬梁刺股、萤囊映雪式的苦读，以致我们产生一个普遍的误解——古代的读书人是一群只会死读书、读死书的书呆子，是一些被科举考试压榨变形的可怜虫。不是这样的。读书本身就是一种快乐，一种日常的快乐，这种纯粹的快乐常常可以使阅读超越它的功利目的，把人们导向爱知识、爱生活。这样，阅读本身就可以让生活变得美好。苏子美读《汉书》，如此投入，说他以《汉书》当下酒菜其实不确，应该说，时不时来一大杯酒，正是读《汉书》给他带来极大快乐的表现方式。正像你快乐的时候可以大笑、可以乱跳，苏子美为什么不可以"浮一大白"？

## 六、 回归统编语文教材时期

新时期，各种社会力量积极参与中小学语文教材建设，语文教科书版本呈现多样化特点。在国家审定通过的语文教科书中，以人民教育出版社、北京师范大学出版社和江苏教育出版社的教科书使用量最大。这一时期各个版本的语文教材根据新的教学大纲和课程标准编撰，努力诠释"工具性与人文性的统一"这一语文学科的基本特征。但是，语文教材出版主体多样化也给教材管理和一线教学带来种种问题，有的甚至造成某种混乱。比较集中的问题主要有语文教材评价机制不够健全、语文教材本质属性削弱、知识教学被淡化、教材编排学段衔接性较差、同质化倾向较为严重等。

2016 年 4 月，教育部办公厅发布《关于 2016 年中小学教学用书有关事项的通知》。该通知规定，从 2016 年秋季起，"义务教育品德、语文、历史学科起始年级使用新编、修订教材"。从 2016 年秋季开始，义务教育阶段的小学、初中起始年级开始使用新编的小学、初中语文教材。这套教材由人民教育出版社出版，为了区别于这一时期仍在使用的"人教版"语文教材，人们就把这套新教材称为"部编本"。此后，"部编本"教材在全国范围内逐渐替换其他的小学、初中教材，即"统编本"教材，

---

① 严凌君：《古典的中国》（第 1 册），海天出版社 2012 年版，第 22 页。

2019 年秋季实现统编教材全覆盖。普通高中统编语文教材于 2019 年秋季学期正式投入使用，2022 年实现所有省份全覆盖。在实行 30 多年的"一纲多本""多纲多本"政策后，我国中小学语文教材重新回到统编局面。

统编教材的编写依然以教学单元为基本单位，单元编排特征可以概括为八个字——"双线组元，三位一体"，即以"人文主题"与"语文要素"双线组织教学单元，由教读课、自读课与课外阅读形成阅读教学体系。"人文主题"是贯穿全套教材的显性线索，"语文要素"在各单元被分解成若干知识"点"或能力训练"点"，分布于各单元的课文导引或习题设计之中，形成一条教科书编排的隐性线索。选文系统仍是教科书构成要素的主体，依照 2011 年版语文课程标准要求进行增删与替换。助读系统增强了教学操作和学习指引：每个单元以单元导语概述单元的人文主题和语文要素；每篇课文前的预习提示指引学习要点；写作、综合性学习、名著导读增加了实践情景与学法指导，为教师的"教"与学生的"学"提供了更多便利。

纵观语文教科书的历史变迁，我们可以从中获得许多宝贵的编写经验。首先，语文教科书大多以单元为基本结构单位，单元编排按照一定的编写意图进行组元，或按选文主题，或按文章体裁，或按语言训练目标。其次，选文的选编在不同时代所体现的主流价值观会有所变化，但是其内容的典范性、文化性和时代性始终不变，选文由注重经典性逐渐变得丰富多样，如今更多地考虑其是否适应学生需要。再者，教科书编写体例已趋稳定、成熟，一般以选文系统为主，辅以助读系统、知识系统和练习系统。最后，语文教科书是为语文教学服务的，其主要功能是为语文课程教学提供材料、凭借。语文教科书的选编要适应学生、适应教学，而不是让学生、教学适应教科书。教科书选文要考虑学生的言语经验，发挥选文的示例、积累、探究等功用，同时要增强教科书选文的教学性（可操作性），通过助读系统和练习系统展示编辑意图和使用导引。

# 第三章　语文教科书与语文课程标准的关联

## 一、语文教科书与语文课程标准的应然关系

课程标准（以往称"教学大纲"），是课程计划中每门学科根据社会需求、学生的认知规律和学科本身的特点，以纲要的形式编定的有关学科教学的课程性质、课程目标、课程内容、实施建议的教学指导性文件。课程标准属于课程层面的概念。按照"泰勒原理"①，每门课程的基本要素主要围绕以下基本问题展开论述：①学校应该达到哪些教育目标（课程目标）？②提供哪些教育经验才能实现这些目标？③怎样才能有效地组织这些教育经验？④我们怎样才能确定这些目标正在得到实现？语文课程标准同样需要围绕以上问题进行组织、架构，其中，课程目标、课程内容和课程评价是语文课程标准的主要构成项目。

我国《基础教育课程改革纲要（试行）》对课程标准做出明确规定："国家课程标准是教材编写、教学、评估和考试命题的依据，是国家管理和评价课程的基础。应体现国家对不同阶段的学生在知识与技能、过程与方法、情感态度与价值观等方面的基本要素，规定各门课程的性质、目标、内容框架，提出教学和评价建议。"可见，课程目标是对一定学段的课程水平的基本规范，课程内容是体现课程目标的主要元素，教科书则是实施课程内容、达成课程目标的主要载体。简单来说，课程标准与教科书之间是"源"与"流"的关系。课程标准是教科书编写的主要依据，教科书是具体化了的课程标准，是对课程内容的实现。

### （一）课程标准是教科书编写及使用的依托

作为政策性文本，语文课程标准本身带有一定的强制性和规范性。课

---

① ［美］泰勒著：《课程与教学的基本原理》，罗康、张阆译，中国轻工业出版社 2008 年版。

程标准是教科书编写的根据，是教科书使用的指南，还是教科书评价的凭借。作为课程标准的主要载体，语文教科书必然受到具有强制性质的政策文本的制约。语文教科书的编写思路、编写体例、内容框架等必须遵循课程标准的基本精神和要求，力求落实课程设计的意图，保证语文课程标准的权威性。

尽管课程标准是一份教学文件，但是这份教学文件并非严肃的指令，而是带有指导性的文本。课程标准规定了国家对学生在某方面或某领域的基本素质要求，以便为教科书的编写、教学实施和教学评价提供基本依据。由于我国幅员辽阔，各地经济发展水平及教育资源分配不尽相同，课程标准为课程实施提供了一定的弹性空间。也就是说，课程标准提供的是统一的、基本的规范和要求，有边界，有秩序，同时也是有选择的，可以因地制宜。对于语文教科书而言，其编写具有充分的变化、改造、再造与创造的余地。

1. 课程标准为教科书的编写、使用提供了一个基本的导向要求

语文教科书编写的指导思想和理念来自课程标准，语文教科书的各内容体系的编排意图都与课程标准息息相关。语文课程标准没有直接框定语文教科书的编写规则、体例等。这是无法加以规定，也无须加以规定的。事实上，课程内容的实现和课程目标的达成有无数的途径，教科书编写主要考虑课程标准所提出的基本规范，也就是课程标准对于语文课程的教与学所提出基本规范，对于教师"教什么"、教学达到一个什么程度，以及学生"学什么"、学习达成一个什么预期结果，提供一个可变通、可测评的框架。这里所言的"基本"，是指课程标准关于某一学段的统一的基本要求，而非最高要求，也是指教科书的编写及使用要尽可能达到课程标准的基本要求。当然，如果学有余力，可以适度提升难度，但不能无限制地提高难度。

语文课程标准的课程内容是对语文课程"教学什么"的规定，而语文教科书的编写必然涉及通过语文教科书来体现语文课程"教学什么"的问题，也就是要解决"用什么来教"的问题。可以说，语文课程标准中的课程内容是语文教科书编写的最直接的依据。语文教科书的编写间接地反映和体现了课程标准的导向。例如，1932 年的《小学课程标准（国语）》在教材编选方面提出"依据增长儿童阅读能力的原则""依据增长

儿童阅读趣味的原则""依据儿童心理，尽量使教材切于儿童生活"① 等要求。彼时的《开明国语课本》（叶圣陶编写）为了更好地适应儿童，选文内容没有直接选用现成的已发表的文章，半数以上的选文内容由编写者原创，其他的也是有所依据的改编，选文的词、句、语调贴近儿童口吻，课文字体采用手写体，并由丰子恺绘制富有生活气息的插图。

语文课程标准的"教材编写建议"集中体现了课程标准对教材编写的导向要求。现行语文课程标准的"教材编写建议"涉及教科书的编写理念、编排思路、课程内容、编排体例及使用等方面的基本的指导性意见。以《义务教育语文课程标准（2022 年版）》为例，在编写理念方面，课程标准强调"以马克思主义为指导，坚持立德树人，体现社会主义核心价值观""高度重视继承和弘扬中华传统优秀文化、革命文化、社会主义先进文化""体现时代特点和现代意识"；在编排思路方面，课程标准提出"要充分体现义务教育语文学习的基础性、阶段性特征，做好各学段之间的衔接""要系统规划和整体安排"；在教科书选文方面，建议"体现正确的政治导向和价值取向，文质兼美，具有典范性，富有文化内涵和时代气息"，题材、体裁、风格"各种类别配置适当，难易适度，适合学生学习"；关于教科书编写体例和呈现方式，建议"要围绕学生生活实际和认知需求创设学习情境，以问题探究为导向"；在教材使用方面，指出"应具有开放性和选择性""关注不同区域教育实际""满足不同学生学习和发展的需要"。② 这不仅为教科书编写者提供了导向，也为一线教师调整、开发教材提供了指南。

**2. 教科书的编写、使用力图达成课程标准关于学生学习结果的描述**

语文课程标准的课程目标是关于学生的预期变化或学习结果的描述，这些描述是测评学生所掌握知识和能力的水平、质量的准则和尺度。一般情况下，语文课程标准的编制在前，语文教科书的编写在后。语文教科书编写合理与否，要经由课程标准检验和审核。语文课程标准通过课程目标指引语文课程各要素实施的方向，与此同时，语文课程目标的最终实现也

---

① 语文课程研究所：《20 世纪中国中小学课程标准·教学大纲汇编（语文卷）》，人民教育出版社 2001 年版，第 27 页。

② 中华人民共和国教育部制定：《义务教育语文课程标准（2022 年版）》，北京师范大学出版社 2022 年版，第 52－53 页。

有赖于语文课程各要素的实施。因此，语文课程目标（尤其是学段要求）是语文教科书编写的系统规划和整体安排的主要依据，教科书的编写、使用要考虑如何通过教科书各内容系统促成学生学习结果的预期变化。

现行两份课程标准与过去的教学大纲的最大不同就在于没有限定教师教学的具体内容，而只是描述学生的学习结果。课程标准借助学习任务群规定学习领域而不是具体篇目，它并不直接规范教科书。因此，语文教科书的编写要尽可能地体现和反映课程标准的学段要求和语文课程内容。

以统编语文教材七年级上册第一单元课文《春》为例，该课文所在学段（第四学段）的课程目标主要有：能用普通话正确、流利、有感情地朗读；养成默读的习惯，有一定的速度；掌握阅读方法，能熟练地略读和浏览；理解文章的内容、思路、重要词句在语言环境中的意义和作用；对课文的内容和表达有自己的心得；了解叙述、描写、说明、议论、抒情等表达方式；随文学习文章中基本的词汇、语法知识；了解常用的修辞手法；了解课文涉及的文学、文化常识。

文言文的阅读目标是阅读浅易文言文，能借助注释和工具书理解基本内容。①

结合课程标准总目标的表述，第四学段阅读教学的重点如下：主动梳理、积累基本的语言材料和语言经验；学会运用多种阅读方法，具有独立阅读能力；感受语言文字的美，感悟作品的思想内涵和艺术价值，能结合自己的经验，理解、欣赏和初步评价语言文字作品。

课程标准的相关要求对这一单元、这一篇课文的教学目标、内容编排、呈现方式、评价方式有哪些影响呢？

统编教材的教学目标细化如下：

单元导语中指出："日月经天，江河行地，春风夏雨，秋霜冬雪，大自然生生不息，四时景物美不胜收。本单元课文用优美的语言，描绘了多姿多彩的四季美景，抒发了亲近自然、热爱生活的情怀。学习本单元，要重视朗读课文，想象文中描绘的情景，领略景物之美；把握好重音和停连，感受汉语声韵之美。还要注意揣摩和品味语言，体会比喻和拟人等修辞手法的表达效果。"

《春》导语部分提出的要求是："春天展现美丽的世界，春天带来崭

---

① 中华人民共和国教育部制定：《义务教育语文课程标准（2022 年版）》，北京师范大学出版社 2022 年版，第 14－15 页。

新的希望。历来文人墨客都喜欢描绘春天，赞美春天。你读过哪些描写春天的诗文？这些诗文给你留下了怎样的印象？回忆一下，准备在课堂上与同学交流。这是一篇散文，又像一首诗。朗读课文，张开想象的翅膀，在头脑中再现文中描绘的春景，感受大自然的蓬勃生机。"

《春》课后练习设置如下：

[思考探究]

一、在作者笔下，春天就像一幅幅美丽的图画。有感情地朗读课文，看看课文描绘了哪些春日图景。你最喜欢哪一幅画面？说说你的理由。

二、课文读起来富有童趣，又带有诗的味道，清新，活泼，优美。你有没有这样的感觉？试找出一些段落细加品味，并跟同学、老师分享你的体会。

三、作者把春天比作"刚落地的娃娃""小姑娘""健壮的青年"，你怎样理解这些比喻？你还能发挥想象，另写一些比喻句来描绘春天吗？

[积累拓展]

四、想象下列各句描绘的情景，说说加点语句的表达效果。

1. 盼望着，盼望着，东风来了，春天的脚步近了。
2. 小草偷偷地从土里钻出来，嫩嫩的，绿绿的。
3. 野花遍地是：杂样儿，有名字的，没名字的，散在草丛里，像眼睛，像星星，还眨呀眨的。
4. 看，像牛毛，像花针，像细丝，密密地斜织着，人家屋顶上全笼着一层薄烟。

五、朗读并背诵全文。找出你喜欢的段落，标出语句中的重音和停连，在小组里朗读，互相评价。

由统编语文教材对《春》一文的编排可以看到编写者期望学生掌握的内容和程度的规定是要求读准重音和停连，读出语气、感情，达到在课堂上背诵的要求，并能借助诵读品味《春》语言的诗意与童趣，掌握比喻手法的运用。这当中既包含课程标准阅读教学的重点目标——"感受语言文字的美，感悟作品的思想内涵和艺术价值"，也有第四学段的一般要求——"能用普通话正确、流利、有感情地朗读""了解常用的修辞手法"。由此可见，课程标准关于课程目标的表述具有整合性和概括性，而教科书关于教学目标的表述则具有优化性和操作性。前者是后者的依据，后者是前者的落实。可以说，课程标准的目标要求为教科书目标的达成指明了方向。

## （二）教科书是对课程标准的转化和检验

### 1．教科书是对课程标准的再创造、再组织

教科书对于课程标准的建构和转化主要体现在课程内容教材化和教材内容教学化。

所谓课程内容教材化，就是将语文课程目标、课程内容这种概括性的观念形态的信息转化为现实的教材内容，主要解决"用什么去教"的问题。所谓教材内容教学化，是指教材内容提供教学指引，主要解决"怎样教"的问题。

语文课程内容是理想化的语文课程的观念形态的信息，是预先设定的语文学科课程要素。这种"信息""要素"往往是概念、原理等抽象的东西。语文课程内容不能直接作用于语文教学活动，语文学科课程内容的要素不可能原封不动地注入给学生。语文课程内容的呈现往往需要以语文教材为依托和凭借。语文课程标准必须通过语文教材这一途径组织语文课程内容。可以说，语文课程内容的实现有赖于语文教材的编写。也就是说，课程内容必须教材化。

教材是实现教学活动的凭借和材料，所选取的课程内容务必教学化。语文教材所呈现的内容必须为师生所理解，满足特定学习情景的需要。一般而言，教科书大多都包含编写者对语文课程内容的理解，教科书内容体系总是裹藏着编写者对课程标准导向的理解，以及落实课程目标的安排。要让师生理解并接受这些隐匿的编写意图，语文教科书的编写必然就要琢磨其表达方式和呈现形式，表明"教什么""用什么教""怎样教"。

总之，语文教科书是语文课程内容的主要载体，是语文课程内容的主要资源。语文教科书必须反映语文课程内容，语文课程内容也要以语文教科书为抓手和依托，课程内容的最终实现主要靠语文教科书来达成。语文教科书与语文课程内容之间是一种动态的相互影响的关系。这种关系形成于语文教科书的编写者，也存在于语文教科书的使用者之中。故而，教科书的编写要实现课程内容的教材化和教材内容的教学化。

### 2．教科书的编写及使用可以检验课程标准的科学性

语文课程标准是教科书编写的依据，是教科书使用的指南；反过来，

语文教科书间接反映着课程标准，语文教科书的编写又可能完善课程标准。教科书的编写可以检验课程标准的课程目标的可行性和合理性，同时完善和丰富课程内容。通过使用教科书，教师可以进一步理解语文课程的性质和课程标准的理念，并在教学实践中不断检验学生能否达成课程标准所规定的预期学习成果。

尽管语文课程标准是教科书编写的依据，但是语文教科书的实际编写无法与课程标准相关要求一一吻合。大多数教科书编写者会根据个人对于课程标准的理解和把握来确定教科书编写的宗旨，在具体的教科书内容的选择方面往往伴随着个人的专业理解甚至偏好，在语文教科书当中渗透着个人对于语文课程与教学的理解。因此，语文教科书的编写可能契合课程标准的导向，可能与课程标准的理念不谋而合，也可能比课程标准理念高出一筹，从而反过来影响课程标准的制定。例如，夏丏尊、叶圣陶编写的教科书《国文百八课》提出的编写理念就纠正了当时语文教科书编写所存在的突出问题，其编写在一定程度上影响了新中国成立初期语文教学大纲的主要导向。

## 二、语文教科书与语文课程标准的实然关系

在课程标准与教科书的关系的互动中，教科书的编写必须以课程标准为依据，对课程标准进行再创造的过程是对课程标准的一种完善。在应然状态中，课程标准的课程理念、课程目标、课程内容、教材编写、课程实施、课程评价等一系列导向、要求，往往经过教科书编写者及使用者的建构和转化，变得更加丰满，更加具有操作性。但是，教科书编写既受主客观多种因素的制约，同时又有自己的运行规律。具体的教科书编写及使用与课程标准的初衷可能存在一定的偏越和异变，主要体现为以下两个方面。

### （一）对课程目标的偏离

课程标准是关于学生在某一阶段完成课程学习之后的变化的预期，这是一种终结性的目标描述。一方面，它强调的是学习结果的预期，对于学习过程与方法不做具体规定；另一方面，它不再似教学大纲那样明确规定固有的内容要点，并非目标的最高"上限"，而是关于学生应达到的共同的基本要求的描述，是目标的"下限"，可以理解为学生应该达到的基本要求。例如，整本书阅读第二学段学习内容提及"阅读表现英雄模范事

迹的图书，如《小英雄雨来》《雷锋的故事》等，讲述英雄模范的动人故事"①，其学习预期结果就是要求学生至少阅读《小英雄雨来》《雷锋的故事》，通过阅读活动，了解并能讲述英雄模范故事。关于如何达成这一学习预期变化，教科书应提供哪些阅读资料和教学指引等，语文课程标准没有提及，也不可能做出具体规定。课程标准中所用的"等"字，意味着在知识内容的广度上留下了余地，从而也表明此目标只是一个基本要求，学有余力的学生可以阅读除《小英雄雨来》《雷锋的故事》以外的其他同类书籍，可以通过复述或其他方式讲述故事。可见，课程标准在课程目标、课程内容等相关表述为教科书编写提供了一定的调整、开发空间。课程标准表述的弹性空间考虑到不同区域的教育实际，"给地方、学校和教师留有调整、开发的空间"②。但是，弹性的课程标准是优点也是局限，容易造成教科书编写者对课程标准理解与认识的差异，由此带来教科书编写的收缩与扩展、预设与生成的尺度的含糊，最终导致教科书不能充分体现课程标准的基本理念和基本导向而出现种种偏离现象。

其次，课程标准内容是静态的，也是抽象的，它是对学习结果的某种预设，而教科书编写是动态的，也是开放的。教科书编写关涉具体的教育因素，要考虑当地的教育政策和制度、经济文化水平、教育资源、教师的专业水平、学生的学情实际等方面，而这些都会影响教科书编写对于课程标准导向的落实。此外，教科书编写者文化背景、专业认知等方面的差异，也会导致对课程标准产生不同理解。尤其是编写者自身关于语文课程与教学的实践认识的不同，其教科书编写理念也必然相去甚远，教科书内容必然呈现出多样性和差异性。

最后，课程标准自身表述的不够明确以及欠缺操作性等都将影响教科书编写者对课程标准的理解。教科书的编写是理解并落实课程标准导向的表达过程。从目标陈述的要求来讲，课程标准应当尽可能采用具体的、明确的行为动词来表述课程目标和内容标准，以便有效推进课程标准导向的落实。然而，课程目标及内容标准的不少表述所采用的动词有着丰富的内涵和外延，诸如"知道""说出""概述""归纳""理解""阐明""分

---

① 中华人民共和国教育部制定：《义务教育语文课程标准（2022 年版）》，北京师范大学出版社 2022 年版，第 32 页。
② 中华人民共和国教育部制定：《义务教育语文课程标准（2022 年版）》，北京师范大学出版社 2022 年版，第 53 页。

析""评价""探讨"等，由于没有明确的界定，只能依赖教科书编写者的理解、转化。语言文字及相关因素本质上具有不确定性、不充分性，具有与意义的不对等性，这都将妨碍编写者的意义表述，造成实际表述意义有异于表述者意欲表述的意义。课程标准模糊的表述不可避免地会造成教科书编写者对课程标准理解的差异，因此，从课程标准到教科书这一环节出现了偏差，最终导致教科书偏离课程标准。

## （二）对课程内容的偏离

教科书内容的编写取决于教科书编写者对课程标准的理解、掌握的水平和转化、落实的程度。教科书编写者需要具备理解课程标准内涵的能力，更重要的是需要落实课程标准导向的实际操作能力，即在教科书的内容系统上体现课程标准的目标、内容等要素。从某种程度上讲，教科书编写者对课程标准的把握水平体现为课程标准在教科书编写中的动态演变过程。

毫无疑问，语文教科书内容选材必须依照语文课程标准。但是，语文课程标准的指导作用主要体现在规定了所要实现的课程目标和所要学习的课程内容，规定了评价的基本标准，对于教科书编写、教学设计和评价过程中的具体问题，如教材编写体系、教学顺序安排及课时分配、评价的具体方法等，仅仅提供了一些实施建议，如"教学提示""教学建议""教材编写建议"等指导性的建议。由于课程标准关于课程内容的领域、层次及要点只是采用概要的表述，对教科书的编写也只是提出一些建议，课程标准建议的宏观安排与教科书的具体内容存在着分离，因此，从操作层面上来说，教科书编写者必须深入解读课程标准的目标内涵，而不是停留在其表面的表述上，只有这样才能使教科书内容不偏离课程标准。

教科书编写者对于语文课程标准的课程内容的理解存在这样或那样的差别，在不同的语文教科书中，课程内容有不同的存在形态。语文教科书的编辑意图反映着编写者对课程内容的理解，语文教科书各内容要素体现和反映着语文课程内容。若教科书编写者不能正确理解与合理编写，则容易导致语文教科书在内容的选编上存在偏离现象。比较明显的偏离课程内容的表现就是部分学科知识内容繁、难，主要表现为语文教科书相关知识理论或概念过于抽象、艰深，不利于学生通过学习获得语言运用能力。相对隐匿的偏离课程内容的表现则是教材内容关联薄弱。课程标准的目标是预期的学生学习结果。课程目标的达成需要相应的实践过程和相关的必需条件。教科书编写者不仅要考虑达成课程目标所需的教材内容，更要考虑实现课程目标的途径过程和教学辅助条件，并通过助学系统、练习系统等将教学辅助条件呈现出来。例如，课文系统的选文对于达成课程标准学段要求的作用，助学系统对于课文系统的辅助，知识系统与课文系统的融汇，练习系统对于课文系统、知识系统的促进，等等。不少教科书内容系统缺乏勾连，需要教师进行深度理解甚至揣测教学单元与课程标准的关联。所以，教师使用教材时习惯性地进行单篇教学也就不足为怪了。

以统编语文教材八年级下册第一单元课文《社戏》为例。其预习提示表述如下：

社戏是中国农村举行迎神赛会或岁时节庆时所演的戏，在江南尤为盛行。了解一下你家乡的类似的民俗活动，讲给同学们听。

文章结尾写道："真的，一直到现在，我实在再没有吃到那夜似的好豆，——也不再看到那夜似的好戏了。"作者为什么这样写？带着这个问题通读全文，了解课文的主要内容。

其课后练习部分的设计是：

[思考探究]
一、通读全文，仿照示例，用四字短语概括本文所写的几件事。

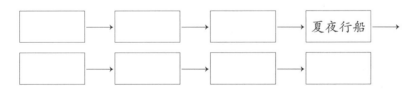

二、作者在叙述事件的过程中，融合了描写、抒情、议论等多种表达方式。以本文所写的某件事为例，具体分析这些表达方式各自的作用。

三、豆是很普通的豆，戏也是让"我"昏昏欲睡的戏，但是文章最后却说是"好豆""好戏"，对此你是怎样理解的？

[积累拓展]
四、结合上下文，揣摩下列语句，体会"我"的心理，感受其中的童真童趣。

1. 到下午，我的朋友都去了，戏已经开场了，我似乎听到锣鼓的声音，而且知道他们在戏台下买豆浆喝。

2. 我的很重的心忽而轻松了，身体也似乎舒展到说不出的大。

3. 淡黑的起伏的连山，仿佛是踊跃的铁的兽脊似的，都远远地向船尾跑去了，但我却还以为船慢。

4. 我不喝水，支撑着仍然看，也说不出见了些什么，只觉得戏子的脸都渐渐的有些稀奇了，那五官渐不明显，似乎融成一片的再没有什么高低。

5. 那航船，就像一条大白鱼背着一群孩子在浪花里蹿，……

五、《社戏》原文开头部分写的是"我"成年后在剧场看中国戏的两段经历。课后阅读这些文字，体会一下，作者通过写不同的看戏经历，表达了一种怎样的情思？

该课的训练重点是从文本中挖掘民俗的意义和价值，理解多种表达方式的综合运用，以及品味富于表现力的文学语言等。这些训练重点等同于《社戏》所承担的课程内容。其中，比较难以操作的是"理解多种表达方式的综合运用"。不少教学设计侧重于表达方式的"多种"，往往让学生找出相关语段运用了哪些表达方式，并说说这些表达方式好在哪里。大多数文章都存在"综合运用多种表达方式"的情况，并不是《社戏》一课就特别突出，只是编写者希望学生借助此文了解如何根据需要选择多种表达方式，也就是说，训练重点在于让学生借助相关语段体会如何按需使用。但从预习提示和练习设计来看，助读系统、练习系统与课程内容之间的关联并不紧密。第二道练习设计的表述未能体现编写者意图，"具体分析这些表达方式各自的作用"的要求并未能体现语用意图，反而容易让师生采用套路话语来解读课文。"品味富于表现力的文学语言"是课程目标的直接体现，要与理解多种表达方式的综合运用相结合。体会多种表达方式的综合运用，也需要对多种不同的语句做比较分析，通过具体的品味语言的实践来进行。但是，第四道"品味文学语言"的练习设计强调的是引导学生结合语境读懂句子的含义，理解作品的儿童叙述视角。由此可见，课程标准要求教科书要达成的课程内容与实际的教科书内容关联度很低。

# 第四章　语文教科书系统的建构

对于教科书构成要素的分析，要注意教科书的课程教学属性。"泰勒原理"明确提出，关于课程内容选择的一般原则是：①学习经验能够有机会让学生去实践教学目标所隐含的行为；②学习经验必须使学生在做目标所隐含的相关行为时获得满足感；③教育所要引起的反应是在学生力所能及的范围之内；④许多特定的经验都能用来实现同样的教育目标；⑤同样的学习经验会产生多种结果。① 据此，教科书的科学建构应考虑三个必要条件：课程标准的一致性、知识内容逻辑的顺序性和学生心理发展水平的差异性。教科书编写应该缩小课程内容与学生的兴趣、需要和能力之间的差距，并尽可能与之相适应。教科书构成要素的编写最基本的就是分析并参照课程标准的相应导向要求进行比较分析，理解这些要素的应当履行的职责，而后思考如何通过这些构成要素去分担编写任务。

语文教科书的教学内容的最大障碍来自学科的非科学性结构。尽管语文课程标准关于课程设计追求循序渐进、螺旋上升，但是，语文知识内容选取的模糊性和逻辑顺序建构的不确定性对其有很大影响。语文是语言符号体系的习得与运用，语文课程必须承担母语符号体系教育，同时，还要承担母语行为范式的习得，承担言语行为教育的任务。从这个意义上反观语文教科书，语文教科书知识提供了一些基本的语言方式和规则，缺乏对言语行为的习得，因为语文学科背后没有本学科母体严密的知识系统和知识逻辑的支撑。所以，语文教科书的编写可以将各类文体作为归类标准，可以把课文主题作为基本单位，也可以按听、说、读、写能力进行分编，还可以按照使用语言分编（按文言文、现代文分编），等等。在单元组合上也有多种选择可供参考，至于每一册教科书选入多少篇课文、分别录选哪些课文、编多少个单元、选择哪些知识要点等更不是绝对的。

---

① 参见［美］泰勒著《课程与教学的基本原理（英汉对照版）》，罗康、张阅译，中国轻工业出版社 2008 年版，第 57 – 59 页。

因此，语文教科书的构成要素不存在某种唯一性，内容选取也不存在唯一性。但是，我们并不是说语文教科书就是随性随意的组合。语文教科书具有一般教材的功能，也具有自己的学科特性的相关要求。其构成要素既要保证教科书的基本功能结构，也要具有该学科独特的构成要素。语文教科书的基本功能结构一般包括唤起学习欲望的功能结构、呈现学习内容的功能结构、提示学习方法的功能结构、巩固学习的功能结构。我国语文教科书的编写经验是以教学单元为基本单位，统筹基本的教科书构成要素。

目前，主流的语文教科书构成要素，就是以选文系统为主，辅之以助学系统、知识系统、练习系统和活动系统等。选文系统，就是语文教科书中的选文及其编排；知识系统是指直接或间接呈现在语文教科书中的语文知识及知识与知识之间的联系；助学系统是指对语文教学起辅助作用的教科书要素，主要由单元提示、阅读指导、旁批评点、资料链接和注释等方面共同组成；练习系统一般指课文项目后的思考与练习部分，随着人们对于思考与练习功能认识的深入，这一部分在语文教科书中日益显现出其独特的地位；活动系统是指在语文教科书中的学习活动设计，主要表现在听说读写和语文专题性学习、综合性学习等项目上。

# 第一节　语文教科书选文系统的建构

语文学科要引导学生学语文、用语文，从而提高学生正确理解和运用语言文字的能力。语文教学旨在利用他人成熟的、典范的言语成品去指导学生的言语实践，使他们的言语表达从随意走向规范，从幼稚走向成熟。在语文课堂教学中，学生学习语言文字运用的主要路径无非就是教师直接讲授语言规则和运用语言的规律，或是借助范例令学生去体验、感受、领悟既定的语言规则和他人的言语经验。范文是学生学习母语、学习语文最主要的凭借。通过范文的阅读，可以引导学生学习语言的运用规范和表达方式等，并由此积累和丰富自己的语言。考察中国百余年来的语文教学实践，基本可以得出一个共识：中小学生的语文学习显然必须借助范例进行，这也是语文教科书选文系统存在的必要性。

学界认为，我国语文教科书的选文编排体系源自《昭明文选》。《昭明文选》是以选文为主体的中国现存编选最早的一部诗文总集，其选文范围是"以能文为本",其选文标准是"事出于沉思,义归乎翰藻",有意识地把文学作品同学术著作、疏奏应用之文区别开来。自《昭明文选》以后,语文教科书大部分都沿用了以选文系统为语文教科书的主体这一编排的体系。我国语文教科书的编写虽然经历了由"文集"到"文选",由选文单元组合到知识、范文、助读和练习的综合单元的变革,但都是以"文选型"作为编撰的策略,基本格局也还是"文选型"。

选文系统的独立性是语文教科书区别于其他学科教科书的一个鲜明特点。选文系统主要依据课程标准或教学大纲的教材编写建议选取课文,选文系统是语文课堂教学的主要凭借,也是学生学习语言文字运用的例子。所选文章按照课程标准相应的学段目标进行组合,以此落实课程标准目标的学段要求。其他学科教科书大多以知识系统为主体,并辅之以作业系统。语文教科书则以选文系统为主体,知识系统、助读系统、练习系统均围绕选文系统构建。选文系统的独特之处在于选文选编的独立性。选文选取并没有严格的学术标准,选文组合没有严谨的学科知识体系。一般来说,选文是独立成篇、结构完整的文字作品。选文主要有两种来源,即现成的作者原创的文字作品和教科书编写者原创的文字作品。作者原创的文字作品或是原文直接全部选入教科书,如教科书中的古诗词;或是经教科书编写者根据教学实际进行改编(节选、改写等)的作品。这类选文在语文教科书选文中占绝大多数。教科书编写者原创选文主要是为了适应不同时期语文学习的要求,例如民国时期的《共和国教科书新国文》《开明国文课本》等语文教科书中的选文大都是教科书编写者的原创,叶圣陶所创作的《小小的船》至今仍是小学一年级语文教科书中的常用选文。不过,教科书的拼音课文与识字课文,由编写者编写用于展示语文知识、提出学习要求的文字作品,如口语交际与习作领域的课文,并不属于选文。

## 一、 选文系统的特殊性

教科书文本是教师和学生在语文教学活动中用以达成语文课程目标的教学材料,要为语文课程与教学而服务。创作的时候,文本是作者传情达意的载体;面世之后,文本就成为一种客观存在,被赋予社会意义;在编入教科书以后,文本则已经打上了编写者的烙印,在很大程度上蕴含着编写者的选择标准和价值追求。文本被附加了教学要求,其解读不仅要受到语文课程的性质限制,还要受到编写者的选择标准和价值追求的限制。因此，选文的原生价值、社会价值与教学价值相互交织、互相影响。

## （一）选文的教学价值对原生价值的限制、背离

文本在进入教科书之前，作者只是根据社会或者个人的需要，借助语言反映社会生活中的某一事件、某一现象，表达自己对这些事件与现象的看法，抒写自己对社会、对人生的理解与感悟，表达出个人或者社会所需要的表达的情、理、知、趣。这是文本作为一种阅读客体的存在价值。不同文本传达给读者的信息不同，或是情感信息，或是知识信息，或是事理信息等，也就是文本的原生价值。不同文本的原生价值涉及的领域是不同的，如《大自然的语言》是物候学领域，《祖父和我》是文学领域等，但是无论哪个领域，获取怎样的信息，总的来说就是"信息价值"。

文本进入教科书作为阅读的选文以后，除了传播信息的原生价值以外，还衍生出了教学价值。一旦文本被选入教科书，转化为课文，其性质发生了变化，文本不再是一个普通文本。课文有别于文本，并不是说文章本身有什么变化，而是指文章的功能因为受到教科书这一教学背景的限制而发生了变化，它已经由普通的文本变为教学文本。教科书文本是根据教育行政部门颁布的语文课程标准的相关要求和学生群体的学习需要而选编的。语文教科书中的选文既是语文课程内容的媒介、途径、手段，也是语文课程的学习对象。语文教学既要使学生学会阅读这一篇、这一类选文，也要借助选文让学生掌握外在于这一特定选文的事实、概念、原理、技能、策略、态度等。

教科书的选文是教科书编写者根据一定的课程目标和教科书编写原则，经过筛选编辑之后呈现给学生的读物。选文为语文课程与教学服务，其解读不仅受制于语文课程性质、内容，还要受到编写者的选择标准和价值追求的限制。由于教学目的的强制性，文本的教学价值已远远超于文本的原生价值，即文本的教学性更加明显了。教与学的目的、要求不同，语言文字的解读也就要相应地发生变化。进入教学视野的选文成为带有对象性、工具性，并且作为典型来培养学生听、说、读、写能力的范本。作家杨绛所写的《老王》被选入统编语文教材七年级下册第三单元第二课。该单元教学要求提出："本单元的课文都是关于'小人物'的故事。这些人物虽然平凡，且有弱点，但在他们身上又常常闪现优秀品格的光辉，引导人们向善、务实、求美。其实，普通人也一样可以活得精彩，抵达某种人生的境界。本单元的学习注重熟读精思，要注意从标题、详略安排、角

度选择等方面把握文章重点。还要从开头、结尾、文中的反复及特别之处发现关键语句，感受文章的意蕴。"该课的预习则提示："阅读课文，想一想，在作者眼中，老王是个怎样的人？再读一遍课文，想一想，在老王眼中，杨绛又会是个什么样的人呢？"而课后思考探究、积累拓展的设计都围绕着作者如何看待老王这个"小人物"以及如何评价自我。这些正是编写者赋予《老王》这篇选文的教学价值。《老王》不仅仅是作家杨绛的回忆性散文，更是一篇为达成单元教学目标而服务的教学文本。

## （二）选文的社会价值对教学价值的压制

### 1．选文的示例功能因政治、社会等因素而物化

教科书是学科知识的提纲挈领，也是人类文化知识的结晶。在有限的课程内容容量当中，教科书为何会选择某种知识而放弃其他知识？这个选编过程是主观地、有意识地对知识进行选择和价值排序的过程。语文教科书有着较强的意识形态属性，课程内容承载着立德树人的根本任务，首要的是体现国家意志，传播社会主流意识形态以及与其相适应的价值观，还要体现对社会多元价值的理解和观照。这些政治、伦理等问题都在影响语文教科书选文原生价值的体现。

就教科书内容的定位而言，语文教科书内容的选择与组织是一个社会公众事件，体现着国家和社会关于价值排序与知识伦理关系的认可，教科书编写者透过教科书内容体现着对学习者在自我、他人、社会不同层面上的道德期待。编写者以政治话语视角选编课文，希望语文教科书发挥"文以载道，以文化人"的教育功能。语文教科书的选文是编写者在国家主流意识和社会多元价值之间寻求适度的平衡，教科书内容体现着国家、社会等层面对学习者的道德期待，如培养爱国主义精神、发扬民族传统美德、热爱共产党及其领袖、树立社会责任感、无私奉献、刻苦勤劳、培育良好的生活与行为习惯等，这些都是我国语文教科书编写常见的价值导向与道德主题。编写者在进行选文、内容架构时会紧紧围绕这些主题，并根据学习者的身心发展特点进行有意识的筛选，将国家期待、社会需求以外显或内隐的形式融入教科书选文。这就使得语文教科书选文的示例功能在一定程度上被物化，很多选文被赋予了道德寓意。此外，不同历史时期对语文学科特性的不同认识和社会需要也间接影响选文的选编。20世纪50年代初，我国掀起了"以苏为师"，向苏联学习的热潮，语文教科书模仿苏联分科教学，编写了《汉语》与《文学》教科书；"文革"时期，语

文教科书被"政治统帅",等等,都是一定历史时期关于语文学科认识的折射。

## 2. 选文的示例功能随编辑标准而变化

教科书选文是学生学习语言文字运用的示例,编写者往往会考虑选文的语言表达是否符合规范、是否适合学生学习。基于教学的需要,选文内容可能会被删改。

首先是篇幅的限制。篇幅过长的作品不适合整篇收录于教科书之中,编写者一般会节选某部作品或著作的某章、某回或某部分,或是节选长篇作品的某一章节,如节选原作中结构具有特色的章节、节选原作中情节较精彩的章节内容,或是集中节选长篇作品里的重点段落。

其次是考虑语言表达。选文内容被删改,主要是对所要选取的原文进行编辑、改动甚至是删节的处理,即删去或改写原文的某些段落或语句,以符合教科书中具体的单元主题、篇幅安排或者学生的身心发展特点。编写者依据教学需要对入选的文章进行适当加工,无可厚非。有些文章已经做了节选,依旧不能全部照搬进入教科书,还需要编写者对其进行修改。小学阶段不少课文由文言文翻译变成白话文,如《夸父逐日》《女娲补天》《拔苗助长》《南辕北辙》《西门豹治邺》《负荆请罪》等,有的进行了扩写,也有的进行了删减。综合教科书中的节选文来看,删改大致有三种情况:一是为节选部分添加标题,二是对节选部分进行字句修改,三是对节选部分的标点符号做改动。

由于对原文做出了改动,即使删改的篇幅不大,体现的也不再只是作者的意图,还体现了编写者的意图。一篇作品在被选入教科书成为课文之后,其原生的阅读价值就会被赋予特殊的教学价值。这些教学价值主要体现在作品的思想内容、遣词造句、谋篇布局等当中,而语文教学常常就是从这些方面入手来对作品进行解读。这类删改后的选文在思想内容方面也许更符合我国的国情和意识形态,但有些修改很可能是仅从编写者个人视角和解读喜好来判断的,很容易导致作品失掉了原味。更有甚者,改动以后对教学解读造成影响,使其失去了依据。例如,《海的女儿》《巨人的花园》等选文由于删减结尾,与原文的本意出现了较大的差异。《社戏》一文,作者鲁迅有意以孩子的眼光和口吻对童年生活以及看戏的经过进行描述,使人身临其境。以一个孩子的视角和叙述口吻来讲述自己的童年趣事,这样的文章在鲁迅作品当中是少见的,尤其它还被收录在了短篇小说集《呐喊》这样忧患意识和变革意识浓重的集子当中。入选统编语文教材的《社戏》属于删改类选文，现在的中小学生几乎无法理解选文中作者所要表达的那种童趣，也不能体会作者期盼已久的社戏到底好在哪里。所有的疑问、解读障碍都存在于被编写者删掉的小说前十段当中，正是因为作者在现实社会中所遭受到的孤独和彷徨才使得遥远的故乡成为自己的心灵安慰，他在回忆故乡人与人之间淳朴亲密的关系当中，内心的焦灼和惆怅得到了暂时的缓解。正是因为那两次看戏的经历与童年时代的对比，才使得童年时代仅存的美好变得那样难能可贵，而也正是因为原文中那前两次看戏的遭遇中含有的对现实社会明显的批判和讽刺，在强烈的对比中更加凸显了这场社戏的童趣和美好。

## 二、　选文的基本依据

语文教科书选文系统的选编应该从三个方面进行探讨：一是选编目的，这关乎语文课程内容的取舍标准及功能指向，通常将课程标准的相关要求或导向以教学目标和要求的形式体现在教科书之中；二是结构材料，即"用什么教"的问题，体现为课文及读写听说语言活动等；三是结构方式，按文体组合、按题材组合、按读写训练的要求组合等。本书无意设计语文学科内容组合的模式，只力图在已有教科书成功经验当中提取选文编选的相关原则进行探讨。

语文课程是一门学习国家通用语言文字运用的综合性、实践性课程。其课程内容应该是关于语言的学习、运用，包括怎样阅读、怎样写作、怎么交流的"方法"，而教科书的选文自然就是学习、模仿、历练"方法"的主要例子。选文实际上就是选择适合学生学习语言文字运用的相关例子，以期学生借助学习这些典型例子而学会在实践中运用相关规律，具备阅读类似文章的能力，养成最基本的的语文习惯，从而形成一定的语文素养。选文系统的学习价值，重点是凸显文本的语文核心价值，即重点训练学生对语言的感受能力和表达能力。因此，选文系统与其他教科书系统的最大区别在于其示例化，选文的基本依据也是由此延伸的。

### （一）　文质兼美

纵观语文教学大纲或课程标准对选文标准的历史演变，不难发现，"文质兼美"的选文原则是我国当代语文教科书编选沿用的标准。"文质"一词原来是对于人格修炼至最高境界的"君子"的描述："质胜文则野，文胜质则史，文质彬彬，然后君子。""文质兼美"后来被引用为文章的选文标准，是指文章的语言形式规范、优美，思想感情积极、健康，篇章结构恰当、完美。我国语文教科书编写历来注重选文的选编。最早提出将"文质兼美"作为教科书选文标准的是叶圣陶先生。1962 年，叶圣陶先生在写给人民教育出版社中学语文编辑室的一封信中说："所选为语文教材，务求其文质兼美，堪为模式，与学生阅读能力写作能力之增长确有助益，绝不宜问其文出自何人，流行何若，而惟以文质兼美为准。"①

"文质兼美"这一选文标准出现在新中国成立后的每一版教学大纲或课程标准之中，是语文教科书选文的重要标准。摘录如下：

1980 年《全日制十年制学校中学语文教学大纲（试行草案）》的"教材的内容和编排"指出："课文要选取文质兼美的文章，必须要思想内容好，语言文字好，适合教学。"②

1986 年《全日制中学语文教学大纲》的"教材内容"指出："课文要选取文质兼美、适合教学的典范文章。"③

1988 年《九年义务教育全日制初级中学语文教学大纲（初审稿）》的"教学内容"指出："课文应该文质兼美，难易适度，适合教学，题材和体裁丰富多样，能激发学生的学习兴趣。"④

1990 年《全日制中学语文教学大纲（修订本）》的"教材内容"指出："课文要选取文质兼美、适合教学的典范文章。"⑤

1992 年《九年义务教育全日制初级中学语文教学大纲（试用）》在"教学内容"部分指出："课文要文质兼美。内容要有助于增强学生热爱祖国的思想感情，有助于培养学生艰苦奋斗、为社会主义现代化建设献身的精神，有助于学生树立辩证唯物主义和历史唯物主义观点。"⑥

① 叶圣陶：《课文的选编——致人教社中学语文编辑室》，见叶圣陶著、商金林编《大家国学·叶圣陶》，天津人民出版社 2008 年版，第 324 页。
② 课程教材研究所编：《20 世纪中国中小学课程标准·教学大纲汇编：语文卷》，人民教育出版社 2001 年版，第 459 页。
③ 课程教材研究所编：《20 世纪中国中小学课程标准·教学大纲汇编：语文卷》，人民教育出版社 2001 年版，第 478 页。
④ 课程教材研究所编：《20 世纪中国中小学课程标准·教学大纲汇编：语文卷》，人民教育出版社 2001 年版，第 495 页。
⑤ 课程教材研究所编：《20 世纪中国中小学课程标准·教学大纲汇编：语文卷》，人民教育出版社 2001 年版，第 503 页。
⑥ 课程教材研究所编：《20 世纪中国中小学课程标准·教学大纲汇编：语文卷》，人民教育出版社 2001 年版，第 525 页。

1996 年《全日制普通高级中学语文教学大纲（供试验用）》在"教学内容和要求"部分指出："选文要文质兼美，有助于培养学生的高尚道德情操，有助于增强爱国主义精神和提高社会主义觉悟，有助于培养学生热爱中华民族优秀传统文化的思想感情，有助于树立辩证唯物主义和历史唯物主义观点。在用词、造句、布局、谋篇、文风等方面具有一定的典范性。"①

2000 年《九年义务教育全日制初级中学语文教学大纲（试用修订版）》在"教学内容和要求"指出："课文要具有典范性，文质兼美，题材、体裁、风格应该丰富多样，富有文化内涵和时代气息。要体现教学目的，适合教学，有利于开拓学生视野，激发学生学习兴趣。"②

2000 年《全日制普通高级中学语文教学大纲（试验修订版）》在"教学内容和要求"部分指出："课文要具有典范性，文质兼美，题材、体裁、风格应该丰富多样，富有文化内涵和时代气息。要体现教学目的，适合教学，有利于开拓学生视野，激发学生学习兴趣。"③

《义务教育语文课程标准（2011 年版）》教材编写建议部分提出："教材选文要文质兼美，具有典范性，富有文化内涵和时代气息，题材、体裁、风格丰富多样，各种类别配置适当，难易适度，适合学生学习。"④

《义务教育语文课程标准（2022 年版）》教材编写建议部分就选文提出以下要求："教材选文要体现正确的政治导向和价值取向，文质兼美，具有典范性，富有文化内涵和时代气息。"⑤

《普通高中语文课程标准（实验）》指出："教材中的选文应具有典范性和时代性，富于文化内涵，文质兼美，丰富多样，难易适度，能激发学

---

① 课程教材研究所编：《20 世纪中国中小学课程标准·教学大纲汇编：语文卷》，人民教育出版社 2001 年版，第 539 页。

② 课程教材研究所编：《20 世纪中国中小学课程标准·教学大纲汇编：语文卷》，人民教育出版社 2001 年版，第 542 页。

③ 课程教材研究所编：《20 世纪中国中小学课程标准·教学大纲汇编：语文卷》，人民教育出版社 2001 年版，第 549 页。

④ 中华人民共和国教育部制定：《义务教育语文课程标准（2011 年版）》，北京师范大学出版社 2012 年版，第 33 页。

⑤ 中华人民共和国教育部制定：《义务教育语文课程标准（2022 年版）》，北京师范大学出版社 2022 年版，第 52 页。

生的学习兴趣，开阔学生的眼界。"①

《普通高中语文课程标准（2017 年版 2020 年修订）》指出："教材中的选文应具有典范性和时代性，文质兼美，体现正确的政治导向和价值取向。"②

由此观之，"文质兼美"体现在选文本身的典范性上。语文教科书不同于一般的阅读文本，它是学生学习语言运用和接受文化陶冶的范本，具有一种典范精神。选文的典范精神是指选文的语言表达、思想情感、精神内核、审美意蕴和文化内涵都能经得起时间考验，具有耐读性。

一是选文思想精神的典范性。语文教科书借助选文发挥"文以载道，以文化人"的教育功能，故而要求选文的思想精神方面应该是崇德、向善、尚美，具有一定的文化意义、人文意蕴和审美价值。语文教科书的选文既要重视优秀传统文化的传承，又要与时俱进，还要积极吸纳先进外来文化。这些思想精神常常通过经典作品充分体现。所谓"经典"，是指承载人类普遍的审美价值和道德价值的典范的、具有超时空性和历史穿透力的作品，或是在所处时代中具有恒久的示范性，或是知名诗人、词人作品中毋庸置疑的经典作品，无论是美学价值、审美意蕴，还是思想内核、文化内涵、情感精神都能历经时间检验，具有共时性、恒常性和耐读性，时至今日依然具有存在的价值。经典作品是经历史筛选而沉淀下来的精髓，代表了一个民族、一个时代的进步精神。经典作品可以让学生领略关怀民生、忧国思家的情怀，体会至真至情、至爱至美的人性，收获解读人生、品味生活的哲理顿悟，感受坚忍顽强、浩然坦荡的人格魅力，让学生充分感受那一道道超越时空、心灵相通的人文景观，为学生勾画出一道生命的底线。

二是选文表现形式的典范性。表现形式的典范性主要是指选文的语言规范、措辞优美、篇章结构完美、体裁题材多样化。选文大多是成熟的、典范的言语成品，其本身就是学生学习语言文字的优秀实践示例。例如，关于"铭"这种文体，《陋室铭》的行文风格、优美语言具有示范功能，不少学生还能根据自身生活模仿此文写出各个种类的"铭"来。教材自

---

① 中华人民共和国教育部制定：《普通高中语文课程标准（实验）》，人民教育出版社 2003 年版，第 26 页。

② 中华人民共和国教育部制定：《普通高中语文课程标准（2017 年版 2020 年修订）》，人民教育出版社 2020 年版，第 50 页。

身的文化传创品性和语言言说的实践品格决定了范文应该是能让学生学习、模仿、创造的。语文教科书要为学生提供鲜活、生动而又合乎规范的语言运用范本，让学生从中习得母语的语法规则、运用规范、修辞方法、表达技巧等，从随意走向规范，从幼稚走向成熟。

教科书表现形式的典范性包括三个层面。第一层面是规范的语言文字的示例。语文教科书所使用的语言文字是普通话和规范汉字，选文的语言文字运用应当符合国家通用语言文字的规范，遵守语音、词汇、语法等方面的标准和典范。诸如儿化词、轻声、变调及其他音变现象的标注，标点符号的使用，字义词义的注释，句式的使用，等等。第二层面是优秀的篇章结构的示例，体现在文章思路的清晰严密，文章内容的起承转合，文章结构的合理、巧妙。诸如，欧·亨利式结尾的出人意料却又在情理之中，杜甫律诗起承转合的工整，等等。第三个层面是独特的作者言语个性、言语智慧的展现。作者的个性语言是具有唯一性的，是不可复制的。"许浑千首湿，杜甫一生愁"，"湿"和"愁"亦是许浑、杜甫这两位大家的文学个性的概述。举凡大作家的诗词都有一个或几个核心意象。例如，"水"是孟浩然诗歌的核心意象，贯穿其一生创作；王维以不同的视角、手法，展示出各种各样的"林"，以表达诗人的归隐之心；而李清照词的核心意象，南渡前为"楼""月""琴""花"，南渡后为"江""雁""雨""梦"。选文的独特魅力就在于作者言语表达的独特个性和语用智慧。

要注意的是，"文质兼美"是选文的重要标准，但不是唯一标准。并不是优秀的文学作品就可以成为教科书选文，这中间涉及许多需要考量的因素和限制条件。语文课程没有完整的知识体系，由于课程本身的综合性和实践性，语文教育课程标准的设置也根据能力目标确认。语文教科书的选文标准只能通过一些条件和限制因素获得一个模糊性的条件。教科书的选文不同于文学作品的编撰，教科书的编选不仅要具有文学性和艺术性，还要能够体现教学目的、能够满足教学任务。此外，学生的认知能力限制了教科书选文的范围。古今中外的名篇名作，强调文学修养和文化熏陶。诚然，这与语文教学的总目标是一致的，但是，由于学生年龄、心理、个性、性格、爱好、家庭背景等不同，他们对文章的选取、需求、兴趣也会不同。并不是所有的作品都适宜任何年龄阶段的人阅读和接受，也不是所有的语言形式都能被各种语文水平的人所接受，并非所有的名家名篇都有足够的魅力吸引学生。名家名篇的阅读魅力和阅读意义不是纯客观的，而是由学生的主观感受来决定的。在公认的"文质兼美"的标准之下的选文，学生不感兴趣或不喜欢读的选文为数不少。选文难以做到文章质量与阅读兴趣两者兼得，但是可以考虑在保证文质兼美的基础上，通过助读系统的相关设置激发学生的阅读期待（相关阐述详见助读系统章节）。

## （二）文类适切

《义务教育语文课程标准（2022年版）》"教材编写建议"指出："题材、体裁、风格要丰富多样，各种类别配置适当，难易适度，适合学生学习。"[1]《普通高中语文课程标准（2017年版2020年修订）》则提出："教材编写应注意语言材料的多重功能，便于体现文本在达成不同学习目标中的示范、积累、探究等不同功用。"[2] 由课程标准表述可见，教科书选文应当"适应学生学习"，注重发挥其"示范、积累、探究等不同功用"。教科书是用来教学生学习的材料、凭借，教科书的选文不仅是"范例"，而且应该是"适例"，适宜于相应年龄段的学生的身心发展规律及特点。

构成语文教科书内容的材料，既可以是经典范文，也可以是实用文本；既可以是文章，也可以是文段，或者是例句、例段；材料内容既可以是知识要点，也可以是语言材料，或者是语言行为。相对而言，学生在高中毕业之后，无论是继续升学，还是步入社会，最迫切的语用能力是基于生活需要的文体阅读及写作能力。语文课程标准也提出阅读简单的非连续性文本的要求。反观教学现状，很多学生还不会阅读这类以实用文为主的非连续性文本，这从某种程度上反映了语文教科书中文体示范的局限性。教科书的选文体裁应当多样化，兼顾社会生活中所触及的文体，在已有的散文、长篇小说（节选）、短篇小说、诗歌、戏剧、童话、寓言、民间传说、神话故事、科技作品、科普文章的主体之上，适当增加调研报告、报纸专栏文章、小品文、新闻报道、商业信函、演讲等文体的比例，力求满足学生日常生活的各种需要。

文体多样化要基于适应学生学习的前提。适应学生的学习，主要指的是选材要考虑特定年级学生的身心特点、认知规律、阅读接受能力，符合

---

① 中华人民共和国教育部制定：《义务教育语文课程标准（2022年版）》，北京师范大学出版社2022年版，第52页。

② 中华人民共和国教育部制定：《普通高中语文课程标准（2017年版2020年修订）》，人民教育出版社2020年版，第50页。

学生掌握语言的可能性。事实上，选取各式各样的文体并不困难，关键是要考虑能否适合学生学习。我们不能让学生去适应教科书选文，而应该思考各类文体如何满足不同年级学生在语文学习的不同发展需求，各类文体学习在不同年段如何合理分配、如何落实学习要点，达到螺旋式上升。一般来说，我国语文教科书关于文体安排大致是低年段以儿童文学作品为主，中年段以记叙文作为主体，逐步增加实用文，高年段则在中年段的基础上适当加入说明文和议论文以及经典文学作品。

1. 第一学段

低年段学生虽然有一定的口头语言表达能力，但书面语言的积累十分有限，这一学段的学生对有关具体事实和经验的知识更容易产生兴趣，更喜欢阅读故事，对童话、科幻等内容带有特别的偏好。课程目标对第一学段"阅读与鉴赏"的要求之一是："阅读浅近的童话、寓言、故事，向往美好的情境，关心自然和生命，对感兴趣的任务和事件有自己的感受和想法，并乐于与他人交流。诵读儿歌、儿童诗和浅近的古诗，展开想象，获得初步的情感体验，感受语言的优美。"① 从课程标准的学段要求来看，第一学段阅读教学正是以适合这一年龄段阅读的儿童文学作品为主要取向。并且，选文应以篇幅短、用字少、朗朗上口、易于诵记的韵语、童谣、儿歌、童话、故事为主，以及适当选编简单易懂、生动形象的记叙文。这些作品大多是对直观事件和具体形象的描写，理解难度较小，更容易使儿童融入其中，符合低年段学生以形象思维为主的认知特点。这些文体通常会包含一些回旋重复的语句，重点字词能够得以多次复现，有利于学生识记生字、积累语感。

2. 第二学段

这一学段的学生逐步脱离具体的形象，由关注文章的表层内容转而关注事件的进程和变化，渐渐能够体味到人物的情感体验和作品的内在意义。从学段要求来看，"篇章"的阅读学习逐步代替第一学段的识字写字。由于学生尚处于语言发展的初级阶段，应该主要学习简单而规范的语言，满足语言积累、发展的需要，同时要建立"篇章"的概念，以记叙文为主体，初步学习多种文体的表达方法。第二学段的文体主要以应用文、记叙文为主体，选编少量的说明文。应用文主要选取与生活实际联系

---

① 中华人民共和国教育部制定：《义务教育语文课程标准（2022 年版）》，北京师范大学出版社 2022 年版，第 8 页。

最为紧密的常见文体形式，如日记、通知、请假条、留言条、贺卡、简单书信、科技资讯（电子邮件、短信、微信）等。

强调以实用性文章为主，并不是忽视文学作品。第二学段的儿童文学作品类的选文要在第一学段的基础上，增加叙事性作品，引导学生关心作品中人物的命运和喜怒哀乐，体会文章表达情感的方法。

### 3. 第三学段

第三学段选文应在第二学段的基础上，以篇章为重点，以情感为主线，提供不同类型的文章，适当增加说明性文章和非连续性文本，同时加强经典文学作品的阅读，尤其是增加一定数量的中外名家名篇。

说明性文章的知识性较强，主要介绍事物的性质、特点、用途等。由于说明对象与学生的日常生活存在一定距离，选材不易，可选编少数参观访问记、考察报告、科技说明文、科学家小传等，引导学生走进大自然，走进科学世界。议论文的主要目的是说清楚道理，文字简单，第三学段适宜选择一些结构清晰且富有童趣的议论文，以便学生学习有理有据地以口头或书面表达自己的观点，有助于学生的语言逻辑能力的发展。

此外，第三学段要注意借助优秀文学作品让学生获得熏陶感染，向往和追求美好。针对这一阶段，可以选编反映少年成长的故事、小说、传记等，帮助学生学习描述自己成长的故事；选择表现人与自然的诗歌、散文等经典文学作品，让学生体会人与自然和谐相处的意义；选择革命领袖、革命先烈创作的文学作品，以及表现他们事迹的诗歌、小说、影视作品等，让学生感受革命领袖、革命先烈伟大的精神世界和人格力量，引导学生认识生命的价值和意义。

### 4. 第四学段

这一阶段的学生情感内容日渐丰富，思维的独立性和批判性有所发展，自我独立意识加强。第四学段语文教材选文应关注青少年精神成长，将语文的能力训练点有机地分解在教学单元。据此，第四学段语文教科书选文要注意引导学生感受身边真实的生活，体会语文的实在、真切，让学生明白或真实或虚构地记录生活中发生的一件一件的大小事件就是语文。在第二、第三、第四学期，选文侧重于记叙、说明、议论三种文体，以让学生从中学习如何把话说清楚。第五、第六学期选文可以适当增加新闻报道、广播稿、说明书、演讲稿、文艺作品鉴赏、传记、事理性说明文、思想短评、调查报告、工作总结等日常生活中广泛使用的文体，增强学生在生活中实际运用语文的能力。

5．高中阶段

高中生自我意识明显增强，在心理和行为上表现出强烈的自主性，迫切希望从父母的束缚中解放出来。他们的感情变得内隐，即使内心世界活跃，情感的外部表现也并不明显。在语文学习方面，高中的学习深度和难度较义务教育阶段上升到更新的台阶，跨度很大，学以致用等综合学习能力急需提高。高中生的抽象逻辑思维发展趋于初步定型或成熟，思维的独立性和批判性也有了显著发展。高中语文教科书选文必须考虑学生学习形式逻辑思维、辩证逻辑思维这些抽象思维知识，培养抽象思维的基本结构，应以重于抽象思维方式的议论类文本为主，以重于形象思维的记叙抒情类文本为辅。在选文价值取向方面要引导学生关注社会和人生的现实问题，强化学生追求个人事业、维护坚守社会规范的热情，培育学生的自尊心、自信心与意志力。

# 第二节　语文教科书知识系统的构建

## 一、语文知识的内涵

知识是人们在认识世界的过程中形成的相对稳定的认识。《中国大百科全书·教育卷》认为："所谓知识，就它反映的内容而言，是客观世界在人们头脑中的主观印象。就它反映的活动形式而言，有时表现为主体对事物的感性知觉或表象，属于感性认识，有时表现为事物的概念或规律，属于理性认识。"[1]《教育大辞典》认为："知识是对事物属性与联系的认识，表现为对事物的知觉、表象、概念、法则等心理形式。"[2]

教科书的首要功能是负载和传递知识，语文教科书也不例外。虽然人们对语文教科书中该承载什么样的知识存有争议，但无可否认的是，没有知识的语文教科书是不存在的。语文教科书所承载的知识，不是选文系统涉及的政治、历史、伦理、经济等人文社会科学知识，也不是天文、地

---

[1]　中国大百科全书总编辑委员会《教育》编辑委员会、中国大百科全书出版社编辑部编：《中国大百科全书·教育》，中国大百科全书出版社1985年版，第525页。

[2]　顾明远主编：《教育大辞典》（第1卷），上海教育出版社1990年版，第144页。

理、自然、生物等自然科学知识，而是围绕学习语言文字运用的相关知识，如语言知识、文章知识、文学知识、文化知识、读写知识等。

传统的语文知识主要指"字、词、句、篇、语、修、逻、文"。在不少语文教师的认识当中，语文知识几乎就等同于语法知识。20世纪通用的语文教科书普遍比较重视语法知识内容，一般包括系统的西方的语法体系：语素、字词、单句、复句、句群等。这使得语文教学曾存在刻意追求语文知识的系统和完整的弊病，语文教学曾一度将西方现代语言体系中的内容按浓缩的"精简"原则搬到语文教学中。针对这一问题，《义务教育语文课程标准（2011年版）》提出："要避免脱离实际运用，围绕相关知识的概念、定义进行'系统、完整'的讲授与操练。"[①] 由于课程标准表述的隐晦和语文教师课程认识的缺位，这一表述在语文教学中带来了另一种极端：将课程标准所提倡的"淡化语文知识教学"直接理解为"弱化语文知识教学"，甚至变成"不要语文知识教学"。语文教学必须有语文知识。而且，语文教学更多的只能是知识的教学，能力与方法、情感、态度、价值观这些不是语文教师能够直接施教的对象，只能通过相当的知识教学来实现培养能力、丰富情感、完善价值观等目标。

语文知识的讨论层次有以下四个层面：一是课程目标层面，二是课程层面，三是教科书层面，四是教学层面。本书侧重于语文教科书所呈现的知识体系的概述，语文教科书知识系统不等于语文课程知识，也不能窄化为语文基础知识。简单来说，语文知识是在语文课程中必须体现出来的关于听、说、读、写过程中必须涉及的有关语文的事实、概念、原理、技能、策略、态度的知识内容而形成的知识体系。如果从认知心理学广义的知识观来看，语文知识可分为陈述性知识、程序性知识、策略性知识。陈述性知识是关于事物"是什么"的知识，程序性知识是关于"做什么""怎么做"的知识，策略性知识是关于"做得怎么样"的知识。本书借助这一知识观，将语文教科书关于语文知识的建构分为事实性知识、概念性知识、程序性知识和策略性知识。

事实性知识，即事实层面上的、可通过经验机械积累的概念和基于概念之间关系的原理层面上的知识。例如，什么是修辞，什么是散文，字、词、句以及各种阅读积累文本所构建的知识分支。具体到语文学科来看，

---

① 中华人民共和国教育部制定：《义务教育语文课程标准（2011年版）》，北京师范大学出版社2012年版，第25页。

主要有汉字形、音、义与文学常识，以及课文内容的基本信息等。事实性知识是分散的、孤立的"点滴信息"的知识，是学生为了掌握该学科知识而需要了解的基本事实，包括不同阅读语境下字、词的字面含义与深层含义，句、段、篇的主要内容，文学常识，等等。例如，教科书习题中动词指向的对象为选文中具体的字、词、句、段，包括加点字的拼音、文言文中的古今异义词和通假字、写作背景、作家作品知识等，这类习题考查的是事实性知识。

相比较而言，概念性知识较为复杂，包括分类或类目、原理和概念、理论、模型和结构的知识。其中，分类或类目知识对应的语文学科的知识样例为不同词类（如名词、动词、形容词）；原理和概念知识对应的是语文学科中语法修辞、标点符号的使用规则以及词语含义；模型和结构知识对应的则是语文学科中的篇章结构与描写顺序等知识。例如，当教科书习题中动词指向的对象为表达方式、修辞手法、描写手法、说明方法、议论方法、记叙顺序等概念、原理，包括标点符号、文言文中的词类活用、特殊句式时，这类习题考查的其实就是概念性知识。

事实性知识与概念性知识很有可能同时涉及。例如，统编语文教材七年级上册第一课《春》课后习题："作者把春天比作'刚落地的娃娃'……你怎样理解这些比喻？"动词"理解"指向的对象是选文中具体的语言素材，属于事实性知识，"比喻"则是修辞手法，属于概念性知识。事实性知识和概念性知识都属于陈述性知识，即"是什么"的知识，把两者区分出来的意义在于使教师意识到在教学过程中不能一味要求学生记忆孤立的事实性知识，而应重视概念性知识的理解与运用。

程序性知识是有关怎样运用事实性知识和概念性知识进行语文实践活动的知识，即操作层面的知识。例如，怎样用字组词、用词造句，以及怎样写作、赏读文章。如果说事实性知识和概念性知识主要体现"是什么"，那么，程序性知识主要涉及"如何做"。习题中要求运用一定阅读方法完成的，包括朗读、默读、熟读、查找等，语文教科书常见的阅读要求如默读课文，圈出关键词语，画出重点语句，标出段落层次等，都属于"程序性知识"。例如，统编语文教材七年级上册第十五课《诫子书》预习提示："参考注释阅读课文，画出你不理解的语句，先与同学讨论交流，看看能否解决，不能解决的，借助工具书完成。"预习提示涉及文言文预习的方法与程序、学生必须掌握的阅读基本技能，属于程序性知识。

策略性知识，即处于和实践密切相关的以及实践活动本身这一层面上的知识。在语文学科中，策略性知识通常关联的是学习语文的方法性的知识和适当背景、条件的知识，如画思维导图以掌握文章脉络、增删词语或句子以体会不同的表达效果。策略性知识还包含了关于认知任务的知识和自我的知识，可以帮助学习者实现自我检测和评价自身的理解水平，并在一定程度上调整自我学习方式。例如，统编语文教材七年级上册《古代诗歌四首》课后习题："假如你身处其中，面对此情此景，会有怎样的感受？"又如，统编语文教材七年级上册《皇帝的新装》预习提示："快速阅读课文……记录下读完全文的时间，看看你每分钟能读多少字。想一想，哪些因素影响了你的阅读速度？以后注意改进。"

不过，在学校教育环境中，当语文知识进入语文课程与教学范畴时，因为语文教育工作者的认识不同，语文知识教学就会出现以下三个层次：理念性语文知识、实施性语文知识和经验性语文知识。

理念性语文知识，是课程专家按照课程理论、当代社会发展及学生发展需要所确定的语文课程知识，以及关于语文课程知识应该如何设计、应该达到怎样的水平和标准。这是理论层面上的语文知识。就理论层面而言，语文学科的知识体系应当具备以下四个基本特征：一是基础性，反映语文学科的基本概念、原则；二是全域性，以本国的优秀文化和人类优秀文化作为观照对象；三是系统性，遵循汉语言文字的自身特性，体现学科本身的逻辑性；四是动态性，注重言语实际运用，与时俱进，贴近生活。不同时期的教学大纲或课程标准对理念性语文知识有不同的概述：1963年的教学大纲初步建立了以"字、词、句、篇、语、修、逻、文"为基础知识内容的语文知识体系；1978年的教学大纲在"教学目的"中提出"语文知识"这个概念，明确指出语文知识包括语法、逻辑、修辞、写作知识和文学常识等，并用表格的形式将各年级的语文知识安排呈现于文后附录中；1980年的中小学大纲也用表格方式集中展现了语文知识体系；1986年颁布的语文教学大纲提出"语文基础知识"这个概念，按"阅读""写作""听说""基础知识"四个部分列出各年级语文基础知识教学要求；1992年的语文教学大纲的教学目标和教学内容分别从能力训练和基础知识来安排，基础知识包括汉语知识、文体知识和文学知识三大部分；1996年教学大纲的基础知识包括语言、阅读和写作、听说、文学鉴赏、文言文阅读等18项；1997年教学大纲的语文知识分为原理性知识、技能性知识和常识性知识。尽管各个时期关于语文知识的提法不同，但在内容范围上基本局限于"字、词、句、篇、语、修、逻、文"八个方面，呈现出明显的语言学倾向。

实施性语文知识，是语文教育工作者根据理念性语文知识指导，在实际教学中生成的语文教学知识。简单来说，就是语文教师基于对课程知识内容的理解，在课堂中教师教了什么、学生学了什么知识。任何一门学科的成立必须有自己的科学知识体系，而语文学科的独特性就在于它不像数学、物理等理科那样有自己独立的学科"母体"，故而关于理念性语文知识的构建就有了诸多的见解。而教育部颁布的语文课程标准在具体教学过程中所起的引领作用十分微弱，专家见解与老师理解就形成了实施性语文知识。不管理念性语文知识的构建多么理想，它都会被语文教师个人建构，形成实施性语文知识层面；而这一层面的知识也不是直接复制到学生的知识结构中，它又会遇到学生个体的建构，最终学生建构的实践性知识才是他们真正获得的语文知识。学校的实施性语文知识等同于语文教师的经验性语文知识，这是语文教学面临的困境。

语文教师的经验性语文知识主要源自语言形式类知识和文化内容类知识。

语言形式类知识主要分三个层面，即语言基础知识、语言运用知识和阅读鉴赏知识。语言基础知识主要包括汉语言文学学科的语音学、词汇学、语法学、文字学等知识，语言运用知识主要是指修辞学、逻辑学、语用学、口语交际学等，阅读鉴赏知识大多指文章的表现手法、篇章结构、写作手法、文学评论等。

就语文学科而言，文化内容类知识主要包括文化常识、文学常识、文体常识等。文化常识范畴比较宽泛，涉及天文历法、年龄称谓、人物称谓、古代辞格等人文常识。文体常识指的是文章体式，包括语文教科书选文的各种文章体裁的起源、结构特点、名篇等。文学常识主要侧重各历史时期的代表作家常识（作者基本信息、文学习惯、人格、创作风格、文学成就等）、文学流派、代表作品的基本常识，以及各种历史典故等。

学生的经验性语文知识，可以认为是学生经过语文课程的学习所得到的经验。但是，学生的经验性语文知识通常以狭义的知识观来观照，即归结为字、词、句、篇、语、修、逻、文、听、说、读、写的具体知识。这种知识观在语文学科教学领域得到广泛认可。在很长的一段时间里，语文教育界把语文学习当作一个认知的过程，许多语文教师认为学生只要掌握了这些内容，再辅以一定的强化训练，就可以获得语文素养和能力。事实上，这只是教师们实际教学的知识的混合，并不是关于语文知识的系统建构。并且，不少语文教师关于知识教学的操作基本上就是先罗列知识点让学生集中训练，再通过多训练以及强化记忆的方式掌握知识。因此，语文教学自然而然地出现以识记为主的语文知识体系，比如系统的语法知识、修辞知识、文体知识、文学常识等。

一代又一代的语文教师自觉或不自觉地接受并传承这种狭义的知识观，故而把语文事实性知识、概念性知识作为语文学习的主要内容。然而，语文课程的学习就是一个实践的过程，语文能力的获得主要通过言语实践来实现，如果忽略语文学习的实践特性，只靠语文知识的学习不仅无法培养语文能力，反而容易导致学生被动地成为语文知识的收纳容器。鉴于此，我们有必要把握课程标准所体现的理念性语文知识观。

《普通高中语文课程标准（2017 年版 2020 年修订）》对语文学科"课程性质"的表述如下："语文课程是一门学习祖国语言文字运用的综合性、实践性课程。工具性与人文性的统一，是语文课程的基本特点。语文课程应引导学生在真实的语言运用情境中，通过自主的语言实践活动，积累言语经验，把握祖国语言文字的特点和运用规律，加深对祖国语言文字的理解与热爱，培养运用祖国语言文字的能力。"[①]《义务教育语文课程标准（2022 年版）》关于语文课程性质的表述为："语文课程是一门学习国家通用语言文字运用的综合性、实践性课程。工具性与人文性的统一，是语文课程的基本特点。语文课程应引导学生热爱国家通用语言文字，在真实的语言运用情境中，通过积极的语言实践，积累语言经验，体会语言文字的特点和运用规律，培养语言文字运用能力。"[②] 这些表述对语文课程的学习对象和内容做出了十分明晰的界定，即语言文字运用。语文课程本质上是学习语言文字运用的课程。语文教学就是以语用为本体，将语言文字运用作为语文教育的基本立足点。

《普通高中语文课程标准（2017 年版 2020 年修订）》还指出："语文学科核心素养是学生在积极的语言实践活动中积累与构建起来，并在真实的语言运用情境中表现出来的语言能力及其品质；是学生在语文学习中获得的语言知识与语言能力，思维方法与思维品质，情感、态度与价值观的

---

① 中华人民共和国教育部制定：《普通高中语文课程标准（2017 年版 2020 年修订）》，人民教育出版社 2020 年版，第 1 页。

② 中华人民共和国教育部制定：《义务教育语文课程标准（2022 年版）》，北京师范大学出版社 2022 年版，第 1 页。

综合体现。"① 语文核心素养是课程标准基于语用角度进行阐述的，语用成为语文核心素养培养的内在运行机制的重要特征。语用角度下的语文教学首先是对常用语言文字的使用的规律和方法进行教学。在此基础上，关注语言文字背后的具有民族特色的素养文化，加强对语言文字背后的精神、变革的理解，帮助学生在面对不同语境时能准确地使用语言文字解决实际问题。同时，语用十分关注语用主体之间动态的信息素养、沟通与交流的创造力，促进语文学科知识的传授和发展。语文核心素养是指学生在不同阶段的语文学习的过程中，以语言文字的运用为基础，通过语用的表达和理解逐渐形成能够适应现在、面对未来的具备语文学科特点的内在品质和关键能力。简单来说，语文课程标准观照下的语文知识观凸显了语文知识的动态建构和实践运用。

## 二、知识系统的特殊性

### （一）依存性

语文课程内容主要以学习任务群组织与呈现，语文学习任务群是语文课程知识的储备库，其底层是各学科知识，由相互关联的系列学习任务组成。语文知识依附在学习任务群中，具有情境性、实践性、综合性的特点。从这一角度来看，语文知识具有依存性。

首先，语文知识的依存性表现在对语言材料的依赖。语文课程的本质是学习国家通用语言文字的运用，语文知识与语言材料紧密相关。一方面，语文知识通过静态的语法、词法、句法、章法等体系呈现，常用的字典、词典和汉语语法工具书就是相对稳固的表现形态。另一方面，语文知识是以动态的言语形式鲜活地呈现在教科书选文当中的，语言文字这个工具伴随着作者的思想情感和语用智慧已物化为言语作品的形式，教科书选文就是语文知识运用的集合和典范。语文知识是从大量的语言材料中归纳总结出来的，并且，语言材料不是物质工具，语言文字这一工具本身饱含情感性和文化性，所以，对语文知识的学习与运用必须凭借大量的感性材料。

其次，语文知识的依存性表现在对相关学科的依赖。语文学科没有直

---

① 中华人民共和国教育部制定：《普通高中语文课程标准（2017 年版 2020 年修订）》，人民教育出版社 2020 年版，第 4 页。

接的上位学科，无法直接从上位学科中选择语文知识。语文学科知识的产生与发展依赖言语学等相关学科，主要涵盖语言学知识、文学知识、文化知识、文章知识。这些知识在语文课程中不是以独立的、专门的课程形态出现，更多的是通过大量的经典文篇、优秀时文的文选形态呈现出来。它们既不追求全面，也不求其系统。对于语文学习而言，语文知识属于背景性知识，是学生学习、生活中的听说读写活动和文学活动所需要的背景知识，也是语文教学中完成发展思维能力、提升思维品质、形成自觉审美意识等目标所需要的背景知识。语文知识不是语文教学的目的，而是学生学习语言文字运用的凭借、工具。从这一角度来说，所有相关知识都可能属于语文背景知识范畴。语文领域内文化学知识（如风俗习惯、民间文化、艺术样式等）、伦理学知识（如基本的伦理关系，社会伦理道德、规范等）、社会学知识（如社会机构、社会角色、人际关系，社区、社会变迁，民族、社会制度等）等诸多相关领域的知识，往往并不直接作为学生必须掌握的知识形态出现，而是作为背景知识间接地融于文本中。因此，语文知识必然依赖于相关学科。

最后，语文知识的依存性表现为对"文选"式教科书的依赖。不同于其他学科可以通过教科书体系呈现该学科的知识体系，我国语文教科书的编排形式主要是文选式编排，选文内容之间没有严谨的逻辑联系，选文本身也不是直接的语文学科知识的呈现。语文教科书由一篇篇具有独立存在价值的课文组成，这些选文包含语文学科知识，每一篇选文都是字、词、句、篇、语、修、逻、文的综合体，选文本身也包含别的学科知识，内涵十分丰富。所谓的语文知识及语文能力的构成全都分散"隐藏"在合编型语文教科书的一篇篇课文里，或以知识短文、知识性课文、知识图表等知识板块的方式存在，或零星融渗在提示、注释、练习中。语文知识的依存性使得语文教学必然涉及语文知识的选择、重组、创生等。

## （二）缄默性

汉语是一种非形态语言，其语法主要是意合法。汉语的搭配使用不受形态成分的约束，主要取决于语义上的搭配是否合乎事理。语言是一种约定俗成的社会现象，有不少语言现象很难从道理上讲得清楚，这使得语言知识具有相当大的缄默性，也就是我们通常所说的"只可意会，不可言传"。比如，为什么可把"灭火"说成"救火"？为什么"救火"是救人救财产？白种人可以简称为白人，黑种人可以简称为黑人，为什么黄种人却不简称为黄人？类似这些语言现象，研究语言的人当然能够也应该从理论上做出一些解释，但学生学习语言没有可能也没有必要从理论上掌握这些东西。语言知识的理性分析解释往往是在具有一定的语言积累的前提下，在语感和思维达到一定阶段之后才适合做出。语文知识的缄默性导致可教性受到巨大限制，需要学的语文知识与可以教的语文知识并不同步。可教的外显性知识并不多，且往往是一些浅表性的知识。只不过一些语文教师能把握的就只是这些浅表性知识，于是使很多学生误以为"没什么可学的"。

语文知识的缄默性的最直接体现就是语感的习得。语感，顾名思义，就是对语言的感受、感悟，是指人们在长期的语言实践中培养起来的对语言文字的领悟能力，它是实用性很强的语言能力。人们长期接受规范的语言运用和有意识、有目的、有计划的语言训练，字词的隐含意义、句段的内里情味、语言的潜在规律就会在头脑中形成模式而固定下来，并且随着日常的语言实践而越来越牢固。此后，人们在不同语境下接触语言文字时，只要语言表达与此前已固定下来的模式有着相同的形式结构，言语反应被刺激，认知方式获得"类推"，语言文字的内涵就会被理解，随之产生情感共鸣。但是，语感是一种内在的知识，隐含在语言运用的经验中。敏锐的语感来自科学的言语实践和良好的言语习惯，以内部语言的有效训练为突破口。

语文知识对于语感这种技能的形成的助推是难以描述的。在语言交际过程当中，一个个音节所表达的意思，什么样的音节理解成什么样的意思，同一个音节在不同的上下文中理解成什么样的意思，所涉及的语音、语义等知识不是通过简单的规则传授就可以习得的。语感能力只是知识内化之后促使语言感受能力自动化、熟练化的外显表现，相当于知识这座冰山露出水面的部分，而语音、语法等知识则是藏在水面下的缄默知识。

## （三）语用性

语文教育是母语课程，母语学习有自己的独特性。首先，汉语言文字的特点对语文知识的学习方式有极大的影响。汉语学习无须从语言的知识、规则条例入手。汉字是形、音、义的结合体，象形、会意、指事、形声是汉字特有的造字方法，形、音、义之间存在一定的内在理据，因形求义，因声求义。学生可以结合日常生活经验，掌握许多方便快捷的汉字技巧。

其次，母语语感对于学生学习语文知识有很大影响。绝大多数学生在进入学校正式学习语文课程之前，就已经具备初步的母语口语语感。语文教学是在学生已经掌握一定的母语听、说、读、写的基本技能，可以运用母语进行交际的基础上进行的。从日常生活的语言运用来说，很多情况下，语文知识的规则是隐匿甚至是失灵的，语言运用有很大的非理性成分，更多的是凭借语感而非严谨的言语规则。也就是说，通过知识的学习培养语用能力是低效的。语文知识的学习运用在很大程度上是难以知识化的，当然，母语教育不完全等同于母语习得，母语学习是在口语语感的基础上学习规范的书面语，语文课程主要借助大量的语文读写活动培养学生的书面语语感，这使得语文知识教学具有突出的语用性。

最后，母语语境为语文知识学习提供了便利。语文的外延和生活的外延相等。学生身处母语环境，语文学习的资源随时可遇，随时可见。学生的语文学习无须机械地识记大量字词，无须从学习语音语法知识和规则入手，而是在不断"试错"的过程中逐渐形成运用语言的能力。这就是很多人即使没有接受过教育也能够恰当运用语言的原因，甚至还可能通过这种"习得"的方式形成很强的语言运用能力。所以，语文教育的任务就属于锦上添花。通过系统的语言训练使学生不仅能够很好地运用语言，而且实现语言运用的有意识性和有目的性。语文课程的学习应重在让学生从生活中学习语文，在生活中运用语文，在实践中接触语文材料，如对文本语言的感知、对作品情感的感悟等，丰富语言的积累，进而培养阅读和表达的基本素养。

## 三、知识系统的教学转化

语文课程是一门学习语言文字运用的综合性、实践性课程。语文课程主要是学习作者如何运用语言文字来叙事状物与表情达意的。"学习语言"是语文课程有别于其他课程的本质特征。这里所说的语言，不是理论意义上的语言学，而是实践意义上的语言运用。语文教学就是语言运用的教学。在阅读教学中，为了帮助学生理解课文，可以引导学生随文学习必要的语文知识，但不必脱离语文运用的实际去进行"系统"的讲授和操练，更不应要求学生死记硬背概念、定义。语文知识的学习重在运用。针对教学文本所涉及的语音、文字、词汇、语法、修辞、文体、文学等丰富的知识内容，在教学中应根据语言运用的实际需要，从所遇到的具体语言实例出发进行指导和点拨。指导和点拨的目的是帮助学生更好地识字、写字、阅读与表达，形成一定的语言应用能力和良好的语感，而不是对知识系统的记忆。学习语言并非指导学生研究语言、分析语言材料，而是应注重学生对语言材料的感受和积累。在基础教育中，语文素养（包括语文知识）是在大量的言语实践活动中逐步学习养成的，而不是先掌握了系统的语文知识再开展言语活动。并且，这些语用知识具有生产性，知识既产生于人类群体实践的直接经验认识，又产生于人类个体直接或间接的认识实践。基础教育阶段的语文知识与学生终身的语文学习和持续性发展的关系最为密切。因此，语文学科不仅要培养"学习知识的人"，而且要培养"生成知识的人""运用知识的人"，让学生自己形成独特的认知结构，关注学生的个人经验和情感需要，构建开放、动态的语文课程。开放的语文知识是指语文知识与当时的社会、政治、经济、文化有关；动态的语文知识则指语文知识由学生自己去发现、探索，在实践运用中逐步提高自己的技能。

## （一）从语用的角度建构动态的语文知识

长期以来，不少语文教师忽略语文学习的语用性，误将静态的语法、修辞、词汇、文字和语音等作为语文知识，将文本中学知识简化为文体特征归类。这些知识按照深入浅出的原则，对相应学科知识经过简化并进行了改造与加工，凭借教科书选文形成了一个个的语文知识点。这种直接从相关学科截取的纯粹的学科知识是陈述性的、静态的语文知识，可以说是一种学术性、学问性知识，是相关专家通过概括和抽象语言材料与现象而得来的理性认识。这些经过教学化处理的语文知识，在很大程度上考虑了学生的学习心理因素，有助于学生适当地了解与掌握相关学科基础知识。从表面来看，其对于语文教学是有积极意义的。但是，由于这些知识基本上脱离了鲜活的语言材料，对培养学生运用语言的能力的作用不是很大。因此，这种静态的、规律性的语文知识只能是语文教学知识的部分内容，而不能把它作为重要的语文教科书知识。并且，这类静态知识需要重复识记，难以被学生主动建构并内化，看起来不难学，但是实际上难以转化、难以把握，这就导致很多语文教师需要用大量的"题海战术"逼使学生去机械识记。

以统编语文教材关于汉语语言知识的统计为例，七年级下册安排"认识实词，附录《汉语词类表》（实词）"。八年级上册安排"认识虚词，附录《汉语词类表》（虚词）"。八年级下册包含以下知识：①主谓句和非主谓句：认识句子及分类；②句子成分，认识句子的组成部分；③句子的主干，认识和划分句子的主干和附加成分；④长单句的分析：分析和划分长单句成分；⑤对联常识：认识对联特点，了解平仄声；⑥认识常见的五种短语类型（附录《短语结构类型表》）；⑦总结归纳句子成分（附录《句子成分简表》）；⑧认识和使用16种标点符号（附录《标点符号用法》）。九年级上册包含以下知识：①因果类复句：认识因果复句的特点和类型；②非因果类复句，认识并列、递进、选择、转折等非因果类复句；③怎样分析多重复句：认识和分析多重复句；④要正确使用关联词语：结合复句知识学习、了解、使用；⑤总结归纳复句知识（附录《复句常用关联词语一览表》）；⑥了解和运用常见修辞手法（附录《常用修辞辞格简表》）：比喻、拟人、夸张、排比、对偶、反复、设问、反问。九年级下册包含以下知识：①句子结构要完整：句子的基本要求（结合病句分析、归类）；②表达要合事理：结合病句实例分析；③句子成分搭配要得当：结合病句实例分析；④语序要合理：结合病句实例分析；⑤使用句式要单一：结合病句实例分析。由以上统计可以看到，统编语文教材中明确说明了与语言知识运用有关的汉语语言知识主要是"认识和使用16种标点符号""要正确使用关联词语""了解和运用常见修辞手法""表达要合事理""语序要合理"等内容，其中关于语言运用的知识比较匮乏。

文章作者或编写者运用自己的文化知识营造了作品内部的文化语境，这些文化语境与学生所持的文化观念和认识有着时空或者民族文化的差异，这对学生理解作品有一定的影响。同时，学生自身所拥有的背景知识和文化语境也影响着其对作品的理解。语文教学是言语活动过程，言语活动依托语境而存在。语文教学应当借助语境，让学生通过体验性学习建构动态的语文知识。因此，语文教师面临一个挑战，那就是从语用的角度建构动态的语文知识。语文知识中的"语用"角度是引导学生在特定语境的学习中，体验、感悟文章中成熟的、典范的言语经验和言语智慧，把握它们的特点与运用规律，培养学生的言语交际能力。

语用知识可以分为语境知识、语用结构知识、语体知识、语篇知识等。语境知识包括社会文化语境、情景语境、上下文语境等语境类型的知识，以及过滤功能、解释功能等语境功能的知识。语用结构知识是指言语行为所需要的一定的句法结构知识。语体知识是人们在使用语言时，因交际对象、环境、内容的不同所使用的不同的语言体式，即"到什么山头唱什么歌"。语篇知识主要是关乎语义连贯和文本衔接的知识。语用知识可以辅助语用能力的形成，使学生不但知其然，而且知其所以然。语文课程尽管是母语教育，但是不同于母语习得。语文学习还是需要辅以相应的语文知识，避免低效的试误。遗憾的是，目前语用知识是语文教科书比较弱化的内容，语文教师务必认识到语文知识的语用性，主动建构动态的语用知识架构。当然，这些语用知识的教学不是为了让学生掌握语文知识本身，而是为了让学生学会阅读和写作，掌握语言运用能力。

不过，掌握若干语用概念、规则、原理并不可以直接形成语用能力，还需要在语文实践中内化知识。通过实践去学语言比通过规则去学语言容易。如何借助实践来学习语文知识呢？语文课堂教学最直接的方式就是基于语文知识设计学习活动，加强学生对语言材料的感受和积累，以此建构动态的语文知识架构。由于语用知识本身的内隐性，它不可能直接成为教学内容。语文教师应当基于语用学视域去开发教科书文本的教学内容，把语用学知识融会贯通于具体的文本分析中。语文知识的独特之处在于，它是学生学习语文的一种凭借。语文知识必须能够服务于语文的学习，必须能够满足学生学习语文的需要。例如，阅读教学要求学生学习阅读相关知识，但是阅读教学的目的也不是教给学生这些阅读知识，而是教会学生怎么阅读，在阅读中训练学生运用语言的能力。例如，《阿房宫赋》的教学设计可以借助赋的"铺采摛文，体物写志"这一语体特点知识来组织教学活动，把"赋"的有关知识渗透到教学内容当中。又如，教学寓言《黔之驴》这篇课文，关于"寓言"的文体特点的知识不能停留于简单的寓言文体特点的概述。教学可以抓住寓言语篇的场景设置、初始事件、尾声和寓意部分的语义、词汇语法特征设计教学活动，促进学生探讨分析"这一篇"乃至"这一类"语篇的阅读策略。特级教师黄厚江对此文的教学设计是安排两个系列性的活动。① 一是关于故事的活动，先一起抓住主要词句阅读"驴"的故事，再抓住主要词句阅读"虎"的故事，还抓住第一句话解读了"好事者"的故事，然后再组织学生分别以叙述者的口吻、以驴的口吻、以虎的口吻讲故事。二是理解寓意的活动。先让学生用现成的成语概括驴的教训，再模仿古人的成语概括虎给我们的启发，最后压缩第一句话概括好事者的行为让我们懂得其中的道理。

---

① 黄厚江：《把语文知识融进教学过程》，载《中学语文教学》2018 年第 4 期，第 12 – 15 页。

## （二） 从语用的角度来提炼语文教学知识

从语用的角度来看，教科书选文具备了语篇的显著特征。选文本身就是符合语法规范的语篇，有着清晰的信息结构及明确的交际功能和目的，是语言实际交际的产物，也是重要的言语成果。其内在的语义连贯性、思维过程的完整呈现、与外界语境上的协调都是学生要重点学习的语言运用知识。从语篇角度来看，每一篇课文都是作者以语言为表意工具而记录的完整的表情达意的过程，每一篇课文都体现某一类语篇的特性，又彰显作者话语系统的个性和言语智慧。这些是阅读教学应当关注的语用教学知识。

从语文的角度来把握语文知识，具体而言，就是指我们应该在适当传授必要的语言、文章和文学知识的基础上，更加关注言语知识。语文教科书中的一篇篇文章原本并不是为教学而创作的，而是作为一种社会信息存在的。当文章被编入教科书，其原有的信息价值就增加了教学价值。这一教学价值，就是教师通过引导学生在掌握课文主旨的过程习得文章的言语智慧。

### 1. 关注语篇的言语表达类性

语文课程的本质属性是发展语言运用的能力。中小学生学习语言的目的不是熟悉语言规则。尽管学习语言规则是语文学习的一部分，但实践证明，花费过多时间学习语言规则对语文学习来说是事倍功半的事情。中小学生学习语言的目的是能够运用语言，即可应学习之需、应工作之需、应生活之需。当然，对语文课程来说，还涉及满足精神的、道德的、情感的、审美的需求。所以，这里的应生活之需不应狭隘地理解成纯粹世俗的生活，而应理解成物质生活与精神生活的总和。但无论是母语学习还是外语学习，精神的、道德的、情感的、审美的、文化的这些人文元素都不是语言学习的根本目的，其根本目的是培养语言运用，即言语的能力。长期以来，阅读教学习惯于将选文分为记叙文、说明文、议论文三大教学文类进行教学。对于这三大类文章的教学大多是基于文章学视域的分析范式，从文体知识的角度把握相应文体的特点、基本规律。文章学视域之下的文本是静态的、待分解的文本，学生阅读文本只是接受既定的文本信息，忽略了文本是特定语境之中的交际语篇的语用特性。所以，阅读教学很容易出现"讲深讲透"的通篇分析，文章被肢解得支离破碎。因此，阅读教学应当关注语篇的言语表达类性，突破"文章分析"的既有模式，还原文章的交际功能，培养学生"以言行事"的能力。

　　例如，统编教材高中语文必修下册第二单元选编了《窦娥冤》（节选）、《雷雨》（节选）、《哈姆雷特》（节选）三部戏剧。大部分语文教师对于戏剧单元的教学处理是按照教科书编写者的单元选文编排顺序进行授课，主要是分析戏剧的语言特点、艺术特色和戏剧人物形象，探讨作品的主题，或是让学生品读台词，而后分析剧情、语言，讨论戏剧冲突，最后归纳总结戏剧欣赏的基本要求。作品主题、语言特点、艺术特色、人物分析这些知识的学习与掌握，非得通过学习这些课文来获得吗？戏剧教学就仅仅限于这些知识吗？可以说，教科书编写者希望语文教师借助这一戏剧单元"普及"最基本的戏剧知识，使学生懂得戏剧与其他文学样式的异同，并相应地将之转化为浅层面的戏剧欣赏能力。与之相应的，该单元所选的经典戏剧片段就成为教师传授戏剧知识的一个例文或样本。作品主题、语言特点、人物分析这些教学内容并非学生学习戏剧的特定知识。有的教师主动调整该单元的选文编排顺序，以现代话剧《雷雨》入门，接下来以《窦娥冤》为例比较中国古代戏曲与现代话剧的异同，最后以《哈姆雷特》为例比较外国戏剧与中国古代戏曲的异同。这样的教学安排将戏剧语言与戏剧冲突、中国现代话剧与中国古代戏曲及西方戏剧间的复杂关系和异同、戏剧的表现手法等作为戏剧教学的相关知识，正是关注到语篇的言语表达类性。再进一步来说，对于戏剧当中"科""白""曲词"等专有名词，不能仅仅停留于名词解释，而应深入地体会到这些专有名词浅显而通俗的解释背后所蕴含着的戏剧韵味，使学生通过对戏剧的解读掌握戏曲的相关知识，并拥有一定的戏剧欣赏能力。

　　又如，"表"是古代臣子向帝王上书言事的一种文体，主要作用就是表达臣子对君主的忠诚和希望或陈说政治的请求和愿望。"表"的特性是动之以情，晓之以理。《出师表》的教学设计应抓住这些语体特点设问：

　　（1）作者写作此文的目的是什么？文中哪些地方凸显了其写作目的？

　　（2）作者为何要选择"表"这一文体行文？在行文中是如何体现"表"这一文体与语体要求的？

　　（3）作者是如何通过不同的称谓显示自己不同身份的？从文中可看出这篇"表"的读者是哪些人？作者为何要顾及这么多读者？

　　（4）作者在行文上如何采用"陌生化"手法？

　　（5）作者以"表"、称谓强化等方式行文是否容易被对方所接受？作者期待怎样的传意效果？是否还有言外之意？

## 2. 关注文章的言语个性

"言语形式"是语文教学的立足点，是特定的教学对象。诚然，在生活中，我们阅读文章的着眼点往往是获取这篇文章所反映的内容信息，但在语文学习中，我们不仅要关注文章所负载、传达的内容，更要关注文章本身。面对一篇作品，我们的第一反应往往是它"写了什么"。很多教师在课堂教学中涉及的第一个问题，往往也是关于这一点。例如，学习《晏子使楚》，教师提出的第一个问题就是："这篇课文写了晏子的什么故事?"这当然无可非议，因为"写了什么"是对文章内容的确认。然而，就作品的本质而言，更重要的是"形式"而不是"内容"。作品的价值往往不在于它反映了前人没"想过说过"的内容，而在于它不同寻常的想与说的方式。例如，人教版四年级上册，课文《白鹅》从鹅的叫声、步态、吃相上叙述鹅老爷高傲的特点，阅读链接中的《白公鹅》从鹅的慢条斯理、不慌不忙和争抢浅水滩的趣事写出它"海军上将"的特点。丰子恺笔下的白鹅是"架子十足"，叶·诺索夫笔下的白公鹅是"派头十足"，都是"傲"，但各有各的"傲"。丰子恺眼中的白鹅是伙伴，有趣、特别的伙伴，而叶·诺索夫对白公鹅更多的是欣赏，颇有调侃的味道。又如，苏轼《赤壁赋》"乐—悲—喜"的情感流动是以三个宾语前置句，即"何为其然也""而今安在哉""而又何羡乎"，其中的语气词"也""哉""乎"透露出话语主体苏子从阵阵隐痛中走向超脱的复杂心迹。教学时不妨以此为教学切入口，让学生通过比较来感受语气词的情结所在，以此走进文本，走近作者。

在语文课堂上，语文教师应该充分注意文章的言语个性。言语个性来自文章的作者或编写者独特的、个人的言语表达智慧。很多教师都会在课上介绍作者，有时甚至介绍得过于详尽。但是，这并不等于关注。事实上，很多教师在讲述课文的时候往往忘记作者的存在。例如，《冬阳·童年·骆驼队——〈城南旧事〉出版后记》，文章所呈现的内容有三个层面：第一层面是记忆中的童年场面，第二层面是英子眼中的童年场面，第三层面是作者林海音对童年生活场面的描写。有些老师把时间多花在第一层面，仔细分析有关驼队的内容，这是很不够的。我们所看到的是英子这个小女孩对驼队的童真感觉，更重要的应为第三个层面——作者林海音把她对老北京、对童年生活的深深怀念和淡淡伤感通过文字叙述出来了。忽略作者的存在，一味强调童年的美和这种美表现在哪些方面，很容易产生的后果就是要么囿于"美好童年"的人文熏陶，要么偏向"怀念童年"

的写作迁移。语文教科书的作品，不同之处就在于作者个性表达的不同。因此，关注作者，关注作者对我们的"触发"，即作者从哪些事实中体会出来的与一般人生有关系的意义和有启发的思考。

### （三）从语用的角度梳理教科书知识系统的序列

在语文知识的编写方面，我国语文教科书的经验是将语文课程标准各学段的目标内容细化为各个知识点和能力点，然后逐一落实到各个单元。教学单元的选文将围绕单元教学目标承担相应的知识教学任务，通过预习提示或课后练习体现知识教学的要求。某些语文教科书在选文之后还设置"补白"等知识系统，以小专题的形式编写基础的语法修辞知识。语文教科书对于知识体系的建构有一定的梯度设计，基本上能够根据学生需要达到的语文能力将语文知识由浅入深、由易到难地分布在每个单元当中，使其呈现出螺旋式上升的特点，符合学生的认知水平。夏丏尊、叶圣陶合编《国文百八课》是知识体系建构的成功探索。该语文教科书以"文话"（文章理法）为中心编组单元，每一课是一个有一定教学目标的小单元（并非常规语文教科书的单篇选文）。每个小单元包含文话、文选、文法和修辞、习问四项，形成了完整、系统又有程序的文章体系。

不过，语文教科书毕竟不是语文知识手册。一般而言，教科书对语文知识的呈现并不是显在的，没有刻意强调体系。这就迫使语文教师很有必要把握语文知识的序列安排，梳理"隐在"的随文学习的语文知识体系。梳理并把握语文教科书知识系统的序列，使得语文教学单元看似随机的选文组合形成一个序化组合的线性整体，可以简化语文教师备课的教学头绪，有效消除单篇课文知识教学琐碎且很可能出现互相交叉重叠的弊端。

首先，梳理语文教科书知识系统的序列要明确语文知识的螺旋式上升的阶段性安排。任何事物的发展都有一定的阶段性，有阶段才有重点、有步骤。语文教科书文选式编排导致其阶段性淡化。语文教科书总是把学程看作一个时间整体，然后根据教科书内容和训练需要分成若干教学阶段，每个阶段集中突破一个教学方面，阶段之间又环环相扣，形成一个严谨的教学过程。不同的教科书有不同的阶段划分方法。有的教科书把语文知识系统分为中小学衔接阶段、单项训练阶段、综合训练阶段、巩固阶段，有的教科书把语文知识系统分为基础训练阶段、方法与习惯培养阶段、以听说为主的训练阶段、以读写为主的训练阶段、应用实践阶段、文学赏析阶段。例如，从阅读板块来看，现行统编语文教材在七年级注重学生的阅读方法和一般阅读方法的养成，如朗读、精读、默读、略读等阅读方法；八年级关注语言以及文体作品阅读，如说明文、散文以及实用文的学习；九年级主要以深化不同文体的阅读为主要内容，如议论文、小说、古代散文等文体知识的学习，注重培养学生对不同文体进行阅读和鉴赏的能力。某些语文教科书按照"文章作法"的习得进行编排，即按照学段在每个单元安排某一种写作方法来选择课文、布置作文题目；某些语文教科书注重以"语文知识"为线索进行阶段性安排，即以语文基础知识为编写纲目，选文为辅助材料。不少语文教科书中的语法知识是按照词语、短语、句子这样的顺序进行安排的。词是汉语言中最小的独立运用的语法单位，短语是由两个或两个以上的词组成，句子是由词或短语组成。这三类语法知识层层递进，又相互关联。这样的编排形式使语文知识呈现渐进的、连续的特点。同时，学生学习相关语文知识时，先有词语知识的积累，才能了解短语知识，在掌握了这两类知识的基础上进一步学习句子知识，语文知识内容呈现螺旋式上升的特点。

其次，梳理语文教科书知识系统的序列要体现层次性。从整体来看，国内通用的语文教科书一般可以分为三个层次：宏观层，编写者的结构思路和教者的教学导向；中观层，由导语（引言或提示）、例文、练习组成的教学单元板块，是语文教学的基本单位；微观层，单元之下的选文和练习，是教学的切入点。在三个层次中，宏观层是纲，中观层的教学单元是目，微观层的选文及练习是例子。教学单元是教学的基本单位，在语文教科书当中起着承上启下的作用。因此，梳理语文教科书知识系统要重视教学单元板块，从整体出发进行大方向的整合优化，而不是从一篇篇文章出发进行琐碎知识点的罗列。

【附】统编语文教材语用语法知识短文①

语用语法知识短文主要是关于汉语言知识，可划分为语法知识和语用知识两大类。语法知识短文包括词类知识短文、短语知识短文、句子知识短文。

词类知识短文包括实词知识短文和虚词知识短文。实词知识短文有名词（七上第3课《雨的四季》）、动词（七上第10课《再塑生命的人》）、

---

① 张利婷：《部编版初中语文教材知识短文编排研究》，广州大学硕士学位论文，2020年，第14-16页。

形容词（七上第 14 课《走一步，再走一步》）、数词和量词（七上第 16 课《猫》）、代词（七上第 20 课《天上的街市》）。虚词知识短文有副词（七下第 1 课《邓稼先》）、介词［七下第 3 课《回忆鲁迅先生》（节选）］、连词（七下第 6 课《老山界》）、叹词和拟声词（七下第 12 课《台阶》）、助词（七下第 14 课《叶圣陶先生二三事》和第 15 课《驿路梨花》）。

短语知识短文有并列短语（七下第 18 课《紫藤萝瀑布》）、偏正短语（七下第 20 课《外国诗二首》）、主谓短语（七下第 21 课《古代诗歌五首》）、动宾短语（七下第 22 课《伟大的悲剧》）、补充短语（七下第 24 课《带上她的眼睛》）。

句子知识短文有句子的成分（八上第 16 课《散文二篇》）、句子的主干（八上第 17 课《昆明的雨》）、句子的语气（八上第 18 课《中国石拱桥》和第 22 课《梦回繁华》）、句子结构要完整（八下第 5 课《大自然的语言》）、句子成分要搭配恰当（八下第 17 课《壶口瀑布》）、单句和复句（九上第 5 课《你是人间的四月天》）、递进复句·承接复句（九上第 6 课《我看》）、并列复句·选择复句（九上第 7 课《敬业与乐业》）、转折复句·因果复句（九上第 8 课《就英法联军远征中国致巴特勒上尉的信》）、假设复句·条件复句（九上第 17 课《孤独之旅》）。

语用知识短文有词义和语境（七上第 6 课《散步》）、词语的感情色彩（七上第 12 课《纪念白求恩》）、同义词（七上第 11 课《〈论语〉十二章》）、反义词（七上第 15 课《诫子书》）、语序要合理（八下第 2 课《回延安》）、句式不要杂糅（八下第 6 课《阿莫西夫短文两篇》）、恰当使用关联词语（九上第 25 课《刘姥姥进大观园》）。

七年级的知识短文以词类和短语类知识为主，这两类知识是语法知识的基础；句子句型和语用语境属于综合内容，是比较复杂的语法语用知识，分布于八、九年级。

【文学文化知识短文】

文学文化知识短文按内容可以分为以下三类：文学文化常识知识短文、文学作品知识短文和名家名言知识短文。

文学文化常识知识短文有古代常见的敬辞与谦辞（七上第 8 课《〈世说新语〉二则》）、长妈妈其人（七下第 10 课《阿长与〈山海经〉》）、什么是新闻特写（八上第 3 课《"飞天"凌空》）、许寿裳谈鲁迅"弃医从文"（八上第 6 课《藤野先生》）、朱德回忆母亲的形象（八上第 7 课

《回忆我的母亲》)、关于律诗（八上第 13 课《唐诗五首》)、朱自清父亲读《背影》(八上第 14 课《背影》)、题白杨图（八上第 15 课《白杨礼赞》)、《诗经》简介（八下第 12 课《〈诗经〉二首》)、《水浒传》中有关杨志的回目（九上第 22 课《智取生辰纲》)、《屈原》剧情梗概［九下第 17 课《〈屈原〉(节选)》]。

文学作品知识短文有《狼子野心》(七上第 18 课《狼》)、《礼记·檀弓》故事二则（八下第 22 课《〈礼记〉二则》)、新乐府序（八下第 24 课《唐诗三首》)、《日》《月》(九下第 4 课《海燕》)。

名家名言知识短文有历代名家评《史记》(八上第 25 课《周亚夫军细柳》)、林庚《唐诗综论》选段及王水照《苏轼研究》选段（九上第 14 课《诗词三首》)、方志敏《可爱的中国》选段（九下第 1 课《祖国啊，我亲爱的祖国》)、夏丏尊《关于国文的学习》选段（九下第 9 课《鱼我所欲也》)。

文学文化常识知识短文主要包括与选文相关的人物、情节及背景知识，便于学生梳理选文写作思路和主题思想；文学作品知识短文主要涉及与选文主题接近或与选文艺术手法相同的文学作品，通过比较阅读，激发学生阅读兴趣，加深学生对选文的理解；名家名言知识短文汇集了诸多文学大家和名人对选文内容或主题的不同看法，帮助学生开阔文学视野，多角度解析文学作品。

【修辞知识短文】

修辞知识短文具体内容有比喻（七上第 1 课《春》)、比拟（七上第 2 课《济南的冬天》)、排比（七下第 8 课《土地的誓言》)、夸张（八上第 8 课《列夫·托尔斯泰》)。

最后，梳理语文教科书知识系统的序列要实现配套性。语文教科书往往通过助读系统、练习系统等教材要素安排语文知识，例如教师用书、单元导语、课后练习、写作专题、综合性学习、名著阅读、课后"补白"。这就提醒我们，要围绕教学单元的中观导向，把单元教学的内容组成一个有机整体，使得单元导语、选文、思考练习、语文课内外活动安排、写作训练等内容相辅相成，成为一个组合元件，避免课文、训练各执一端、各自为政。现行统编语文教材在教师用书安排列表中将每一册的基本知识和必要能力训练标注出来；单元导语则提示该单元学习的重点（知识点或能力点）；每一篇课文的"思考与探究"与"积累与拓展"内有一两道习题会围绕相关知识点和能力点来设计；综合性学习、写作、名著选读等更是明确提示训练目标或学习方法；大多数课文后配有知识补白，每一个"知识补白"聚焦一个语文基础知识能力点，并以课文中的语句为例，用通俗的话语和大量的直观案例帮助学生理解语文知识。同时，语文课堂教学讲究"一课一得"，即一节课中引导学生懂得一个知识点，明白一个道理。知识补白的内容刚好可以作为课上知识点之所得，以此作为"工具性"目标。教师可以通过整理知识补白的内容梳理教科书的语文知识体系。

# 第三节　语文教科书助读系统的建构

助读系统也称导学系统，是语文教科书基于课程标准和学科核心素养培养的要求，对教学单元及选文内容的学习目标、学习要求、学习任务的要点及重难点进行说明或提示，对某些疑难问题的诠释和相关资料的引述的书面文字材料。助读系统通常以单元式、前窗式、穿插式和后置式的编排形式置于教科书各个部分，主要包括编者语、单元导语、课文阅读提示、注释、题解和参考资料等。

学习不是教师向学生传授知识的过程，而是学生基于已有经验进行自行建构知识的过程。学习需要学生对知识进行分析、整合、灵活运用，只有这样才能学有所得。根据教育心理学观点，学生在语文学习过程中必须存在有意义学习，即学生有建构学习体系的主动意向，能主观地在新学习的材料中联结已有的知识基础，与已有的认知结构相互联结，且新知识与认知结构中有关概念的联系是建立在合乎逻辑的基础上。语文教学注重学习语言文字的运用，应当尽可能引导学生根据自身的情况，建构新的知识，形成个人见解。因此，在学习过程中，通过助读系统为学生搭建主动学习的"桥梁"，促使学生联系前后的知识在原有知识发展水平的基础上积极主动地建构新知识，这是助读系统建构的重要问题。

构建助读系统最基本的原则是学材化。所谓"学材化"，是指助读系统要基于学情，其内容选择、组织、编制与呈现方式等应当服务于学生学习。助读系统是在学习任务呈现之前的一种引导型材料，应当与学生的思维流程相契合，清晰地关联原有的认知结构和新学习任务的内部关系，为学生提供学习的支点，为新的学习过程提供最适当的类属者，或提供相关的类似或对比材料，增强新旧知识之间的可辨性或关联度，并协助学生正确、深入理解文本材料，以最大限度地满足学生的需要，帮助学习者建立原有认知架构与新知识之间的联系，构建新的知识体系。

## 一、助读系统的基本要素

一般而言，语文教科书助读系统主要包括提示、注释、评论和参考资料等类别，大多以文字形式呈现，偶尔也会辅以图表、插图。

### （一）提示类：主要包括单元导语和学习提示

单元导语位于单元前页，是以开宗明义的点题方式引出该单元学习的主题和主要内容，简明扼要地概括单元学习任务及学习重难点的以文字为主、图片或背景为辅的指导性材料。单元导语通过呈现清晰且操作性较强的单元目标，使得教师和学生可以通过单元导语知道本单元学习的主要内容，了解学习目标和学习重难点，以及需要养成和提升阅读能力。

现行统编语文教材的学习提示主要是单元根据选文进行编排，包括教读课的预习提示和自读课的阅读提示。

预习提示的内容包含提供作者作品背景、文章感情基调、作家的生平简介、文章写作特点的提示，提示重点内容、学法指导、阅读方法和基本学习结果等，重在提供课文要点，衔接语文课堂教学，唤醒学生经验，增强过程引导。预习提示普遍分为两个自然段，第一自然段关注文章主题，由人文性出发，促进学生对文章内容的了解和情感的解读。第二自然段针对选文的不同文体，给予相应的预习方法上的指导。例如，课文《愚公移山》的预习提示是让学生回顾七年级已学的两篇寓言，明确寓言的特点。这一提示起到唤醒学生知识经验的作用，学生可清晰地从原有的知识结构中检索出新的学习任务所需掌握的内容，使其对新任务产生熟悉感，促进新知识的学习。又如，课文《紫藤萝瀑布》的预习提示，引导学生先根据题目去想象画面，再试着用三五句话"定格"自己脑子里形成的"画面"，接下来寻找与课文产生共鸣的地方，并与个人此前的想象进行比较，从而感受来自课文的"美的发现"。

阅读提示又称课后提示语，通常位于课文末尾处，以简洁的陈述句式对课文中心思想、重点、难点、关键点内容等进行说明、提示、拓展，或表现文章主题，或提点文章写作技法。现行统编语文教材的教学单元采用"三位一体"组合模式，自读课文中特意设置了"阅读提示"，以总结性的语言，配合本单元的学习重点，联系文章的独到之处，对文章进行评价。阅读提示的内容主要突出单元学习重点，点评课文的独到价值或作者写作的独特个性，为学生提供自主阅读的指引，并尽可能搭建由篇到类，由课内到课外的路径。例如，八年级上册《昆明的雨》的阅读提示，对课文内容进行点评，指出昆明的雨季具有明亮的、丰满的、使人动情的特点，并引用作者汪曾祺的一句话鼓励学生品味其中的景物之美和语言之美。

## （二）注释类：包括字词注释、作者简介、课文概述、背景介绍等内容

从内容来看，注释主要说明用字现象、解释词义、解释句子、阐释语法及说明文化知识、概述作者、简介课文出处、介绍背景等。现行统编语文教材的注释一般位于教材书页底部（古诗词注释位于选文旁侧），以实线与选文隔开。注释以脚注的方式与文本中需要解释的内容一一对应，每页重新编号，每行 1～2 个，分栏隔开，简洁明了。注释内容丰富，包含选文出处、作者介绍、背景知识补充、字词注音解释、典故拓展等方面。

教科书的注释与一般读物的注解有本质上的不同，教科书的注释主要基于学情和教学需要，源自学生的认知水平和课文教学要求之间的差距。正如叶圣陶先生所言："我以为作注之事，略同于上堂教课，我侪虽伏案命笔于编辑室，而意想之中必有一班学生在焉，凡教课之际宜令学生明晓者，注之务期简要明确。所注虽为一词一语一句，而必涉想及于通篇，乃于学生读书为文之修习真有助益。尤须设身处地，为学生着想，学生所不易明晓者，必巧譬善喻，深入浅出，注而明之。必不宜含胡了之，以大致无误为满足。注若含胡了之，教师亦含胡了之，而欲求学生之真知灼见，诚为缘木求鱼矣。"[①]

现代文的注释主要分为三类：第一类是题目注解，介绍文章的出处以及与作者相关的文学常识；第二类是生字词注音与解释；第三类是文化知识类注释。同时，注释不仅对课文内容进行注解，有的课文也会对"积累与拓展"模块出现的专业术语或学术内容进行解释。

文言文的注释有别于现代文的注释方法，主要包括以下五类。

---

① 转引自刘国正《叶圣陶关于编写中学语文教材的论述》，见《实和活——刘国正语文教育文选》，人民教育出版社 1995 年版，第 105－106 页。

1. 说明用字现象

文言文字词学习比较注重积累同中有异的常用字。文言文的注释通常要说明用字现象，明确字词关系，再对词义做进一步的解释，还要对一些在现代汉语中不太常见的用字现象进行说明。

2. 解释词义

词汇是构成文言文篇章的基本语言单位，也是文言文注释的重点。文言文篇目中的词汇注释可以分为常用词注释和古今异义词注释。

（1）常用词注释。语言作为一种社会现象是随着社会发展而发展的，语音、词汇、语法一直都处于变化之中，词汇是其中变化最大的一项。古汉语中的一个字往往就是一个词，同一个概念古今用词往往不同。文言文通常需要对古汉语常用词的意义加以说明，以此帮助学生正确理解和掌握课文中常用词的常用意义，借此降低阅读难度。

（2）古今异义词注释。文言文阅读教学应当注意梳理文言词语在不同上下文中的词义和用法，把握古今汉语词义的异同。所谓"古今异义"，是指在文言文中，与现代汉语字形相同意义用法却不相同的语言现象。出现这种现象是因为随着时代的变化词义本身或词的用法发生了变化，其演变形式有词义扩大、词义缩小、词义转移等几种情况。

3. 解释句子

解释句子一般串讲句意和点明言外之意，包括翻译句子，解释句子中的关键字词，疏通字面意思，并对句子进行合理的解读，解释句子字面意思之外的深层次含义。

4. 阐释语法

主要包括词类活用和文言文特殊句式两种情况，词类活用主要包括名词用作动词、使动用法及意动用法等现象，特殊句式可分为被动句和省略句等。

5. 阐释文化知识

文化知识的范畴比较宽泛，语文教科书中的文化知识大多围绕选文系统进行补充、阐释、延伸，例如：文学知识，主要包括文学史中重要的文学作品介绍、著名的作家和历史人物的介绍、文学典故及文学体例的介绍，以及一些文学作品中的形象及神话传说人物的介绍；民俗礼仪文化，主要指民间流行的礼节仪式、衣食住行风俗习惯、社交礼仪、婚丧嫁娶、宗教信仰等内容；人名地名知识，介绍人名、地名的由来及变化；古代科技文化，包括物理、天文、地学、农学等学科，以及建筑、机械、车船、兵器等自然现象和科学的知识等；古代政治文化，集中表现为古代职官制度、官职名称。

### （三）评论类：包括总批、旁批、题解说明等

旁批，是穿插在课文段落旁侧的点评、批注，是用以辅助教科书理解或使用的简短语句。教科书旁批不同于传统批注。传统批注是一种读书方法，大约起于南宋，是古代阅读与鉴赏的重要形式之一。批注所包含的内容很多，如字词释义、解释典故、对语句的圈点评论等，形式以眉批和夹批为主。金圣叹对《水浒传》的评点和毛宗岗对《三国演义》的评点，是文人导读式点评的典型。传统批注多是阅读者自身感受的笔录，多多少少带有个人的主观感情，因此不免让人担心其点评批注可能存在一定偏见或成见，这样反而妨碍读者的阅读、鉴赏。不过，语文教科书的旁批是为教学服务的，是基于学情需要而提供阅读指引，有助于学生了解文本的意旨并培养学生的阅读能力。通常而言，旁批主要采用直观简洁的一到两个陈述句，对课文截取段落的学习重点、语文基础知识点、选段中心思想进行阐释，或由一到两个疑问句对文章关键内容进行提问，引导学生自主阅读或思考。

### （四）参考资料类

参考资料主要指教科书结尾的附录和文末的补充资料，是关于语文知识和文章内容的补充性材料，也是对所学知识进行总结提升而呈现的资料，包括修辞知识、文学常识、语法知识等内容。例如，现行统编语文教材采用"知识补白"的形式。"知识补白"位于课文的最后，以蓝色虚线框出，加以区分。内容是配合文本内容进行补充的现代汉语知识，短小精练。知识补白一般通过举课文中的例子导入，总结出相应的语法知识，配以简单的介绍说明。知识补白中没有高深的概念，而是通过大量举例试图让学生理解掌握。

### （五）图像类：包括图表、插图、多媒体资料等

语文教科书图像类助读材料主要为插图，单元选文大多附有作者肖像画。插图随文生成，或对文章内容进行形象化地呈现，或对文章中出现的个别名词进行解释展示。

插图属于绘画，却区别于绘画作者自由的艺术创作，它是绘画作者根据课文进行的再创造。插图受制于文本，服务于文本，主要是对文字进行补充、欣赏、说明，也有美化教科书版面的作用，还能展现一定的审美素材，可以满足学生对文学欣赏的诉求，甚至提高其审美能力，是具有自身独特的艺术语言风格的一种艺术形式。

从通用教科书的插图功能来看，主要包括认知性插图和装饰性插图。

认知性插图内容大多是在适当位置插入与课文内容有关联性的故事场景图，一般展现的是课文的精华之处、重点内容或关键情节，以此辅助学生深入理解课文的主旨。学生可通过插图准确直观地看到文章表达的内容，充分理解文中字、词、句的抽象含义，体会作者想表达的中心思想，更好地达到获取知识的目的。例如，部编本语文教材八年级下册第4课《庆祝旧历元旦》一文中插入了人们庆祝元旦贴对联、放鞭炮的场景图，与文中描绘的人们庆祝元旦的场景一模一样，学生通过插图能够更加直观地感受元旦热闹的场景。这类插图在贴合课文内容的基础上，通过相关度极高的插图内容使课文内容具备生动性，弥补学生依靠个人认知水平难以理解课文内蕴的不足。此外，认知性插图还能扩大课文中的知识范围，对文字内容的补充说明，或是对远离生活实际的内容的再现，延伸了学生对知识的理解。例如，统编语文教材二年级上册"语文园地四"的火车票的图片，就是一张真实的火车票，可以教会学生通过火车票认字，也可以让学生知道火车票上的各种信息。又如，教科书经常借助肖像图展现作者的肖像和课文主人公的肖像，如统编语文教材七年级上册中《春》插入了作者朱自清的肖像图、《济南的冬天》插入了作者老舍的肖像图，七年级下册第一单元《邓稼先》一文中插入了邓稼先的肖像图、《说和做》一文中插入了闻一多的肖像图等。

教科书还会出现一些装饰性插图，以漂亮色彩美化页面，它们和文字内容没有联系，如图案底纹、课后练习中出现的小朋友，其功能主要是让教科书更美观，使看到的课文不再是单一的文字，从而激发学生的阅读兴趣。

## 二、助读系统的建构要点

### （一）重视导向，提供学习支架

助读系统是编写者意图的集中体现，阐明教科书使用的要点。助读系统以"助"为主要作用方向，"引导"和"帮助"是它的主要特点，它既可以帮助、引导教师的教学，又可以帮助、引导学生的学习。

现行统编语文教材采用双线组元的结构，每单元内都有贯穿始终的"内容主题"和"语文素养"两条线，将单元串联成一个整体，无论是在单元导语还是在预习提示、旁批中都有体现。如果没有这些助读材料的存在，许多教师是难以把握教科书编排意图的。因此，助读系统是教师与编写者之间沟通的桥梁，便于教师更好地使用教科书。在统编语文教材中，有很多课前预习提示可直接作为导入语，例如统编语文教材八年级上册第13课《背影》的课前预习提示：

作家李广田说，在二十世纪三四十年代的中学生心目中，"'朱自清'三个字已经和《背影》成为不可分的一体"。这篇文章以它的真实与诚挚，打动了一代又一代的读者。默读课文，设身处地地体会文中描写的情景，联系自己的生活体验，感受文中的父子深情。

这篇课文的课前预习提示不仅引用了其他作家的话来说明《背影》对作者和中学生的重要性，而且让学生默读课文，通过课文的情景描写来感受父子情深。教师以此篇的课前预习提示做导入语，既点明了学生学习《背影》这篇课文的重要性，又强调了课文学习的重点，为学生认真学习课文奠定了基础。

有的课文旁批已为教学设计提供教学架构。例如，九年级上册第一单元课文《我看》有三个旁批，第一个旁批"'我看'领起的四句，描绘出一幅什么样的图画？"是对应该诗歌的前两节提出的问题式指引，第二个旁批"这里的'你'指什么？"是对应第三、四诗节提问，第三个旁批"作者在这里因自然的激发而生出怎样的愿望？"则是对应第五、六诗节提问。这三个旁批内容实际上已经为学生整体把握诗歌提供了思路。旁批对于教师把握教学内容、确定教学重点、构思教学设计有着十分关键的导向作用。对于学生而言，完全靠个人阅历去读懂一篇文章有一定难度，通过课文旁批给学生提供相关提示，可以更好地指引学生自主阅读。

现行统编语文教材的阅读提示大多结合单元导语和文本特色，指出文章的独特之处，并根据这些特点给出相应的教学意见。阅读提示既指向学生的自主阅读，同时又指向教师的教学活动，为教师的自读课实践活动设计提供帮助。例如，有教师根据《走一步，再走一步》阅读提示设计了如下自读路径：

第一环节：默读课文，明确文体，圈划记叙文的要素，能够简单完整地复述故事。

第二环节：按照时间顺序或事情发展的顺序划分段落层次，理清作者的写作思路。

第三环节：将文章中有关心理描写的语句圈划出来，并选择你最感兴趣的一两处进行分析交流。

第四环节：理解题目的深刻含义以及文中父亲的教育智慧。①

同时，助读系统还是联系学生和作者之间的桥梁。教学就是为了让学生学会学习、掌握学习的方法，教科书应当在一定程度上激发学生的主体性与主动性，使学生通过积极主动地自主学习来获得知识与经验。助读系统的主要帮助对象是学生，它可以为学生的语文能力的习得、语文方法的掌握以及思维训练的完成等提供学习"支架"，是学生自主学习的"拐杖"。例如，语文教科书助读系统提供了不少文学大家的肖像画，可以增加作者形象的可感性。同时，有的助读材料还对文章内容进行解释说明，提供背景材料。例如，统编语文教材中"三味书屋"的照片、"张飞鸟"的解释，学生看到这些，可以跟随作者一起探索学习。对于学生而言，助读系统应当如同指向标一般，指引学习内容和学习方法。例如，部编本语文教材八年级上册第六单元的《愚公移山》的课前预习提示如下：

《列子》是一部很有趣的著作，其中有大量的寓言，比如我们以前学过的《两小儿辩日》和《杞人忧天》。回顾一下这两则短文，说说寓言的特点。

面对家门前的高山，一位年近九旬的老翁居然决心与全家人"毕力平险"，对此，你怎么看？带着这个问题，结合注释，阅读本文。

这则预习提示很好地设置阅读期待，就教学设计角度而言，这则预习提示相当于课堂教学导入的设计。教材没有直接介绍愚公，而是"先言

---

① 参见刘敏《利用助读系统　探索自主相读——关于统编教材"自读课文"教学》，载《中学语文教学参考》2019年第7期，第11页。

他无意引出所咏之词"——由《列子》中的两则寓言故事说起，让学生联系旧有知识概说寓言特点。而后引出愚公带领家人挖山"平险"的故事。学生很自然地产生疑问："一个年近九旬的老翁能把山挖走吗？为什么他要挖山？这则寓言故事想告诉我们什么啊？"在学生迫切地希望知道这篇课文到底写的是什么故事的时候，让学生带着问题结合注释阅读寓言。

简单来说，助读系统是以学生为中心、为学生而服务的，通过提示引导学生关注学习的重难点、学习要求和方法，通过补充相关注解或背景资料辅助学生读懂文本。一般而言，教科书中的助读系统应当以显性的形态出现，告诉教师和学生"是什么""怎么做"，助读系统的学材化有助于学生和教师在使用教科书的过程中一目了然，能够直接掌握相关的使用教科书的学习方法。例如，《寓言四则》一课在预习的部分直接写出"寓言"的概念："寓言一般比较短小，常常用假托的故事寄寓意味深长的道理，给人以启示。故事的主人公可以是人，也可以是人格化的动植物或其他事物。"预习提示直接点明寓言的文体特点，便于学生区分寓言与童话故事等文体。

不过，由于语文知识的依存性，也有不少语文知识不是直接呈现而是通过文本内容形式间接呈现出来的。这些就是隐性资源。例如《春》一文中，"一切都像是刚睡醒的样子，欣欣然张开了眼。山朗润起来了，水涨起来了，太阳的脸红起来了"，这段描写通过运用拟人和排比的修辞手法，展现了春天的动态生长之美，生动地呈现大地复苏、春潮涌动、一切欣欣向荣的情景。文中大量的比喻修辞手法的运用都不是直接呈现出来的写作知识，也不是为了指引学生把握比喻等写作知识而特意编写的，但是教学中借用这些语言运用的优秀例子能够引导学生把握相关的写作手法，这也正是"文质兼美"的选文所体现出教科书的"范例性"特点。这些隐性的资源更具有生命力，因为它们存在于真实的语言运用情境中，更容易理解、接受与运用。

如何更好地发挥助读系统的导学功能？最主要的就是基于学生的认知结构。根据建构主义学习理论，影响学习的最主要因素是学习者的已知。教科书设置助读系统，首先要判断学生认知结构中是否有"已知"的知识可以利用，在学生"已知"的基础上，简化课程的主要概念和命题知识，通过不断分化和综合贯通两条途径产生新知识，由浅入深，由易而难，形成序列化的知识结构，以利于学生整合并运用知识。由此反观统编语文教材等通用语文教科书，其助读系统的设计模式主要还是强调目标先导性和结果反馈性。由于语文教科书基本上都是以主题单元的形式编排，比较主流的单元建构方式就是采用"单元导语（呈现单元整体学习目标）＋课文预习提示（强调课文学习目标）＋课文旁批评点＋课后练习"等元素组合教科书教学内容。可以说，我国语文教科书助读系统的设置似乎已经"定型"，只是在既定的名目之下增减相关的助读内容，助读内容并没有体现清晰的导学功能，助读系统的呈现形式也是千篇一律。当然，这种组合形式能有较强的目标导向作用，有助于教师把握教科书教学内容并转化、落实到教科书中。但是，其最大的问题是缺乏相关联的前置知识的"桥梁"搭建，忽视了对学生学习过程的有效指引。这就导致教师需要花费大量时间暗中摸索，解读教科书，甚至猜测编写者的意图。

从叙述角度来说，助读系统的陈述角度、陈述主体及陈述内容都是编写者视角。大部分的助读系统都是从教科书编写者这一"发出方"角度出发，而不是基于学生视角考虑。从根本上说，大多数语文教科书助读系统的立足点是基于"教"而不是基于"学"。在师生与教科书之间的关系中，教科书编写者明显处于强势地位，师生是"接受方"，被迫要去适应教科书编排。

从呈现方式上看，助读系统的内容大都采用主观陈述，极少提供语用情境触发学生的理解，也很少借助问题形式启发学生的思维。例如，《出师表》的旁批内容主要是概括文章内容，并没有指示学生"学会读书——知人论世读经典"这一单元学习重点。助读系统的导学功能变为阐释功能，既不利于学生探究，也难以引起学生的学习兴趣。

从促进学生有意义学习的角度来看，广而概之的泛泛而谈式的导学内容难以在学生头脑中建立起新旧知识之间的实质性联系，反而可能导致学生对课文理解的浅表化。此外，助读系统在表达编写者观点的时候过于"殷勤"。直接呈现的编写者认可的观点有助于学生把握主要规范，但是，潜意识里呈现一种知识代言人的权威，也规限和束缚了学生的自主阅读热情。因此，助读系统内容应当在"规限"与"拓展"之间找到恰当的结合点，在"扶"与"放"之间寻求平衡。

一方面，助读系统主要是助推学生自主学习，叙述视角应主动面向学生。助读导语的叙述视角应当面向学生，突出学生的主体地位，在学习内容的介绍上、学习方法的解读上、学习要求的提供上都要基于学生叙述视角，为学生提供学习支架而不是学习定论。并且，助读系统的叙述应摈弃严肃命令式的硬性要求，从发号"指令"转变为对话交流，将助读系统的"指令"性陈述转变为适当创设相应语境，以人称代词"我们"将学生与教科书放置在共同语境中，以亲近自然、温婉亲昵的语气建立起教科书与学生平等对话交流的平台，拉近教科书与学生之间的距离，建立起教科书与学生平等对话的模式，为学生提供建议和参考，为学生的自主学习服务。

人教版高中必修五第二单元的单元导语如下：

这个单元主要学习古代抒情散文。所选课文时代不同，文体不一，所抒发的感情也各有不同：有回归田园的乐趣，有才士不遇的悲情，有人世沧桑的感慨，有不懈追求的壮志，也有友情与亲情的抒发。语言或典雅华丽，气韵灵动；或沉郁顿挫，令人回肠荡气；或娓娓道来，质朴自然。所有这些，都是古人真情实感的自然流露，至今读来仍能感人肺腑。

阅读这些作品，要悉心体会，注意领略其中不同的文体风格和语言韵味。最好能够熟读成诵，这样就能披文入情，把握作品所抒发的真挚情感。

有的老师将其更改为：

这个单元我们进入古代抒情散文的学习。所选课文时代不同，文体不一，所抒发的感情也各有不同：有回归田园的乐趣，有才士不遇的悲情，有人世沧桑的感慨，有不懈追求的壮志，也有友情与亲情的抒发。语言或典雅华丽，气韵灵动；或沉郁顿挫，令人回肠荡气；或娓娓道来，质朴自然。所有这些，都是古人真情实感的自然流露，至今读来仍能感人肺腑。

阅读这些作品，我们要悉心体会，沉浸其中，领略其中不同的文体风格和语言韵味。最好能够熟读成诵，这样就能披文入情。所谓披文入情，就是让我们从文章的语言入手，通过文辞了解作者的情，只有这样，我们才能在情的熏陶、冲击、融会之中把握作品所抒发的真挚情感。不妨在课外多阅读这类的作品，提升披文入情的能力，品味古人的情感。

对比之下，修改之后的单元导语读起来更加亲和、亲近，人称代词"我们"的使用更有利于调动学生对话和参与的积极性。第二段话对"披文入情"做了解释，便于学生联系以往的阅读经验来构建学习的情境，了解披文入情的内涵，把握作品抒发情感的途径。

另一方面，助读系统应当关注过程，提供方法指导。助读系统既要"便于教"，更要"便于学"。随着教科书编写日益成熟，助读系统构建逐渐呈现出"三多"——"注释多、材料足、学法指导多"的特点。然而，在关键的导学功能设计方面就存在"三少"——学习支架少、问题情境设置少、自主学习的方法策略少的弊病。据此，助读系统要建立阅读期待，注重学法指引。

语文教科书应当注意引导学生掌握语文学习的方法，使学生学会运用多种阅读方法，具有独立阅读的能力。语文学科不同于其他学科，其课程内容、学科知识、阅读方法不是显而易见地呈现出来，而是潜藏在选文系统的一篇篇的课文之中。学什么？如何学？选文本身不具备导学功能，也不可能直接体现相关语文知识或阅读方法。所以，助读系统的设计需要有针对性地指引学生学习，通过学生已经熟知的文学阅读的认知经验及建立与选文之间的隐在联系，将作品的虚拟世界与真实的现实世界联系起来，才有可能将阅读活动引向深入。教师引导学生关注教科书单元导语、课前预习、课文、练习题中的学法指导，使学生能够基本了解一篇课文想要教会学生哪些语文知识和学习方法，并按照单元导语、课前预习的阅读提示语对文章进行自主学习，初步了解一些学习方法并进行实践，在课堂学习时更容易抓住学习重点，能够提高学习效率，同时，养成良好的自学习惯。例如，统编语文教材九年级上册第25课《刘姥姥进大观园》中旁批："此处写众人的笑，绘声绘色，各具情态，体会其中的妙处。"这在提出阅读要求的同时，也将课文中曹雪芹写"众人的笑"的笔法概括了出来。旁批形式概括凝练，起着提纲挈领的作用，同时提供了一定阅读教学任务的暗示，使学生能准确获取文章的关键信息，理清文章的脉络。又如，统编语文教材八年级上册第15课《白杨礼赞》的课前预习提示这样写道："这篇文章特别适合朗读。不妨先默读一遍，了解大意，边读边做一些朗读标记，然后大声朗读，读出文中的激情与豪气。"

预习提示要求学生默读，了解文章的大意。默读更容易让学生专注于课文，并且为停顿、标记留下思考时间。然后大声朗读。这是一篇赞扬白杨树的课文，其中的感情肯定不是悲伤抑郁的，必定是热情豪放的，只有大声朗读才能读出其中的韵味。课前预习提示让学生先默读，然后大声朗读，更容易让学生在了解文章大意的基础上把感情迸发出来。这不仅是朗读的一种方法，也是学习语文的一种方法。

有的时候，助读系统并不适应师生实际，教师理应主动补充、建构适合选文学习的助读系统内容。例如，《紫藤萝瀑布》一课中提及托物言志手法的运用和比较阅读的学习方法，但表述都过于简单。教师在使用的过程中不妨进一步完善助读系统的指导功能。教科书中对于比较阅读的学法指导的说明仅仅就是："建议运用比较的方法阅读，分析作品之间的相同或不同之处，以拓展视野，加深理解。"这样简短的表述对学生的实践指导不强，需要教师补充、完善比较阅读内容，给学生更多关于比较的阅读方法的说明，便于学生理解和掌握。

## （二）注重配合，树立全局意识

全局意识是指助读系统要注意呼应教材编排特点，配合单元教学目标，凸显各单元的能力聚焦点，协调单元教学及文本在整个教科书体系的坐标和它与其他文本之间的关系。一套教科书，除了有自己的总目标外，分册应有分册目标，单元应有单元目标，单篇课文或单项训练也应有自己的分解目标。从整本书来看，单元与单元之间的助读系统构成一个整体。就教学单元而言，助读系统与选文系统、练习系统、知识系统构成一个整体。助读板块内部有预习提示、阅读提示、注释和插图等，不同的板块在设计上分别有所侧重，但它们都围绕单元教学目标组成一个整体。

遗憾的是，语文教科书编撰一直以来都是以选文系统为主体，选文成为教学的中心，语文教学大多围绕文本进行教学解读，这当中还涵盖了语文基础知识的传授，语文学习方法的训练，听、说、读、写能力的培养，情感、态度、价值观的传递。阅读教学可谓集大成者。但是，同样的文本内容，有的教科书将其编排为写作范例，有的教科书将其定位为文学经典，还有的教科书将其当作培育价值倾向的素材，语文教科书借助文本"教什么""学什么"，往往需要教师凭借经验处理或揣测编写者意图。此外，在语文教科书构成系统当中，助读系统、练习系统未能与选文系统相辅相成，以致每个语文教师面对教科书时常常需要解决"教什么"这个难题。语文教学的内容长期存在盲目性、随意性，导致教师处理教科书往往关注类同的文章结构与表现手法，教学内容无可避免地出现重复现象。因此，助读系统应当发挥其积极的辅助、配合功能。其作用如下：

### 1. 与选文系统相辅相成

其一，课前预习提示的编写立足于选文。"一千个读者就会有一千个哈姆雷特。"面对同一个文本，大家的见解也会不同。但是不管怎样解读，都是围绕课文本身展开的。选文系统是语文教科书的主体，预习提示只是辅助学生解读文本的工具，需要立足于选文，这样才能使课前预习提示发挥积极作用，才能通过简单扼要的语言文字掌握学习课文的方法。一方面，预习提示要关注课文背景设置情境，以帮助学生联系生活经验；另一方面，预习提示是对单元教学目标的分解和进一步落实，应当提出明确的学习导向或相关的学习支架。例如，现行统编语文教材七年级上册第一单元《济南的冬天》预习提示内容如下："在你的印象中，冬天是怎样的，有哪些代表性的景物？朗读课文，看看作者笔下的济南的冬天与你印象中的冬天有什么不同。"这些预习提示内容通过对话的形式促使学生联系个人生活经验。预习提示内容"课文中的许多景物描写细腻、生动，能唤起你对事物的细微感觉"则是对单元教学目标的进一步细化。

又如，八年级上册第四单元的单元教学要求："学习这个单元，要反复品味、欣赏语言，体会、理解作者对生活的感受和思考，并了解不同类型散文的特点。"围绕这个教学要求，《背影》预习提示这一环节提到"阅读时要注意反复咀嚼，仔细品味"，思考探究部分要求"把写背影的文字找出来，联系全文细细品味"，积累拓展也提到"本文的语言素朴而又典雅，简净而又细致，试以下列语句为例，加以赏析"。在这篇课文要素当中，预习提示、注释及资料补白都围绕本单元学习重点"品味语言"进行，助读系统各要素浑然一体。助读系统、练习系统基于选文系统，并与选文系统相辅相成，引导学生聚焦于"品味语言"这一学习重点，有助于单元教学要求的分解和落实。

其二，发挥"知识补白"对选文的拓展和深化。现行统编语文教材"知识补白"的主要内容是语法修辞、文学常识等知识，有利于学生积累语文知识。知识补白不仅是学生自主学习的资源，也是教师课堂教学的资源。例如，统编语文教材七年级上册第一单元课文《春》，知识补白中的内容是比喻的修辞手法。在教学中要注意知识补白与选文的相互补充，促使单元教学要求的具体落实，可以结合课文中"雨是最寻常的，一下就是三两天。可别恼。看，像牛毛，像花针"等句子，向学生讲述作者使用比喻修辞手法的妙处，引导学生欣赏文中其他的比喻句。此外，教师可以把知识补白的内容作为课文学习支架，在教学导入环节引导学生阅读知识补白的内容，为接下来课文解读"预热"。例如，《诗经二首》的知识补白是对《诗经》的简介，主要介绍了《诗经》的由来和大致的内容，教师可以在课前引导学生阅读，再进行文本的学习，这样既可以帮助学生了解《诗经》的相关内容，丰富学生的知识，还可以为学习《诗经》做铺垫。

其三，丰富助读内容对选文文化背景因素的拓展、延伸。在语文教材的构成要素当中，助读系统的编写安排相对薄弱，在一线教学中也容易被忽略，属于"被遗忘的角落"，这在文化背景知识的补充、拓展方面尤其明显。

文化背景知识是学生阅读、写作的背景知识，对于经典选文的阅读理解尤其必要。例如，人教版六年级上册第 15 课《这片土地是神圣的》是印第安酋长——西雅图在 19 世纪中期发表的演讲。由于课文助读系统没有提供教学指引，不少师生将这篇课文单纯地理解为"环境保护"主题演讲。对于演讲词所包含的印第安人的信仰，课文也缺少相关的背景资料，如果教师在课堂教学过程中没有及时补充介绍印第安人及其信仰的背景知识，那么对于演讲词当中含有信仰深度的句子，教师难以解释清楚，学生也难以体会演讲词的魅力。

还有大部分文言文阅读涉及传统文化知识，诸如制度文化、科举文化、礼仪文化、建筑文化、楹联文化、民俗文化、戏曲文化、诗赋文化、书信文化等。文化背景知识本应与选文系统相辅相成，以便于学生认识与弘扬中华传统优秀文化。遗憾的是，不少语文教科书并没有很好地渗透相关文化背景知识，也没有专章或专文介绍。在文学常识的处理上，不少语文教科书也出现同样的状况。例如，对于作家的介绍，几乎都是以文下注释的形式呈现，而且这种介绍只有十几个字或几十个字。在古诗文类的课文中几乎没有与诗人相关的故事介绍，或者介绍的内容太少，学生从课本中只知道诗人的姓名、朝代，不能通过课本了解诗人到底是怎样的一个人，不利于学生对古诗文含义的理解。这导致语文教师不得不在语文课上补充介绍作家的相关知识，给学生补上"知人论文"这一课。助读系统应当根据选文实际提供"资料袋"或者相关的阅读材料，以故事性的形式对课文内容所涉及背景知识进行补充说明。

## 2. 与单元导读相呼应

单元导语应当加强起承转合的功能。单元导语一般置于教学单元前面，是关于单元教学的引导性的概述。理想中的单元导语能够统领整个教学单元，关联整册教科书的教学意图。单元导语使各个单元、整册教科书、整套教科书环环相扣。编写单元导读要关注到它的特殊地位，不仅要考虑每一册教科书中各单元的要旨，还需要考虑单元与单元之间的内在联系以及单元内部各要素之间的联系，在编写时要注意教学目标的衔接，在这种整体意识下促进教学结构化。

以《国文百八课》为例，它是"每课为一单位，有一定的目标，内含文话、文选、文法或修辞、习问四项，各项打成一片"。"文话"是编排的纲领，以一般文章理法为题材。文选配合文话，文法修辞又取材于文选，全书构成了一个有机的整体。现行统编语文教材的单元导语从"内容主题"和"语文素养"两方面对教师和学生进行提示，给予教师和学生整体的单元感知。单元内的教读课设置预习、思考探究、积累拓展和知识补白，自读课文设置旁批和阅读提示，这些设置都是根据单元总目标，结合选文有针对性地提出相应的教学目标，强化学习方法的训练，补充学生的语文基础知识。

单元导语与选文的预习提示都属于提示语体系，两者对学生学习课文有着引导作用。单元导语是对整个单元课文的引导，课前预习提示是只针对一篇课文的引导。两者是包含与被包含关系。课前预习提示只针对一篇课文，它所有的语言文字都是围绕这一篇文章展开的。而单元提示不同，它针对的是整个单元的文章。因此，在表述过程中也许并不能涵盖整个单元的文章内容，只是有所选择地挑选重点内容，甚至有时候只围绕一个重点来总结。这将不利于学生对单元内每篇文章的学习。因此，要加强课前预习提示与单元提示的联系，使课前预习提示对单元提示有补充作用。两者相互补充、相互作用，才能更好地发挥其导学功能。

现行统编语文教材的课前提示语分为课前预习提示和单元提示两部分。单元提示包括单元主题、单元重难点、学习目标、学习方法等提示内容。其中，课前预习提示和单元提示都对阅读方法和学习方法做了明确规定。由于单元提示是对整个单元课文阅读和学习方法的宏观指导，课前预习提示是针对每篇课文阅读和学习方法的指导，因此，两者不仅存在不一致现象，并且课前预习提示中阅读和学习方法的指导有时不如单元提示中阅读和学习方法的指导恰当。

课前预习提示和单元提示为了提高学生的阅读能力，在内容方面重视对阅读方法和学习方法的指导，但并不是每一篇课文的阅读方法和学习方法都适应课文的需要。例如，统编语文教材八年级下册第六单元的单元导语指出："学习本单元，要在反复诵读的基础上，培养文言语感。"该单元全都是文言文，反复诵读的阅读方法和学习方法是适合初中生学习需要的。而这个单元四篇课文的课前预习提示，《〈庄子〉二则》《〈礼记〉二则》《马说》只提到了朗读，《唐诗三首》提到了朗诵。该单元的单元提示以及课后的思考探究都提到了朗读并背诵课文。因此，这四篇课文提到的朗读、朗诵的阅读和学习方法对这四篇文言文而言都是不匹配的。文中提到的四篇文言文是初中的重点课文，课程标准要求重点文言文要在朗读的基础上背诵下来。单元提示中的反复诵读不仅包括朗读，还包括背诵。这四篇课文的阅读和学习方法应该与单元提示提到的阅读和学习方法保持一致。

课前预习提示和单元提示中的阅读和学习方法都是为学生服务的，两者不仅要保持基本一致，并且课前预习提示的阅读和学习方法要与课文内容相适应。

### （三）强调语用，创设实践情境

语文课程是实践性课程，注重培养学生语言文字运用的实践能力，而培养这种能力的主要途径是语文实践。学习语文知识不是为了储备那些已经组装好的静态知识，而是让学生形成运用这些知识的言语交际能力。学生在语文实践活动中，通过教科书听、说、读、写活动的系统学习，逐步掌握基本的语文学习方法，最终学会运用语文知识进行沟通交流，提升语文素养。助读系统的设置应当重视语用情境的创设，注重过程与方法的引导，为学生巩固知识和运用知识，同时积累经验和提升能力提供支架或语言情境。

语文教师在设计、使用助读系统的过程中，要注意创设真实而应需的语用情境，以"情境呈现"来代替"知识呈现"，以"寻找知识"来替代"传授知识"，以"建构知识"来替代"识记知识"，实现利用助读系统开发学习活动的目的。

【案例】《国文百八课》里第四册第六课的文话"抒情诗"①

我们当遇见了美好的、伟大的景物，不禁要放声高呼："啊！了不得！了不得！"或者当碰到了哀伤的、惨痛的事故，不禁要出声绝叫："啊！受不住了！受不住了！"这当儿，我们和当前的景物或是事故已经融合在一起，不再用冷静的头脑去对付它们，却把自己的情感倾注到它们

---

① 夏丏尊、叶圣陶编：《国文百八课》，生活·读书·新知三联书店 2008 年版，第 597 – 599 页。

中间；因而眼中所见、心中所想都含着情感的成分。

在一些时候，因为情感太旺盛了，太深至了，仅仅叫喊几声，不足以尽量发泄；而情感不得尽量发泄，却是一种不快，甚而是一种难受的痛苦。于是我们编成几句和谐的语言，把当时的情感纳在里头，朗吟着或者低唱着。在吟唱的当儿，怀着欢快的情感的更觉得畅适无比，而怀着哀痛的情感的也觉得把哀痛吐了出来：二者都得到尽量发泄的快感。即使并不由自己来编，在情感激动的时候，也往往要吟唱一些现成的诗歌。游山玩景的人不知不觉地吟着古人的咏景佳句，送殡的行列凄凄切切地唱着《蒿里薤露》的歌曲，都为着发泄情感的缘故。

抒情诗就是从这样心理基础上产生出来的。无论对自然景物，或是对人情世态，有动于衷，发为歌咏，都是抒情诗。这里所谓情，自然各各不同，有强烈的，有淡远的，有奔放的，有含蓄的；但总之贯彻着全诗，作为全诗的灵魂。我们原可以说，情是诗的本质，没有情也就无所谓诗；所以凡是诗都是抒情的。现在从诗的范围中划出一部分来，把那些纯粹流荡着一股情感的诗特称为抒情诗，不过表示那一类诗比较一般的诗尤其是抒情的而已。

抒情诗纯粹流荡着一股情感，这情感必须用具体的语言和适合的节奏才表现得出。假如语言是笼统的、模糊的，节奏是和情感不相应的，那就达不到抒情的目的。譬如，逢到欢喜的时候，只是说"快活极了"，逢到悲伤的时候，只是说"痛苦极了"，这样，虽然重复说上十遍二十遍，还是没有抒出什么情来。必得把当时眼中所见、心中所想化为具体的语言，然后可以见得感动在什么地方，以及感动到何等程度。又必得使语言的节奏适合当时的情感，然后歌咏起来可以收到宣泄情感的效果。总括一句，就是：抒情诗应该是造形艺术和音乐艺术的综合体。

如果取一首抒情诗来作为例子，把它解说一番，对于上面所说的话就更见明白。我们读过李白的一首诗："问余何意栖碧山，笑而不答心自闲。桃花流水窅然去，别有天地非人间。"这首诗抒写山居闲逸之情。假如只是说"闲逸极了"，那就等于没有说。现在作者在第一句里说到"山"，而且是"碧山"，这就非常具体；仿佛作画一样，已经布置好了一片鲜明的背景。更用一个"栖"字，见得对于山居乐而不厌。鸟儿栖息在林中，不是很安适很快乐的吗？第二句用"笑而不答"来描摹"心"的"闲"，又是个具体的印象。从这个具体的印象，显示出丰富的意义：别有会心，不可言状，是一层；说了出来，人也不解，是一层；闲适之极，无暇作答，又是一层。第三句从整个背景中选出更鲜明的"桃花流水"来说。桃花随着流水窅然而去，即此一景，便觉意味无穷。所以第四句推广开去说，总之山中别有天地，不同人间。山景如此，心境如此，其闲逸之情可想而知了。再说这首诗用"山""闲""间"三字作韵脚，声音舒缓。而第一句的"栖"字，第二句的"自"字，第四句的"非"字以及第三句的"窅然"二字，念起来都使人起幽静深远的感觉。把这些字配合在诗里，正和闲逸之情适合。若问李白这一首诗为什么会这样好，回答是：因为它是造形艺术和音乐艺术的综合体。

　　《国文百八课》里第四册第六课的文话"抒情诗"，首先它用两段生动的文字解释抒情诗产生的心理基础，再揭示出"情"是诗的本质，接着概述了抒情诗的表现形式是造形艺术和音乐艺术的综合体，最后还举了李白的《山中问答》来进行具体解说，让读者能够切实体会诗的作者是如何通过遣词造句来抒发闲逸之情的。这些内容层层递进，娓娓道来，不仅能够引导学生学习单元内的语文知识，其本身也是学生学习的资源。

　　助读系统在内容上注重的是向文本挖掘，并没有构建起生活经验和所学内容的关系，建立学生学习的情境。从情境学习的角度而言，学习的实质是个体参与实践，在具备真实的活动和与之相应的文化背景下，与他人、环境等相互作用，从而形成参与实践活动的能力并提高社会化水平的过程。教师是教科书使用者，也是教科书内容的开发者。当助读系统的表述比较抽象，只是提供表征概念，有时面对助读系统的内容比较宽泛时，教师有必要调整、补充助读系统内容，避免学生一知半解，不明就里。助读系统在编写的过程中要考虑是否符合学生的心理发展特点，是否拉近语文知识与学生的经验生活的距离，是否将要学习的新知识与学生原有的旧知识相联系，让学生在有情境的情况下学习。

# 第四节　语文教科书练习系统的建构

　　练习系统有广义和狭义之分，广义的语文练习系统包括所有语文实践活动，狭义的练习系统主要指语文教科书的练习的总和。本书中所谈及的练习系统是指狭义的练习系统，即语文教科书的练习体系，是由教科书编写者依据语文课程标准，基于学生学习学情和学习需求，按照一定的目标，依托选文，有计划地设置的实践、训练的方案或习题。语文是实践性很强的课程，必须注重培养学生的实践能力。这也就决定了语文教科书练习系统的必要性和重要性。

# 一、 练习系统编制的理论依据

## （一）语文课程标准的相关要求与建议

语文课程标准是语文教科书编写重要的理论依据。语文教科书练习系统也要以语文课程标准为依据进行编制。

语文课程标准对语文课程的性质做了如下说明："语文课程是一门学习国家通用语言文字运用的综合性、实践性课程。工具性与人文性的统一，是语文课程的基本特点。""语文课程应引导学生热爱国家通用语言文字，在真实的语言运用情境中，通过积极的语言实践，积累语言经验，体会语言文字的特点和运用规律，培养语言文字运用能力。"[①] 由语文课程的性质可以看出，语文教科书的练习系统核心内容应当围绕语言文字的学习运用，练习系统的创设应当注重真实的言语情境的实践。

语文课程标准对语文教材的编写提出了以下要求和建议："教材编写要充分体现义务教育语文学习的基础性、阶段性特征，做好各学段之间的衔接。要落实学习任务群的要求，致力于学生核心素养的整体提升，以学生生活为基础，以语文实践活动为主线，创设丰富多样的学习情境，设计有意义的学习任务，引导学生自主学习、主动积累和积极探究。"[②] 这为练习系统的编制提供了建议与导向，课文练习编写要系统规划和整体安排，练习设置应少而精，要体现情境性、综合性、挑战性和探究性，有利于学生在探究中学会学习。

## （二）教育心理学依据

### 1. 教学目标分类理论

以布鲁姆等为代表的专家于 1948 年在波士顿召开的美国心理学年会

① 中华人民共和国教育部制定：《义务教育语文课程标准（2022 年版）》，北京师范大学出版社 2022 年版，第 1 页。
② 中华人民共和国教育部制定：《义务教育语文课程标准（2022 年版）》，北京师范大学出版社 2022 年版，第 52 页。

上提出了教育目标分类体系的设想，把教育目标分为三大领域——认知领域、情感领域和动作技能领域。1956年，布鲁姆又把认知领域的目标分为六个亚领域——记忆、领会、运用、分析综合、评价和创造。

教学目标分类理论的提出对练习系统整体结构的编制具有重要启示。

（1）练习系统设置应该充分考虑到认知、情感与技能的统一。布鲁姆教育目标分类学揭示了知识与能力的本质关系，即互相统一，互为基础。不存在知识脱离能力单独存在或者能力摆脱知识单线发展，实际上这两者是在学生的学习之中共同发展的。这便意味着在语文练习设计中，不能单独考虑锻炼学生语文能力的问题，还需要将知识与能力结合起来，帮助学生进行和谐统一的语文学习。同时，布鲁姆教育目标分类学对教育目标重要性的强调以及目标、教学和评价一致性的重视，能够为语文练习系统制定提供重要启示。

据此，语文练习系统的训练导向应当体现知识和能力、过程与方法、情感态度和价值观等维度的相互渗透，促进学生在认知、情感与技能等领域的发展。此外，语文练习系统的内容设置要注意识字与写字、阅读、写作、口语交际、综合实践活动等领域的整合。

（2）练习设计应避免盲目性和随意性，实现可测量性。练习设置要预计学生学习要达到的目标层次，尽量使其量化，体现出练习内容的层次性。因此，语文练习系统的设置应该分为总体目标和阶段性目标。

布鲁姆认为，认知领域的六个亚领域目标是相互联系的，逐步由简单过渡到复杂，形成一个鲜明的层次结构。因此，语文教育过程中的教学目标和学习目标应该体现出层次性，相应的练习系统设计也应该体现出层次性。例如，在小学阶段，根据学生生理和心理的发展特点，教学和学习目标主要集中在对知识的理解和应用上。小学阶段的练习主要是引导学生进行必要的语文知识积累，在此基础上理解字词句以及课文内容，并且学会运用所积累的知识，在一步步实现阶段性目标的基础上最终实现总目标。

## 2. "最近发展区"学习理论

"最近发展区"学习理论是苏联著名的心理学家维果茨基在20世纪初提出的重要概念。他认为，任何一个学习者在自己所认知的学习区域都有两个不同的水平，一个是当前自我已经形成的发展状况，而另一个则是在当前水平的基础上，凭借学习或某种作用下能够达到的发展水平。所谓的"最近发展区"就是指实际的发展水平与潜在的发展水平之间的距离。"最近发展区"学习理论对西方乃至世界的教育心理学产生了重要影响，其内容对语文教科书练习系统的编制有重要的理论指导作用。

"最近发展区"学习理论对练习系统编制的启示有两点。

（1）要了解学生的能力和水平，确定"最近发展区"。在设计练习系统之前应该了解学生已具备的解决问题的能力和水平，清楚将要引导学生达到的水平，在二者之间找到"最近发展区"，从而编制出科学的练习系统。

维果茨基认为，教学推动学生的发展，在教学中应主动创设学习的最近发展区，从而走在发展的前面。这启发我们看到学生发展的两个层面。就练习系统而言，其编制更重要的是在了解学生实际发展水平和潜在发展水平的基础上找到"最近发展区"，从而促进学生能力的发展。练习训练内容应该为激发学生的潜在发展水平提供可能。

（2）应以引导学生"解决问题"为中心，促进学生自主学习。维果茨基指出，教学应着眼于学生的"最近发展区"，为学生提供带有难度的内容，充分调动学生解决问题的积极性，发挥其潜能，超越其"最近发展区"而达到将要达到的水平。具体到语文教科书中的练习系统就是在练习题中设置一些有情境有难度、需要学生发挥主观能动性自主解决问题的练习，从而鼓励学生主动学习，达到潜在的发展水平。因此，在设置练习系统时应该坚持以"解决问题"为中心的原则，创造让学生自主解决问题的机会，激发学生的求知欲，从而达到语文教育的教学目标和学习目标。当然，"最近发展区"的确定不是没有限制的，需要基于学生当前的能力和水平，如果超出"最近发展区"教学内容对学习者来说又是难以完成的，甚至无明显变化；但降低"最近发展区"教学内容对学习者来说是枯燥的，且无意义的。

### 3. 建构主义学习理论

建构主义学习理论认为，在学习过程中，学习者不是在被动地接受知识，而是在自己学习经验的基础上解释现实、建构现实，从而积极地建构知识。因此，在学习的过程中，不是老师把知识简单机械地传递给学生，而是学生对知识进行自主建构。

建构主义学习理论对练习系统编制的启示主要有三点。

（1）体现学生的主体地位，根据学生的特点需要进行个性化练习。建构主义学习理论特别强调学习者在学习过程中的主体地位和主观能动性。在学习过程中，学生通过已有经验与未知事物的冲突、调节等相互作用，重组已有经验认识。因此，练习系统的设置应该充分体现学生的主体性，注重发掘学生的内在潜质，重视学生学习经验之间的多样性与差异性，展现练习的个性。设置练习系统不是为了给学生传授固定的知识点，而是通过练习引导学生在自己学习经验的基础上理解所学知识，最终实现自己对知识的重新建构，形成自己的人格，促进自身发展。

（2）注意新旧知识相结合，以旧促新、以新带旧。建构主义学习观认为知识是双向建构的，既是对已有认知经验的调节、重组，又包括对未知信息、意义的主动建构。练习应该注重把新旧知识相结合，在复习旧知识的同时传授新知识，在学习新知识的同时及时巩固旧知识。因此，练习系统既要重视对新知识的展现，同时也要重视对已学知识的重现，在对旧知识回顾与巩固的基础上重建、改组，最终形成适合学生的学习方式和思路，进而促进学生掌握新知识、提高语文能力。

（3）重视练习的开放性。建构主义学习理论认为，学习者获得知识的可能性取决于其根据自身经验去主动建构有关知识的能力。在建构主义知识观的语境下，学生获取知识的多少因个体知识背景的差异会有所区别。练习系统编制应该注重学习者与周围环境的交互作用，并且这个作用对学习者理解所学内容具有重要影响。因此，练习系统的设置应该注重情境设置，多采用讨论式等实践性、交互性较强的练习，促进学生之间、学生与老师之间进行协作学习，鼓励学生进行充分的沟通与交流。这样既能体现学生的主体地位，又能帮助学生通过交流建构自己的学习图式。

## 二、练习系统的建构原则

### （一）整合性

语文课程的综合性决定语文教科书练习系统的序列安排应该是一种整体推进的形式。语文学科原本具有天然的统整性，但在很长的一段时间里，我国语文教科书编写特点和趋势却是"不断分解"，即将语文学习内容分成若干知识点，再将它们分配到相应的单元及课文中，而语文教学则是让学生逐篇学习课文、逐点获取对应的语文知识，在一定程度上助长了语文学习的知识化和碎片化。

1. 练习系统的整合性体现在练习内容方面的整合

听、说、读、写练习活动是学生语文学习的基本方式，语文教科书的练习系统应该涉及听、说、读、写这四个基本的能力层面，包括识记、领会、运用、分析、综合、评价等层面。以往语文教科书大多以单项性的读写能力为训练主线，这一方面与语文能力的综合性不符，另一方面存在着单项能力如何转化为综合性读写能力的问题。听、说、读、写活动贯穿学生的言语实践活动过程，无法单一、孤立地进行。并且，语文教科书的单元或课文可以培养的语文能力"训练点"本来就具有综合性。语文教科书的练习系统应当包括知识能力、学习态度、学习方法等多方面的训练，要对学生素质进行全面的培养，应该在认知结构的作用下促进语文情感结构和语文技能结构的发展，促使语文认知结构、情感结构和技能结构二者共同发挥教育的作用。

现行统编高中语文教科书的练习系统不再是传统语文教科书常见的、单纯的练习题，以往语文教科书的课后习题变成了现在的"学习提示"，其练习系统以"单元学习任务"的方式呈现，是按照一定目标来设计的一套系统有效的练习方案，充分体现了"整合性"。这一变化使得语文教科书的"练习系统"与其他各个系统相互勾连。以统编教材高中语文必修下册第6单元的部分"单元学习任务"为例：

一　鲁镇这个社会将祥林嫂所有的生存可能都扼杀了；林冲的悲惨命运，不单单是因为高俅父子对他的迫害；别里科夫去世后人们依旧处于杂乱无序的生活状态中，生活并未发生任何的变化；人变成了虫子，离奇的情节透露出严酷的社会现实。仔细品读这些文章，以小组为单位探讨这些人物所面临的生存环境有哪些共同点，且结合具体的课文内容剖析社会环境对人物命运的影响，在全班交流。

二　在下列三个关于小说表达手法的任务中，任意选择两个完成，并就其中之一写一则读书札记。

1. 被婆家从鲁镇抢回去卖到深山里的祥林嫂，本已过上相对安定的生活，但"天有不测风云"，丈夫意外"断送在伤寒上"，儿子又惨遭不测，她不得不又回到了鲁镇，从此走向了"末路"。小说这一类"突发事件"，往往是情节运行的动力。这个单元的课文中还存在一些这样的突发事件，尝试把其划出来，且和其他同学讨论这些事件在文章中的作用。

2. 林冲去山神庙暂宿，"入得庙门，再把门掩上。……靠了门"。格里高尔艰难打开房门，正看见自己当年从军时的相片，"手按剑上，微笑着，无忧无虑"。这些细节常常为读者津津乐道。从这个单元的课文中找到至少5个描写十分精彩的细节认真阅读，体会小说作品中细节描写的艺术魅力。

3．小说中人物形象的塑造离不开个性化的人物语言。不管是鲁四老爷的那句"不早不迟……一个谬种"，亦或是装在套子里的别里科夫的一贯强调"千万别闹出什么乱子"，都鲜明地表现了人物的性格。从本单元的小说作品中，任意选取其中两个人物，对其语言进行剖析，并指出这些语言体现出人物的何种性格特点。

该单元选文是古今中外不同类型且风格各异的小说，以上两项单元的学习任务是整合了单元选文的文本特点（小说的特点）而设计的，其练习主要围绕小说的人物、情节、环境而设计的。单元学习任务一是从关注小说社会环境描写的角度设计的，让学生学会辨别不同作品中环境描写的手法和作用，促使学生分析环境对小说中人物命运的影响，理解社会环境描写的特点与小说主题的关系。单元学习任务二的第一个小任务针对小说情节中"突发事件"的作用，第二个小任务聚焦细节描写，第三个小任务探讨语言描写对塑造典型形象的作用。这三个小任务分别提供了从不同的角度来欣赏小说的方法，任务之间各有侧重又有内在联系，让学生学会通过多种途径来欣赏文学作品。写一则札记的目的则是促使学生整合关于小说鉴赏的方法并对其进行迁移运用，真正地把握小说这种文体。

2．练习编排体现练习序列方面的整合性

语文教科书的练习系统要综合考虑练习与选文以及教学单元其他练习之间的关系。每个练习的设置都是立足于选文，需要综合考虑单元语文要素的承接关系，注意语文知识的学段衔接，以及不同能力训练点之间的螺旋式上升，从而使每一课的练习与其他课后练习、单元练习等组成一个彼此联系的整体，共同协作，促进学生语文能力和语文素养的整体提高。

语文能力的发展并不像数学、物理这些理科那样有明显的线性顺序。语文能力是语文素养的综合体现，听、说、读、写各种能力之间是相互联系、相互制约的。学生在一定情境下的学习活动需要综合调动自己的言语实践智慧，需要整合个人的知识、能力、态度，学生的知识不可能如同石块般一个叠一个地垒在一起，学生的听、说、读、写能力也不可能是并行罗列的。语文能力的这些特点决定它的发展应该是一种在广度和深度方面螺旋上升的过程。因此，语文教科书练习系统的序列安排不可能先培养某种能力而后培养另一种能力。练习系统的整合作用就在于为学生提供综合训练的机会。当学生围绕相关学习目标而探究一个或若干个言语整合情境的时候，其每一次行动言语实践活动都有可能调动一整套的资源及知识能力态度等。语文教科书练习系统的序列安排要从立足于一整套言语实践和这些实践彼此之间相互衔接的视角来促使语文学习诸要素等的整合。

语文教科书练习系统的序列安排要基于学生的知识建构水平。语文学习是学生语言理解和运用的心理表征的建构，既包括语言知识的建构，又包括与语言理解和运用相关联的经验背景的建构。根据建构主义学习理论，对于语文教科书所提供典范的言语材料，学生难以直接、自主建构个人言语知识，练习系统需要提供给学生与已有的知识经验相联系的新知识、新信息的训练路径，帮助学生联结已有知识架构或经验体系，促使学生实现新知识建构与旧经验提升的双向互动。

现行统编高中语文教材的练习系统（"单元学习任务"）是以核心任务引领，整合该单元全部学习内容进行设计的。以统编高中语文教材必修上册第一单元为例，该单元学习的核心任务是理解单元主题"青春的价值"、掌握鉴赏小说与诗歌的方法、能够学会从不同的角度去欣赏作品、尝试写作诗歌。据此，教科书设置了四个学习任务，分别是：在对本单元的作品充分理解和掌握的基础上，对"青春的价值"这一话题展开讨论；围绕"意象"和"诗歌语言"探讨欣赏诗歌的方法，揣摩作品的意蕴和情感，感受不同的风格；选择两个触动心灵的片段，分析典型的细节描写，并做出简要点评；尝试作一首诗来书写青春岁月。其中，关于欣赏诗歌的方法的训练分解为三个部分：第一部分重在学会抓住"意象"来欣赏诗歌，第二部分学习"知人论世"的文学欣赏方法，第三部分训练通过朗读表达对诗作的理解。以上这四项单元学习任务充分体现出了实践性与整合性，尤其是"尝试作一首诗来书写青春岁月"这一学习任务，诗集的呈现方式、内容编排、栏目设置、排版设计等都需要调动多方面的能力才能完成，学生在尝试创作诗歌并制作诗集的过程中学会比较和鉴赏。单元学习任务是一个整合了知识内容、学习方式、实践渠道的富有逻辑联系的学习任务链。

## （二）自主性

语文教科书练习系统的设置应具有弹性和开放性。很多地区使用的教科书是相同的，但是每个地区、每个学校甚至每个学生的语文能力是存在差异的。学生具有向师性等特点，教师在教学过程中应当积极发挥主导作用，在引导学生进行练习前进行自主决策。教师在教学的过程中应该根据不同的教学环境和教学对象对学生进行针对性训练，或指导学生根据自己的情况选择不同的练习内容和处理方式。

首先，不同的学校应该采用不同的练习内容和方式。《义务教育语文课程标准（2022年版）》关于"教材编写建议"提出："教材应具有开放性和选择性。在合理安排基本课程内容的基础上，关注不同区域教育实际，给地方、学校和教师留有调整、开发的空间，也给学生留出选择和拓展的空间，满足不同学生学习和发展的需要。"① 农村学校和城市学校相比，练习内容和方式在选择上就应有很大不同。不同地区的练习内容和形式应该是有所不同的，教师应该区别对待，根据实际情况自主安排。教师在引导学生练习的过程中，应该给学生留下充分的自主选择的空间，尊重学生的个人兴趣，而不应该"一揽子"式安排或搞"一刀切"。

其次，要根据学生学习程度的差异安排合适的练习要求。语文能力是存在于主体内部的一种心理结构，具有非传递性。教师的语文能力不能直接传递给学生，学生的语文能力也不可能在教学中直接获得。语文能力不可能存在于主体之外，只能依靠学生不断进行自主建构，扩展或形成新的心理结构。根据建构主义学习理论，所有学习都是基于个人已有经验基础之上的。学生要从认识客体中获得新知识，就必须把自己原有心理结构中的符号、概念、判断、命题等与认识客体产生联系。因此，语文能力的培养必须在语文实践活动中，通过学生这一学习主体自身的选择、吸收、内化，从而完成自主建构。所以，练习系统的设置要注意根据学生不同的认知水平安排和组织学习任务，供学生自主选择。

每个单元学习任务基本都是从易到难来设置，因此，教师可以结合学生的实际学情、单元教学任务分层级设置练习任务，不能"一刀切"。以统编语文教材九年级上册第一单元为例，在完成诗词单元的教学时，教师可以安排不同层级的练习：识记类练习的任务是单独查找诗歌资料，了解背景，读懂诗歌意蕴；理解类练习的任务是查找研讨诗人诗歌资料，理解诗人不同时期的诗作风格；分析综合类练习的任务是通过查阅相关课外资料，梳理某位诗人的诗歌创作，感受诗人在不同时期的情感变化，能说出自己对诗人及其诗作的感触；鉴赏类练习的任务是把握诗歌意象，能说出现代诗人选择意象的独特之处；运用类练习的任务是组织班级诗歌朗诵会；探究类练习的任务是同题材的诗歌对比阅读，同时期诗人诗作联读。

---

① 中华人民共和国教育部制定：《义务教育语文课程标准（2022年版）》，北京师范大学出版社2022年版，第53页。

教师在安排任务时可以分层级进行，让学生自由选择，这样有助于提升学生的学习兴趣。

最后，练习活动的设计需要引导学生确立自主阅读的独立意识，学会自主地选择、判断或评价。根据"最近发展区"学习理论，练习系统的编制要在了解学生实际发展水平和潜在发展水平的基础上找到最近发展区，练习训练内容应该为激发学生的潜在发展水平提供可能，练习题的言语呈现方式尽可能减少主题先行、结论先导的暗示，避免预设判断。以往语文教科书练习设计的表述常常含有结论暗示，如"删去加点的词行吗？为什么不行？"等等。类似的言语呈现方式无形间暗示了教科书的不可逆性，强调了编写者、专家、学者解读的权威性。

## （三）层次性

所谓层次性，指的是练习系统的设计遵循学生的认知规律，兼顾学科知识结构本身的层次性，设置具有一定能力训练次序的习题，从而形成清晰的坡度和层次的训练内容体系。语文教科书练习系统的层次性主要体现在两个层面：一是随文本设置的练习内容的层次性，二是随学段设置的练习内容的层次性。

### 1. 随文本设置的练习内容的层次性

基于布鲁姆教育目标分类理论，语文教科书练习系统的层级依次体现为识记、理解、分析综合、鉴赏评价、表达运用和探究。

（1）识记。识记是指识别和记忆，它也是学习者所具备的最基本的能力层级，是其他各个能力层级发展的基础。这个能力层级主要依赖学习者日常的积累背诵，要求学习者能够复现或辨认相关知识，包括字词的正确读音、规范书写，作家及其代表作，文学体裁等文学常识，相关的文化背景知识等。记忆这个认知维度涉及回忆与再认知两个认知亚类维度，相关动词主要有复述、说出、列出、找出、背诵、描述、标记等。例如：复述课文，尽量做到既贴近原文，又生动形象（统编语文教材七年级下册第三单元《卖油翁》）；背诵这五首诗歌，并用楷书默写下来（统编语文教材七年级下册第五单元《古代诗歌五首》）；下列句子都是关于修身的，参考课文注释，理解其意思（七年级上册《〈论语〉十二章》）。

（2）理解。理解指的是知晓、明白并加以解释的能力。理解包括解释、举例、分类、概要、推论、比较、说明等。在语文学科中，理解这一认知过程通常与字、词、句子、篇章结构等课文基本内容相联系，要求学习者在识记的基础上，结合上下文语境或借助必要的背景知识对语义、语句进行正确的辨析、认识和推断，实现知识的迁移。在阅读练习当中，理解这个认知维度的常用表达有"比较……""有……相似的地方""概括……""归纳……"等。例如：解释下列句中加点的词（七年级下册第六单元《活板》）；画出文中提到"志"的语句，联系上下文，说说你对文中"志"与"学"的关系是如何理解的（七年级上册第六单元《诫子书》）。

（3）分析综合。分析综合指的是在识记和理解的基础上进一步分解剖析和归纳整理的能力。分析就是把整体分解成部分，并且对这些部分进行独立的研究，包括辨别、选择、区别和集中。综合就是把部分加以整合，鉴别材料或情境内在结构的过程。文言文阅读与现代文阅读的"分析文章"就属于这个能力层级考查的内容。例如，《闻王昌龄左迁龙标遥有此寄》以描写"杨花""子规"两样组织景物起笔，从全诗看，有什么用意？（七年级上册第一单元《古代诗歌四首》）细读《赤壁》《渔家傲》，想一想：这两首诗词分别表现了作者对自身才华、命运的哪些认识？（八年级上册第六单元《诗词五首》）

（4）鉴赏评价。鉴赏评价是以识记、理解和分析综合为基础，对阅读材料的鉴别、赏析和评说的能力。鉴赏评价这一认知过程类目包括基于内部标准一致性的核查以及基于外在标准的评判，即核查和评判两个认知过程。这个认知维度下有核查与评判两个认知亚类。相关动词主要有"评价、判断"。属于评价这一认知类型的习题中通常会出现"评价……""点评……"，或是不直接点出"评价"的要求，而代之以"你觉得……怎么样……""你赞同吗"（表达赞成或反对的词语），或是"你比较喜欢……"（表达情感倾向）的表述，这些同样也归为"评价"这一类别。评价的对象通常有两类：一类为文章中具体人物的特点、行为，或是评价文章的思想内容和作者的观点态度；另一类是鉴赏文学作品的形象、语言、表达技巧和组织结构等。例如：下面是《礼记·学记》中的一些格言警句，查阅工具书，结合自己的学习经验，谈谈你的理解（八年级下册第六单元《〈礼记〉二则》）。《木兰诗》是一首叙事诗，叙述了一个传奇的故事。梳理课文的故事情节看哪些地方叙述得详细，哪些地方简略。这样处理好在哪里？（七年级下册第二单元《木兰诗》）

（5）表达应用。表达应用是以识记、理解和分析综合为基础，在表达方面发展的能力层级，主要指对语文知识和能力的灵活运用。运用涉及使用固定程序完成练习或解决问题，运用的认知构成包括执行和实施，执行涉及的练习是学生熟练的，即学生运用已经掌握的知识或技能去解决问题，实施涉及的任务是学生不熟悉的，需要学生去主动探索解决方法的问题。因此，实施在一定程度上其复杂性是高于执行的。考查内容包括标点、词语、句子、修辞、写作。运用这个认知维度类别涉及的亚类有两种，一是执行，二是实施。相关动词主要有选择、运用、使用等。朗读、书写是课后习题中最常见的运用这一认知维度的习题类型。朗读，对象一般是诗歌、课文或者某些段落等，如"试用适当的感情朗读全段"就以朗读作为归类的基本依据。朗读有三个层次，分别是正确、流利、有感情，想要达到这三个层次，学生就需要学习基本的朗读与阅读方法。例如：反复诵读《观沧海》（七年级上册第一单元《古代诗歌四首》）。小组合作，借助注释疏通文义，互相质疑解难（七年级上册第四单元《诚子书》）。细读《赤壁》《渔家傲》，想一想：这两首诗词分别表现了作者对自身才华、命运的哪些认识？查阅相关资料，看看自己的想法是否合理（八年级上册第六单元《诗词五首》）。

（6）探究。探究是在识记、理解和分析综合的基础上发展的能力层级，指的是对某些问题进行探讨。考查的类型主要有：从不同的角度和层面发掘作品的丰富意蕴，以及内含的民族心理和人文精神；探讨作品的创作背景和作者的创作意图；探究文本中的某些问题，提出自己的见解等。例如：从《穿井得一人》中，你获得了怎样的启示？生活中为获得真知真见，避免道听途说，应该怎么做？与同学讨论一下（七年级上册第六单元《寓言四则》）。梳理课外搜集的有关资料，以《千秋诸葛我评说》为题写一段文字，表达你对诸葛亮的看法。试发挥想象，扩充细节，将这首诗改写成一篇记叙文（九年级下册第六单元《出师表》）。

语文教科书练习系统的设置大多考虑到练习内容的层级分布，无论是语文知识的分布还是语文能力的培养，大都遵循由简到繁、循序渐进的原则。以三年级下册第一单元《荷花》为例，该课文的练习内容如下：

有感情地朗读课文，注意读好下面的词语。背诵第2～4自然段。
花瓣儿　花骨朵儿　莲蓬　衣裳
默读课文，说说你从哪些地方体会到了这一池荷花是"一大幅活的画"。
画出课文中你觉得优美生动的语句，和同学交流。

【小练笔】

第 2 自然段写出了荷花不同的样子，仿照着写一种你喜欢的植物。

以上四道练习题分别指向了学生的记忆、分析、鉴赏和创造层级，在思维层级上具有明显的层级性和序列性。一般而言，语文教科书的练习系统设计可以遵照以下层级：记忆积累—整体理解—语言揣摩运用—多元评价—创意探究。

需要注意的是，语文教科书练习系统的层级的厘定来自知识和认知过程两个纬度，在习题的表述中要注意使用具体的行为动词，提供具体的动作指向，指明学生在认知维度和知识维度所应该达到的具体水平，将学习过程与学习结果相结合，尽可能保证学习、教学、评估三者之间的一致性。语文教科书的练习系统常常采用描述性语言表述，诸如"了解""理解""把握""体会"等，这些描述性词语难以明确具体的操作过程，也难以体现练习内容的水平层级。例如，"朗读下列各组句子，体会加点词的语气"（九年级下册第三单元《唐雎不辱使命》）。怎样判断是否"体会"？如何判断"体会"到什么程度？有的题目缺少相应的行为动词，例如，"读到'春色满园关不住，一枝红杏出墙来'，你的脑海中出现了怎样的画面？"（六年级下册《游园不值》）这道习题表述缺乏相应的行为动词则使学生难以操作相关的认知过程。故而，语文教师在具体教学过程中，需要向学生指明语文教科书习题的内容所涉及的常用行为动词及其所对应的认知过程。

### 2. 随学段设置的练习内容的层次性

语文教科书练习系统的层次性还体现在不同学段教科书的练习内容的层次安排，册与册之间、单元与单元之间、课与课之间，课后练习的练习体系编排体现层次性。一个合理的教材序列安排，训练项目的前后顺序有着充分的依据。它不仅表现在项目与项目之间有着密切的联系，而且项目之间还有难易、深浅及梯度的层次变化。练习系统的内容选择应达到学生的"最近发展区"，满足学生学习需求，使学生能在完成练习时有所发展和提高，能享受到完成练习时的成就感和满足感。

小学阶段的练习系统体现为基础性。根据课程标准学段学习要求，识字与写字是第一学段的教学重点，这一阶段的练习设计要注意结合学生的生活经验，促使学生正确掌握汉语符号及其构成的基本规律，能对祖国语言文字产生喜爱之情。其内容应以字词句段篇为基本知识，以识字、构词、造句、组段、连篇为基本技能，关注阅读兴趣，通过朗读和想象对作品情境、节奏和韵味有大体的感受。例如，对于朗读的要求，第一、二、三学段体现不同层级的训练要求：低年段为学习用普通话正确、流利、有感情地朗读课文，中年段要求用普通话正确、流利、有感情地朗读课文，高年段要求熟练地用普通话正确、流利、有感情地朗读课文。练习设计的层次性再通过每一册书、每一个单元、每一篇课文的"思考与探究""积累与拓展"得以落实，朗读的要求在每个教学单元的课义练习设计当中层层深入、由易到难。例如，一年级上册第六单元的第一篇课文《影子》要求读准字音，第二篇课文《比尾巴》学习问句和答句，第四篇课文《雨点儿》要求读句子时注意读好停顿，并要求分角色朗读课文。后续的课文陆续设置相关朗读练习，诸如"读好下面的长句子""读好带有问号、感叹号句子的语气""读好角色之间的对话""分角色朗读课文"等。可见，"学习正确、流利、有感情地朗读课文"的目标是通过各册教科书的课后练习点分层级推进的。

初中阶段的练习系统体现衔接性。根据课程标准学习任务群的学段学习要求，这一阶段要教给学生语言积累和梳理的方法，提倡熟读成诵，引导学生发表对文本的看法，尝试表达自己的观点，侧重考查学生对重要段落和语句的理解，以及对作品的语言和形象的具体感受。据此，这一学段的练习设计应以文章的主题、材料、结构、表达方式和一般文体、应用文体、文学体裁为基本知识，以对文章的分析、归纳、选择、比较、积累等为基本技能。练习体系的层级可以由字词句向篇章发展，由记叙文向说明文、议论文及其他文学作品、应用文等样式推进，阅读方法由浏览、粗读向精读、细读、品读推进，写作由单一运用记叙、描写、说明、议论、抒情等表达方式向综合运用推进。

高中阶段的练习系统体现整合性。普通高中课标课程目标明确指出，高中阶段应当"在已经积累的语言材料间建立起有机的联系""将积累的语言材料和学习的语文知识结构化，将言语活动经验逐渐转化为具体的学习方法和策略，并能在语言实践中自觉地运用"，包括根据具体的语言情景和不同的对象，文明得体地进行表达与交流，"能将具体的语言文字作品置于特定的交际情境和历史文化语境中理解、分析和评价"，以及"能欣赏、鉴别、和评价不同时代、不同风格的作品""有理有据地表达自己的观点和阐述自己的发现"。因此，高中解读练习系统的内容应以文学、文言、文化、语法的常识为基本知识，以对语言作品的揣摩、欣赏、评价、整理、表现、创造等为基本技能，以专题性学习为主要方式。高中阶段的练习系统的设置要注意与第四学段的练习系统相互勾连，基于教学单元但是不止于教学单元，所设置的练习要与学生已有知识结构进行学习互动，做好高中与初中的衔接。例如，第四学段几乎每一册教科书都选取了鲁迅先生的文章或是与之有关的文学作品。七年级上册第三单元《从百草园到三味书屋》，名著导读为《朝花夕拾》；下册第三单元《阿长与〈山海经〉》，第一单元萧红《回忆鲁迅先生》。八年级上册第二单元《藤野先生》，下册第一单元《社戏》。九年级上册第四单元《故乡》，第五单元《中国人失掉自信力了吗》；下册第二单元《孔乙己》。在高中语文统编版必修教材上下两册书中，所涉及鲁迅的文章为《祝福》和《拿来主义》两篇文章。在高中阶段教学《祝福》，应该考量学生已经建构的关于鲁迅文章的认知，进一步探讨：鲁迅是一个怎样的人？他的作品为什么能被选入中小学语文教材？我们能向鲁迅学习什么？教师不妨设置阅读情境，如："有的同学觉得鲁迅就是一座雕像而已。有的同学认为，鲁迅思想偏激，对历史看法悲观，对社会总是持批判的态度，使人'义愤'。例如，《记念刘和珍君》里刘和珍不顾生命去请愿，难道不知道'生命诚可贵'吗？《阿Q正传》的阿Q会调节情绪，开导自己，不是当下社会所需要的高情商吗？《祝福》里的祥林嫂絮絮叨叨说阿毛被狼叼走的事，这是她的私事，有必要搞得全村人都知道吗？这不是自取其辱吗？你认可这些解读吗？在当下和平年代，我们还有必要阅读鲁迅作品吗？"以"我眼中的鲁迅"为学习主题设置相关学习活动，如鲁迅展馆设计、鲁迅的朋友圈、鲁迅旅游品牌价值分析、鲁迅与周作人散文比较等。

## （四）语用性

语文课程以培养学生学习语言文字的运用为核心任务，语文教科书练习系统务必凸显语文学科特点，那就是语用性。在语文教学中，"语言"主要包括语文知识、语义、语感和语用这四个层面的内容。语文知识是语用的前提和基础，是语文学习活动的背景；语义包括词义和句义，语用角度的"词义"并非字典、词典的解释，而是指特定语境中运用语言而生成的意义；语感就是对语言的直接的反应能力，这是语文知识的缄默性知识，是学生语用的关键能力。语文教学不仅要引导学生体会、领悟获取文本语言负载的情感意蕴、主旨等信息，更要能进一步透过文本的结构、表达方式等脉络把握作者遣词造句、谋篇布局的方式方法及其在表情达意上的独特作用与效果。然而，当下语文教科书练习系统大多存在忽略语用的现象。不少练习设计主要集中在以下路径：在整体感知的基础上借用语法修辞知识解读文学作品中的语言；借用文章学的知识掌握文学作品的内容，体现"是什么"的层次；借用社会学、政治学的知识解读文学作品的价值，体现"文以载道"的特质。对于鉴赏语言表达的习题，学生的习惯性思维就是寻找句段使用了哪些修辞手法，而后就陈述这一修辞手法的好处。

在语文教学中，要在积累语文知识这一背景知识的基础上，借助语篇的学习，通过在语境中解读词汇、理解语义，引导学生梳理语言现象，积累语文知识，探究语言文字运用规律，以此增强语言文字运用的敏感性，培养学生语用的能力。教科书练习编写的内在本质就是借助有计划的方法指导和操作示范，使学生能增强对语言规律的认识，掌握规范语言运用的技巧和要领，不论是积累、梳理还是探究，都注重形成学生的语感，不过分追求语文知识的全面与系统。通过练习系统设置加强语用知识的迁移训练，教师也要自觉强化练习系统的语用训练的迁移性，在问题的设置中渗透有效的语用知识或读写策略。

1. 加强程序性知识、策略性知识的练习设计

前面章节阐述的语文教科书知识包括陈述性知识、程序性知识、策略性知识等，语文教科书程序性知识设计的空间主要来自课后的探究练习，这类练习的设置要启发学生思考"如何"去做，也就涉及程序性知识的理解与运用。例如，怎样品味词语，如何辨识句式，如何概括段意，怎样把握文章大意，如何搜集和处理信息，怎样欣赏文学作品，等等。学生语言文字运用能力的建构需要练习系统对程序性知识的渗透与传递。然而，语文课本里的练习经常以陈述性知识替代程序性知识的说明。用叙述性的文字来说明的技能，仍然无法让学生真正习得该项技能。课后的许多练习也强调个人体验，但是对于生活经历简单、课外活动也不丰富的学生来说，面对一些谈个人感受的问题也常常会"被体验"。例如："试用你的经历或见闻印证'花和人都会遇到各种各样的不幸，但是生命的长河是无止境的'这句话。"这类题在课堂讨论中往往会遭遇冷场或雷同的现象，学生有记忆的经历只有短短几年或十几年，多数都是在学校度过的，单纯而又单调，缺乏场景的练习活动，也难有情感的投入，很难评估这种体验活动的价值。

目前语文的教科书中最为缺少的是策略性知识。这类知识往往存在于

学习过程中，学习者要通过不断地对自己提出问题，回答问题，并不断监控自己的认知过程，才能逐步获得。但对学生而言，他们还无法有意识地监控自己的学习过程，这就需要教科书编写者有意识地在一些实践性活动或课后练习的设置中，增加对学生学习过程的指导和提示，鼓励和引导学生一步步监控自己思考问题和解答问题的过程。此外，还可以留给学生一定的提问空间，让学生自己提出 2～3 个问题，与同学讨论。

　　练习系统的设计应当考虑策略引导，诸如：练习内容是否有助于学生学会从课文中获取并处理重要信息？学生学完了某篇课文，他们是否掌握相应的语用知识或阅读策略，可以帮助阅读并理解下一篇或同一类的文章？练习内容能否促进学生掌握各种学习技巧？学生是否知晓如何完成练习？学生能否有效地利用相关知识或策略？学生是否具备完成练习所必需的背景知识？此外，还需注意的一点是，这些策略性知识应该是学习者在学习过程中真正可以使用的策略。诸如：句子是否通顺，怎样表述才合理，如果发现不合理，则自我修正；与其他的故事发生联系；在阅读前先看一看题目、标题、插图等；在某个段落停下来想一想、做预测；等等。在练习系统编写的体例方面，不妨采用"先例，后说，再练"的编写方式，在练习系统中增加程序性知识的学习范本，将课文的内容、特点与语用知识、读写能力的培养联结起来。

　　【案例】寓言故事写作作业设计①

　　写作之前

　　1. 阅读下列托尔斯泰的作品。在这些作品中，有一些是托尔斯泰改写的寓言。你能够区分出这些作品中哪些是故事，哪些是寓言吗？你的根据是什么？作品包括《父亲和儿子们》《皇帝和衬衫》《渔夫和小鱼》《狼和老太婆》《狮子和小老鼠》（略）。

　　2. 将托尔斯泰改写的伊索寓言与克雷洛夫寓言进行比较。作品包括《狐狸和葡萄》（托尔斯泰）、《狐狸和葡萄》（克雷洛夫）（略）。

　　（1）你发现了哪些区别？究竟是什么东西使克雷洛夫寓言具有表现力和生动性？其表现手法在哪些方面与大众语言相近？

　　（2）克雷洛夫从伊索寓言中也借鉴了一些事例。为什么克雷洛夫寓言读起来不像是翻译作品，而像是独立创作的作品？

---

　　① 韩艳梅：《语文教科书编制研究》，华东师范大学博士学位论文，2004 年，第 168 页。

尝试写作

1. 你可能已经发现，无论是在托尔斯泰的作品中，还是在克雷洛夫寓言中，都没有直接表现出来的寓意，但在伊索寓言中却有直接表现出来的寓意。

（1）请你尝试对托尔斯泰改写的作品以散文形式写出寓意，对克雷洛夫寓言则以诗歌形式写出寓意。要使用相关的谚语来表示寓意。

（2）把你写的寓意与伊索寓言中的寓意进行比较——后者你可以在《伊索寓言》和《古代寓言》中找到。你所写的寓意与伊索寓言的寓意有没有违背之处？

2. 尝试写以诗歌形式或以散文形式表现出来的带有寓意的寓言。可以采用这样一些题目：《如果同志之间不团结的话，那他们的事业就不会成功》《布谷鸟赞美雄鸡，是因为雄鸡也赞美布谷鸟》等等。

3. 当你写好寓言时，请你多读几遍并思考一下问题：在你所写的寓言中有没有事件的发展？有没有比喻？在对话中有没有表现主人公的企图和性格？有没有寓意？这一寓意与所写寓言的内容是否吻合？请继续完善你的写作。

这一份作业设计较好地体现了对学生写作过程当中所需要的写作策略的指引，例如："你所写的寓意与《伊索寓言》的寓意有没有违背之处？""在你所写的寓言中有没有事件的发展这一内容？有没有比喻？在对话中有没有表现主人公的企图和性格？有没有寓意？这一寓意与所写寓言的内容是否吻合？"这一系列问询促使学生思考自己的写作是否符合寓言的特征，促进学生不断反省监控自己写作中出现的问题，并不断加以调整，相关程序性知识直接帮助学生形成与提升相应的语言文字运用能力。

2. 注重学习情境的创设

建构主义认为，学习者的知识是在一定情境下，借助他人的帮助，如人与人之间的协作、交流、利用必要的信息等，通过意义的建构而获得的。显然，学习情境对于学习者来说相当重要。这给我们带来的启示是，语文教科书的听、说、读、写等任务的设计，应该具有一定的情境性，也就是说要把学习任务放置在一种真实而复杂的问题情境之中来展开。并且，言语学习活动与语境有着相互交织的关系，语境是言语能力生成的基础，言语学习活动既受制于语境，又是促进语境动态发展的重要因素。语境分为情境语境与文化语境。情景语境与文化语境是同一事物的两个不同的侧面：情境语境是指人们运用语言时周围正在进行的事件与行动，文化语境是指说话者所处的文化环境。情境语境总是围绕说话者的事件与行动展开，是易观察到的实例，而文化语境则是孕育这些实例的潜在背景，于是情境语境蕴涵文化语境，且呈现实例化、具体化、外显化等特征。正因为如此，在言语学习活动中，我们需要重视情境语境。《义务教育语文课程标准（2022 年版）》关于"教材编写建议"的部分提出："教材编写体例和呈现方式，要围绕学生生活实际和认知需求创设学习情境，以问题探究为导向，有机组合选文及辅助性学习资源，循序渐进地设计支架式的学习任务和活动，体现过程性评价，以促进学生自主、合作、探究学习。"[①]因此，语文教科书练习系统的编写，应当以陈述性知识为基础、以程序性知识为指导，设计或提供切实生动的以某个主题或专题为中心的言语活动情景，并在这种言语实践活动过程中实现语言的、教育的多种功能和心理的整合效应。

建构主义学习理论表明，在有意义的情境中获得的知识，比较容易整合到已有认知结构中，以及迁移到其他知识的学习中。语文教科书的编写提供真实情境的学习活动，通过情境设计赋予学生相关的角色意识。当学生参与其中，将自身融入整个学习活动中的每一个环节，便成为一种最佳的语文学习状态。遗憾的是，以往语文教科书的练习系统很少设计真实的学习情境，以致不少学生狭隘地认为语文练习等同于为了应考的做题训练。当然，语文教科书只是教学的凭借，语文教师不必"等""靠""要"。语文教师更应基于教科书主动设置练习情境，毕竟，只有依据学生的实际学情和发展需求，才能更加有效地创设学习情境。

练习情境的创设主要有现实的言语实践语境、可能真实的生活语境、营造的虚拟语境。现实的言语实践语境是现实的真实，是基于真人、真事、真场合的实际问题的需要而创设的学习情境；可能真实的生活语境是基于他人的事实而产生换位体验（很有可能是自己今后遇到的生活真实）；营造的虚拟语境是虚拟的真实，基于虚拟的情境而产生切实的体验。情境设置为学生展示了真实的语境，揭示了语文与生活的天然联系。即便是在虚拟的情境中，学生也在真实地扮演着各种不同的社会角色，理解和体验着各种不同角色的思想和情感。创设情境或营造语境要选择贴近

---

① 中华人民共和国教育部制定：《义务教育语文课程标准（2022 年版）》，北京师范大学出版社 2022 年版，第 53 页。

学生生活的，学生关注的、感兴趣的，能够引起共鸣的话题。

这种活动情境的创设主要基于教科书所确定相关的能力训练体系，教师要明确教学单元与相应的学习任务群的关联，在拟定的学习主题之下选择能匹配能力结构的学习材料（能体现单元学习目标所要求的文化价值、教学价值），接下来考虑如何将学习材料组织在一定的话题中，再根据话题创设一定的交际活动情境，将需要学生掌握的知识结构和能力要素都容纳在这个情境框架之中。比较常见的练习情境是基于教学单元改编单元学习任务，将学习任务设置在一个可能真实的情境或营造的虚拟情境中。例如，统编高中语文教材必修上册第二单元的学习任务要求学生掌握剖析通讯的报道角度、明白事实和观点间的内在关联、找出代表性事件、抓住事件中的人物精神；学会从新闻评论的内容中提炼观点，掌握表达观点的方法；准确把握报道者所处立场的同时辩证地看待问题，提高媒介素养。这一单元由三篇通讯报道、一篇新闻评论和两首古诗组合而成。教师可以设置五一劳动节期间的"最美工匠人"的展览活动情境，将单元学习任务二中的以表格的形式梳理三篇人物通讯的具体事件、人物精神和作者立场改编成情境任务：依据对"工匠精神"的理解，概括本单元三篇报道中的人物事迹并分析人物的精神特点，选出"最美工匠人"并填写候选人推荐表；再将单元学习任务二中的第二、三个小任务整合为一个虚拟语境活动：假如你自己是一名自媒体人员，你打算怎么在公众号发送"最美工匠人"的相关推文？第一个情境活动设置主要是促进学生在单元学习中提炼有效信息，理解单元主题中工匠精神的丰富内涵；第二个情境任务主要引导学生掌握新闻评论的文体结构和拟题规则。

也可以基于学习任务群先确定学习主题，而后在情境中安排学习活动。《义务教育语文课程标准（2022年版）》在"内容组织与呈现方式"分别指出三个"发展型学习任务群"情境设置要点："实用性阅读与交流"任务群应紧扣"实用性"特点，结合日常生活的真实情境设计学习任务；"文学阅读与创意表达"任务群可以根据学段学习要求，围绕多样的学习主题创设阅读情境。例如，第一学段"春夏秋冬""多彩世界""童心天真""英雄的童年"。"思辨性阅读与表达"任务群应根据学生思维发展的特点，在不同学段创设适宜的学习主题和学习情境。例如，第一学段"生活真奇妙""我的小问号"。

【案例】《红楼梦》整本书阅读创意题（深圳市第二高级中学何泗忠设计）①

阅读过《红楼梦》的人会发现，《红楼梦》中的贵族们喜欢吃野味，什么獐子、狍子、熊掌、野鸡、鹿肉等野生动物，是他们举行家宴的常用食材，有一年中秋还整了一道硬菜——风腌果子狸。有人认为，贾府的主子们喜欢生病可能和吃野生动物有关。据说，"非典"就是和"果子狸"有关，当前肆虐的新型冠状病毒也是人类逞口腹之欲的恶果，蝙蝠、果子狸、旱獭等野生动物已被认定携带多种病毒。2月24日，十三届全国人大常委会第十六次会议已表决通过关于全面禁止非法野生动物交易、革除滥食野生动物陋习的决定。

《红楼梦》有将近三分之一的篇幅描述众多人物丰富多彩的饮食文化。其中有关饮食活动的内容散见于各章各回，林林总总，至繁至细，如小说第38回"林潇湘魁夺菊花诗　薛蘅芜讽和螃蟹咏"、第49回"琉璃世界白雪红梅　脂粉香娃割腥啖膻"、第53回"宁国府除夕祭宗祠　荣国府元宵开夜宴"就有对贾府饮食文化的详细描写，以上这些重要的家宴，贾宝玉都积极参加。请同学们认真研读《红楼梦》，完成下列作业：

1. 假如贾宝玉参加某次家宴，吃了野味，患上了新型冠状病毒，传染了五个人，最有可能被传染的五个人会是谁？请按传染的先后顺序列出这五个人，并说明理由。

2. 为了阻击这场疫情，贾府成立了应对新型冠状病毒五人领导小组，组长会是谁？成员有哪些？采取了什么应对措施？（《红楼梦》中有多处应对传染病措施的描写，同学们写的措施要以《红楼梦》中的这些描写为依据）

上述案例的练习设计是基于统编高中语文教材必修下册第七单元整本书阅读（《红楼梦》）的学习任务。第一题是促使学生把握《红楼梦》中的人物关系，第二题对应的是"单元学习"任务二和任务三：体会人物性格的多样性和复杂性。该练习设计注意联系学生可能的生活真实创设练习情境，引导学生自主地选择或判断，从而建立关于《红楼梦》人物关系的认知图式。

---

① 杨燕清：《高中语文必修教材人教版"研讨与练习"与统编版"单元学习任务"对比研究》，华中师范大学硕士学位论文，2021年，第24页。

# 下编

## 语文教材的应用

# 第五章　语文教材的开发与处理

　　世界上没有一本完全合适的教材，教材的优劣都是相对的。教材仅仅是编写者对语文课程理解的一种体现，是编写者关于执行语文课程标准导向要求的探索。客观来说，课程标准的内容也是制定者对课程理解的解读。课程标准的制定和教材的编写只是尽可能地体现课程特点和内涵，其文字也未必能完全表达编写者的认识、理解。从某种意义上说，课程标准和依照课程标准编写的教材很难实现等同于课程，一般情况是处于接近课程的状态。这其中的空白地带既依赖教师进行填补，也是教师发挥主观能动性的可能空间。语文教师应当树立并强化课程建设意识，不仅要意识到自己是课程资源的一部分，更要主动发挥个人作为课程开发者的作用。

　　对于语文教师而言，课程开发与建设是从语文教科书的使用开始的。每一位教师都面临着对教材的二次加工：选择、取舍、整合等。可以说，语文教科书的功效取决于教师的使用。怎样有效利用教材？怎样以教材为基础，基于学情选择、加工、取舍、整合，培养学生运用语言的能力呢？基于教科书的教学单元，基于课程标准的学习任务群，基于教学单元的语篇的语用特性，是语文教师开发、使用教材的三个通途。

## 第一节　基于教学单元的教材处理

　　教学单元是语文教科书编写的主要形式。何谓单元？《辞海》认为，"单元"指的是"教材、楼房等自成段落、系统，自为一组的单位"。而教学单元则是"教材的基本单位。即一门学科中性质相同、相近或有内在联系的教材组成的一个相对完整部分。一个单元一般安排在一段时间内连续进行教学。不同教学单元之间既相对独立又相互联系"。① 由此可见，"单元"指的是教科书教学内容的一个组织单位。学校内相关科目的教材通常由性质相同或有内在联系的若干单元组成一个整体，其内容具有整体性、系统性和阶段性，其实施具有一定的单位时间的量化规定。

语文教科书单元的整体性主要体现在相关标准下的内容整合。大多数语文教科书的单元选文没有内在的必然联系，或者以选文主题，或者以单元教学要求，或者以选文文体等标准进行整合。所以，语文教科书的教学单元是不具备严谨的科学意义的整体，其选文之间并没有形成相互依存的有机统一体，每一篇选文都有较强的独立性。单元选文没有教学必然性和顺序性，完全可以根据某些教学需要更换或调整单元选文的组合。

语文教科书单元的系统性主要源自语文课程内容的综合性。一方面，教学单元的综合性体现在选文所包含的语文知识中，这些语文知识并非选文本身固有的，而是编写者根据单元教学要求整理或附加的。语文学科的知识结构呈蛛网状分布，没有特别明确的主干，也没有清晰的逻辑关联，每篇课文都是语文知识的综合体，语文知识散漫地分布在选文当中。另一方面，教学单元的综合性来自单元编排的各内容板块的集合。我国语文教科书基本上采用综合性教材编写体例，每个教学单元基本上都包含阅读教学、写作教学、口语交际教学等内容。

语文教科书单元的阶段性比较特殊。由于教科书关于语文知识的编排没有明确的线索连缀贯穿，其教学内容并非线性的渐进，不同于数理化学科的知识点具有渐进、叠加的特征，语文教学单元是依照课程标准的学段目标进行编排的，各学段相互联系，螺旋式上升，最终全面达成总目标。基于语文教科书教学单元的特殊性，教学单元的处理要求语文教师基于课程视域考量。语文教师将在一定的教学情境下，考虑课程标准导向、教科书编排、学生学情等因素的影响，将个人教学解读的体验或认识转化为实际教学中的教学内容。这就是说，基于教学单元的教材处理是以课程与教学的视角来考察，以语文教学内容的开发和重构为旨归的教学解读实践。课程标准对各学段的语文课程目标和教学要求均有相关规定，作为教材需要承载和体现这样的目标和内容。同时，教材又需要将相关的目标和内容分解到各单元和具体课文当中。每一个教学单元既是一个相对独立的组织

---

① 见《辞海》官网（https://www.cihai.com.cn/search/words? q=%E6%95%99%E5%AD%A6%E5%8D%95%E5%85%83）。

单位，又与整册教材中的其他单元之间有一定的联系。所以，课程标准的学段目标和教学单元要求自然成了确定教学内容的主要依据之一。教学单元作为一个相对独立的整体，其整体性主要表现在同一教学单元内文章之间存在一种互文性，单元内教学目标、教学内容与教学活动应当形成一个有机的、系统的教学框架。

首先，教师要熟悉课程标准的课程目标、学段要求及实施建议，清楚所对应的教材在整个课程教学体系中的地位，将课程标准导向、学段要求、单元要求融会贯通；其次，考虑教学单元的相对独立性和互文性，注意前后课文的关联，细化教学单元要求，将学习内容按知识点做细致的划分，并确定其对应的教学目标水平，确保教学目标的螺旋式上升；最后，综合考虑作者意图、编写者意图、学生学情等，并对照学段和学习任务群的要求拟定每一篇课文、每一堂课的教学解读目标，形成这篇课文教学解读的整体认识。

## 一、联结课程标准导向

文本一旦进入教学系统，文本解读就属于语文课程系统的解读活动，属于教学解读，与文学评论层面的解读活动有很大差异。教学解读的困扰在于，教学解读是基于教科书的，但是教科书文本的内容并非"教学内容"，而且文本内容还会影响教师对教学内容的选择。一方面，教学内容是编写者附加在选文之上，相当于"寄居"选文，语文知识散漫地分布在选文当中，伴随一定的语境性，这会导致语文教师难以判断课文所承担的最主要的教学任务。另一方面，语文知识体系处于动态性的发展过程中，并不是一成不变的，这也给语文教师带来挑战。既然教学内容是基于单元教学意图的特定编排，那么教学解读就要树立联结语文课程标准的意识，整体把握教材的教学要求。语文教师既要考虑其在整个学段、整册课本、整个单元中所担负的教学任务，考虑语文课程标准相应学段的教学要求及其导向，还要判断学习者是否具备与单元学习任务相匹配的知识结构、能力基础和兴趣爱好等。

教科书是课堂教学的重要教学资源。教师有必要对教科书的内容、组织方式进行相应的优化和调整，以适应当前学生的学习。其优化和整合的基准就是课程，具体的依据就是课程标准，目的就是更好地达成课程标准的学习目标。可见，教师进行文本解读的基点就是课程标准。课程标准是教学的指导性文件，是教师进行教学的基本依据。课程标准表述了对学生的基本期望，其落实是由课时教学目标逐步达成的。课时教学目标决定着教学主题、内容和活动。为了更好地实现课程标准的要求，教师要将课程标准进行细化，依据实际教学情况将其转化为相应的课时教学目标。从课程标准到课时教学目标是一个分步转换的过程：课程标准学段目标—年级目标—学期目标—单元目标—课文目标。

由于教学文本受到语文课程诸多因素的影响，教学解读必然要关注并把握语文课程，其解读前提就是要对即将开始学习的文本内容所蕴含的关系进行解析，即剖析文本在学科体系中的地位，剖析教科书文本和课程标准的关系。因此，教师教学解读应该以研读课程标准为前提，以语文学科课程标准为依据。在设计单元教学时，教师必须参考语文课程标准中各学段各部分的目标和内容。

然而，在现实教学中，了解并使用课程标准的教师并不多，主动以课程标准的导向指引单元教学的教师则少之又少。究其原因，主要是语文教师缺乏课程意识，漠视语文教科书编排的课程要求。课程标准在语文教学中可有可无，这样的认识导致教师进行文本解读时进入"无政府状态"。此外，语文课程标准的课程导向比较宏观，欠缺具体操作指引，这也为语文教师把握语文课程标准增加了障碍。语文教师往往凭借个人经验判断并择取一定的文本内容，所以，出现了种种"教师的语文"，而非"课程的语文"。

为了更好地实现课程标准的要求，教师要将课程标准进行细化，依据实际教学情况将其转化为相应的课时教学目标。一方面，教师要明确文本所在学段的相关课程目标和教学建议的导向；另一方面，针对教学单元的教学要求，分析教科书文本所要承担的主要教学任务，以此确定教学的核心内容。

具体而言，教师依据课程标准解析文本包含以下步骤：①明确与教学内容相关的课程目标导向；②明确内容标准中的知识（学生需要知道的文本内容）和能力（学生需要形成或迁移的相应能力）；③链接教学单元要求，分析教科书文本的主要知识技能，把握教学的核心内容。

《义务教育语文课程标准（2022年版）》就"识字与写字""阅读与鉴赏""表达与交流""梳理与探究"四部分各自提出了不同学段的语文能力的目标与要求，这为语文单元教学设计提供了学生学习运用国家通用语言文字标准方面的范畴和依据。同一学段内、同一个单元的单元主题的确定和教学目标的拟定应以语文课程标准的基本要求为参照。以《紫藤萝瀑布》为例，此文出现于第四学段，依据课程标准第四学段的基本要求，我们可以整理并明确散文的基本教学导向如下：

（1）能用普通话正确、流利、有感情地朗读。

（2）养成默读习惯，有一定的速度，能较熟练地运用略读和浏览的方法，扩大阅读范围。

（3）在通读课文的基础上，理清思路，理解、分析主要内容，体味和推敲重要词句在语言环境中的意义和作用。

（4）对课文的内容和表达有自己的心得，能提出自己的看法，并能运用合作的方式，共同探讨、分析、解决疑难问题。

（5）了解散文。

（6）欣赏文学作品时有自己的情感体验，初步领悟作品的内涵，从中获得对自然、社会、人生的有益启示。对作品中感人的情境和形象，能说出自己的体验；品味作品中富于表现力的语言。

在明确课程目标导向的基础上，教师要联结教学单元，将文本置于教学单元这一整体，根据课文所在的学段、单元、篇序，明确该篇课文在此单元教学解读的主要要求。

《紫藤萝瀑布》是统编语文教材七年级下册第五单元第一课。这一单元的课文包括《一棵小桃树》《外国诗两首》《古代诗歌五首》。这个单元的课文或借景抒情，或托物言志，字里行间闪烁着哲理的光彩，能够带给学生许多启迪。这里的每一篇文章都堪称经典，可教之处甚多，但实际教学中总要有所取舍。该单元的阅读教学要求"学习托物言志的手法：体会如何运用生动形象的语言写景状物，寄寓自己的情思，抒发对社会人生的感悟。建议运用比较的方法阅读，分析作品之间的相同或不同之处，以拓展视野，加深理解"。这段话基本确定了该单元教学解读的重点在于：①引导学生注意观察生活，从平常的事物中发现生命的意义，思考寻常事件或事物带来的启示；②学习托物言志的手法；③有意识地运用比较的方法阅读、分析作品。《紫藤萝瀑布》是该单元的第一课，在教学中要注意做出解读的引导、示范，解读重点内容在于引导学生注意作者如何观察、如何从平常的事物中发现生命的意义、如何使用托物言志这一手法。

《普通高中语文课程标准（2017年版2020年修订）》重要的主题词为"语文学科核心素养"和"学习任务群"。这是语文教师在处理高中语文教学单元的时候应重视的课程导向。课程标准指出："语文学科核心素养是学生在积极的语言实践活动中积累与构建起来，并在真实的语言运用情境中表现出来的语言能力及其品质；是学生在语文学习中获得的语言知识与语言能力，思维方法与思维品质，情感、态度与价值观的综合体现。"① 语文核心素养体现为四个方面，即语言建构与运用、思维发展与提升、审美鉴赏与创造、文化传承与理解。这四个方面的具体内容是相互关联的。语文课程内容围绕语文核心素养设计了学习任务群。"'语文学习任务群'以任务为导向，以学习项目为载体，整合学习情境、学习内容、学习方法和学习资源，引导学生在运用语言的过程中提升语文素养。"② 课程标准设置了"整本书阅读与研讨""当代文化参与""跨媒介阅读与交流"等18个学习任务群。这些学习任务群分布在高中三年的必修、选择性必修、选修三类课程当中。就现行统编高中语文教科书来看，语文学习任务群基于教学单元而设置，围绕一定人文主题设计若干学习项目，旨在提供多种多样的学习任务，以此促使学生通过自主、合作、探究性学习等学习方式，完成阅读与鉴赏、表达与交流、梳理与探究等活动。有的学习任务群直接独立成为教学单元，有的学习任务群以同一个主题整合不同的任务群，有的学习任务群则贯穿整个高中学习阶段。

如何落实学习任务群？研读课程标准可以发现，《普通高中语文课程标准（2017年版2020年修订）》强调任务群的"整合"。例如："通过梳理和整合，将积累的语言材料和学习的语文知识结构化，将言语活动经验逐渐转化为具体的学习方法和策略。"③"加强课程实施的整合，通过主题阅读、比较阅读、专题学习、项目学习等方式，实现知识与能力，过程与方法，情感、态度与价值观的整合，整体提升学生的语文素养。"④"体现课程整合的理念，根据学习任务群的特点和学习任务群的组合等整体设计学习活动。"⑤ 这样的整合意识不只是高中学习任务群的需要，而且是整个中小学语文教学都应当具备的教学意识。现有的阅读教学解读不少是按

---

① 中华人民共和国教育部制定：《普通高中语文课程标准（2017年版2020年修订）》，人民教育出版社2020年版，第4页。

② 中华人民共和国教育部制定：《普通高中语文课程标准（2017年版2020年修订）》，人民教育出版社2020年版，第8页。

③ 中华人民共和国教育部制定：《普通高中语文课程标准（2017年版2020年修订）》，人民教育出版社2020年版，第6页。

④ 中华人民共和国教育部制定：《普通高中语文课程标准（2017年版2020年修订）》，人民教育出版社2020年版，第42页。

⑤ 中华人民共和国教育部制定：《普通高中语文课程标准（2017年版2020年修订）》，人民教育出版社2020年版，第50页。

照介绍作者、概述时代背景、分段分层、讲解主题思想、分析写作特色等文章分析套路进行的，最后课堂小结得出几条"正确"套话的结论。学生没有成为课堂学习的主体，没有机会自主学习，缺乏感悟理解，缺乏真切体会，只有被动地听讲、识记与练习。基于语文学习任务群进行教学设计可以尝试改变这样的教学模式。

## 二、关注学段衔接处理

中小学语文教学是一个统一的整体，语文教学不应是毫无联系的一篇篇课文的拼凑，也不是各学段的简单相加。各学段语文教学不可能孤立自闭、各自为政。语文教师要有整体意识，从宏观上把握中小学语文教材的内在逻辑联系，要做到了解和熟悉各阶段的课程目标及要求，将各单元的语文要素训练点连接起来，组成教材的教学体系，使之成为整个语文教学的有机组成部分。就某一项具体的教学内容而言，一节节课的安排、一个个教学点的设计，不能孤立而随意，而是要发挥各种教学活动的整体合力。因此，教学解读具有纵向的连续性，需要建构语文教学内容的合理序列。

### （一）关注课程标准学段要求的螺旋式上升

课程标准的课程目标是整体设计、统筹安排，体现层次性与进阶性。义务教育语文课程标准的课程目标在总目标下，按四个学段从"识字与写字""阅读与鉴赏""表达与交流""梳理与探究"这四个方面分别提出要求，各个学段要求相互联系，螺旋式上升，最终全面达成总目标。普通高中语文课程标准则加强必修、选择性必修、选修三类课程之间的衔接与统整，强调不同课程专属学习任务群的衔接。

例如，课程标准在每个学段都强调朗读和默读，各学段目标都有"有感情地朗读"：第一学段的要求是"学习用普通话正确、流利、有感情地朗读课文"，第二学段要求"用普通话正确、流利、有感情地朗读课文"，第三学段则要求"熟练地用普通话正确、流利、有感情地朗读课文"。仔细推敲每个学段的朗读要求在表述上的用词，可以发现，课程标准对第一、二、三学段的朗读教学要求的细微差别，其具体要求分别是"学习用""用""熟练地用"普通话正确、流利、有感情地朗读课文。

对于第一学段，低年级学生处于认读能力的起始阶段。学生由认读单个汉字开始，而后认读词语、句子，一行一行地指读课文，最后才能熟练地扫读课文。因此，其朗读教学要求是"学习用"，重点应该是"正确"和"流利"，基本要求是：一年级发音正确、声音响亮，按句逗停顿，不唱读；二年级注意长句中和段落间的停顿，能够读准陈述句、疑问句、祈使句、感叹句的语调。这一学段的朗读教学，教师要充分鼓励学生开口读、大胆读，"学习"怎样朗读课文。

对于第二学段，其朗读要求处于第一学段的"学习用"和第三学段的"熟练地用"之间。相较于第一学段，在正确、流利地朗读方面增加了主动性，但是尚未达到第三学段的"熟练地用"的目标。这一学段的朗读教学整体要以"扶"为主，在巩固正确、流利地朗读的基础上，还需要教师比较具体地指导，引导学生读出不同语气，读出自己的感情，懂得用朗读来表现对课文内容的理解和感悟，并且要强化学生有意识地运用一定的朗读技巧进行朗读。

第三学段的朗读教学要求是"熟练地用"，体现为学生掌握并能够比较熟练地运用朗读的技能技巧，读出自己对文章所蕴含感情的理解，读出自己对文字的独特感受。对于教师而言，这一阶段的朗读教学是由"扶"到"放"，除了进一步强化学生朗读技巧的运用，还要努力促使学生由此形成一定的语文能力。

第四学段关于朗读方面的要求依然是"能用普通话正确、流利、有感情地朗读课文"，但是在诵读不同文体方面提出不同要求。一方面，教师要做好小学与初中之间的衔接，另一方面要注意把握学段目标的螺旋式上升。第三学段要求"注意通过语调、韵律节奏等体味作品的内容和情感"，第四学段要求"注重积累、感悟和运用，提高自己的欣赏品位"。这些学段要求也通过教学单元或课文"阅读提示"呈现。例如，统编语文教材七年级上册第一单元直接提出朗读要求："学习本单元，要重视朗读课文，想象文中描绘的情景，领略景物之美；把握好重音和停连，感受汉语声韵之美。"第二单元教学要求："学习本单元，要继续重视朗读。把握文章的感情基调，注意语气、节奏的变化。"

从上述单元导语可以看出编写者有意识地将七年级初始单元作为小学阶段衔接单元，七年级第一单元朗读教学重视朗读技巧的"重音"与"停连"。第二单元重视朗读技巧"语气""节奏"。单元围绕这四大朗读技能开展朗读活动，要求学生在朗读活动中熟练掌握朗读技能，提升朗读能力。第三单元的朗读要求又进一步借助课文阅读提示或"思考探究"强化。例如，统编语文教材八年级上册《唐诗五首》阅读提示提出"熟悉有关唐诗的常识""感受律诗的格律之美，领略五首诗作不同的风格"就是学段目标的直接体现，其中《钱塘湖春行》更是直接在"积累拓展"提出通过品读诗句分辨"初春、仲春、暮春的景物各有不同"。

由以上朗读方面的教学要求的学段安排，我们可以看到，《义务教育语文课程标准（2022年版）》在四个学段的教学要求并非线性递进，而是螺旋式上升，每个学段各有侧重点，体现了朗读的阶段性和连续性。教师只有把握课程标准学段要求的教学导向，才可以在教学中有梯度、有针对性地指导学生的朗读，达到循序渐进地培养学生的朗读能力的目的。

## （二）关注同一作者的文章在不同学段的教学解读的衔接处理

通过对现行统编语文教材进行统计，小学、中学阶段出现同一作者的不同选文是很常见的。同一位作者的文章出现在不同学段的语文教材中，必然导致不同的教学解读处理的要求。

一方面，作者创作时期的不同带来文本解读的不同处理。教学解读既要关注作者创作的共同特点，又要注意选文因作者生平及创作时期的不同而带来的独到之处。例如，杜甫的《望岳》和《登高》就因为作者创作背景的不同带来诗歌主题的不同。《望岳》是杜甫于盛唐时期写的一首诗，这首诗气势雄浑，所描绘的景物宏大壮观，充分展现青年时期的杜甫对于未来的憧憬。杜甫虽然科举不中，却还是对生活充满信心的。《登高》是诗人在晚唐时期颠沛流离途中写的诗作，主要抒写晚年时期对于命运多舛的咏叹。杜甫的诗歌成就非常高，但是他的一生十分坎坷，仕途不顺。晚唐时期的安史之乱和好友的离去使得杜甫十分伤感，这份悲伤在《登高》一诗当中得以充分体现。在《登高》的教学解读中，教师不妨选取《春夜喜雨》和《望岳》作为《登高》的互文阅读。这三首诗歌创作的时间不同、创作的风格不同，各自抒发杜甫在不同年龄阶段、不同境遇下的情感变化，这样可以有效增加诗歌欣赏的角度，促使学生对杜甫的诗歌创作历程和他的人生体验有更深刻的了解。

另一方面，文章所处教材地位的不同也带来文本解读的特殊处理。教学解读要做到瞻前顾后，使教学解读呈螺旋式上升的特点，而不能原地踏步。

其一，老老实实回到文本所在教学单元，分析其教学地位，以单元教学要求为依据确定教学解读的侧重点。例如，老舍的《济南的冬天》这一篇文章体现了老舍"谈话体"的语言个性，教学解读要侧重于引导学生体验作者因喜爱济南冬天所选择的"温情"的表达方式的独到之处：因为喜爱济南，济南的山水景物皆带有作者喜爱甚至偏爱的主观情感，所以作者多用拟人手法来描写济南冬天。而小学阶段所选入的文章《草原》《猫》等篇更多是编写者以此作为以读带写的范文，教学解读要侧重于理解文章结构内容的安排和对文章优美句式的模仿。

其二，教学解读要凸显"这一篇"文章体现作者"这一人"的艺术个性所在，构建关于作者行文的立体认知。以朱自清散文为例。目前，朱自清的散文分别选入小学阶段（《匆匆》）、初中阶段（《春》《背影》）、高中阶段（《荷塘月色》）。不少语文教师对于不同学段的散文的教学处理却是"山里山外大一统"，均是先简单介绍作者生平："朱自清（1898—1948），原名自华，号秋实，后改名自清，字佩弦。原籍浙江绍兴，出生于江苏省东海县。现代杰出的散文家、诗人、学者、民主战士。"接着，引导学生品读文章，"证明"朱自清散文语言文字质朴、深情等特点。而后就是理解散文文体"最大的特点"——"形散神聚"，最后概述文章的主题。这样的教学解读千篇一律，极容易造成解读的含糊、低效，以致大多数学生学习了文章之后，不知道如何解读朱自清的散文，不知道如何鉴赏"这一人""这一篇"的独到之处。更有甚者，学生形成一种解读定式：散文的特点就是"形散神聚"等。

那么，教学解读朱自清的文章如何保证承前启后的衔接性？《匆匆》是统编语文教材六年级下册第三单元第一篇课文，这一单元主要以"人生感悟"为主题，因此，对于此文的解读应侧重于通过引导学生品读语句感悟作者的时间观。《春》是第四学段七年级上册第一单元第一篇课文，该单元主题是"四季美景"。它细致、生动地描绘了早春的动态之美，显示出朱自清驾驭语言文字的高超技巧。单元教学要求提出"学习朗读，品味文中的精彩语句，体会汉语之美"。与其他入选文章不同的是，此文难得一见朱自清语言的轻快、欢愉、亲切，教学时应当注意引导学生以诵读的方式体会其语言表达的诗意和童趣。《背影》也出现在第四学段，是八年级上册第四单元第一篇教读课文，单元教学要求是"阅读不同类型的散文，把握其共性和个性"，因而此文的教学解读应当侧重于回忆性散文的特点及其阅读策略。这一文章表达比较隐晦，话里藏话，不能简单停留于证明父子情深这一主题，教学解读需要更多地补充朱自清与父亲的背景资料，以帮助学生体悟朱自清在多年之后对父亲的理解这一复杂情感。《荷塘月色》是统编教材高中语文必修上册第七单元第二篇课文，单元教学侧重于现代散文的情感与思辨，叙事、抒情、议论的综合运用。《荷塘月色》淋漓尽致地展现了朱自清炉火纯青的文字功力。例如：在描写月色下的荷花之美时，作者将它比喻为明珠、碧天的星星、出浴的美人；在形容荷花淡淡的清香时，使用"仿佛远处高楼上飘过来的渺茫的歌声似的"一句，以歌声比喻香气，以远处渺茫的歌声比喻香气的轻淡，这一通感手法的运用生动而奇妙。因此，此文的教学则应当侧重于把握朱自清的散文特色，以及联结《春》这一篇文章进行归纳比喻手法的运用，品读《荷塘月色》这一篇文章的比喻手法的精妙。

### （三）关注同一板块或同一文体内容在不同学段的衔接处理

1. 关注小学与初中阶段的衔接处理

语文课程标准的设计思路是各个学段相互联系，螺旋式上升，最终达成课程目标。小学阶段老师要了解初中阶段的课程目标和要求，初中阶段教师也要研究小学阶段的目标和要求。这样，在课程标准的观照下展开教学，小学阶段与初中阶段的老师各司其职，才可以减少不同学段之间的教学盲区，实现小学与初中的有效对接。

小学与初中学段的教学衔接，主要体现为第三学段与第四学段的教学联结。以《义务教育语文课程标准（2022 年版）》阅读教学为例，第三学段与第四学段的学段要求有以下变化：①默读速度由每分钟 300 字提升到 500 字。②阅读作品种类更丰富了，由第三学段的叙事性作品、诗歌、说明性文章和简单的非连续性文本到第四学段的文学作品、议论文、新闻、说明文和较为复杂的非连续性文本，还增加了古代诗词和浅易文言文。③阅读的方法和策略增加了，阅读能力的要求提高了。第三学段的阅读要求主要是了解文章的表达顺序，理解词句意思，辨别词语感情色彩，体会作者的感情色彩和词句的表达效果，初步领悟文章的基本表达方法等。第四学段的阅读要求主要是理清思路，理解分析主要内容，体味和推敲重要词句在语境中的意义和作用，欣赏评价文章的内容和表达等。不难看出，第三学段的阅读要求主要侧重于感知，第四学段的阅读要求则偏重理解和欣赏层面。

例如，语文教材第三学段选入《杨氏之子》，第四学段选入《陈太丘与友期》，这两篇文言文均出自《世说新语》，篇幅同样短小，内容主题非常相近，其教学处理有何差异呢？

从课程标准这一角度来看，小学文言文学习重在"阅读""感悟"这些层面上。语文课程标准第三学段课程目标阅读部分并没有涉及文言文教学的要求。第三学段文言文教学只要求朗读、背诵、默写，外加几个非常简单的文言实词的理解。可见小学阶段文言文教学解读要求并不高。因而，《杨氏之子》教学要符合儿童的心理特点，要重在阅读诵读感悟，主要是灵活多样地引导学生多读多背。

《陈太丘与友期》处于第四学段，其教学解读要求明显不同于《杨氏之子》。课程标准对第四学段文言文教学有以下要求："能借助注释和工具书理解基本内容""注重积累、感悟和运用，提高自己的欣赏品位""随文学习基本的词汇、语法知识，用以帮助理解课文中的语言难点；了解常用的修辞手法，体会它们在课文中的表达效果。了解课文涉及的重要作家作品知识和文化常识"①。由课程标准的课程目标所见，中小学文言文教学解读衔接应关注以下内容：①从阅读一定量的文言短文到阅读并积累文言实词的过渡；②从了解文言文大致内容到了解文言诗文涉及的作家、作品及相关的文学知识的过渡；③从单纯的阅读到表达感受的过渡，从教师的讲解灌输到学生自查工具书自学实践的过渡。因而，《陈太丘与友期》一文的教学目标已经上升到积累文言词语、掌握翻译方法和借助工具书自主理解的层面上。只有当教师对第三、四学段的过渡、衔接要求了然于胸，才能进行有针对性的教学解读。

## 2. 关注初中学段与高中学段的衔接处理

初中语文教育属于义务教育范畴，高中语文教育则属于选拔教育范畴。义务教育是依照国家法律的规定对适龄儿童和青少年实施的一定年限的强制性的普及教育制度，而高中教育则是连接义务教育与高等教育之间的教育，既是义务教育的延续，又是高等教育的基础。高中语文教育在课程目标上必然会与初中阶段存在众多差异。语文课程标准将初中语文定位在对于义务教育的普及和适应层面，呈现出知识量少、难度低、坡度平缓的特点，注重学生对于语文基础知识的学习和了解。高中语文课程标准则有自己独立的体系，主要担负培养高素质人才和向高校输送人才的重任。所以，高中语文呈现出知识量大、难度高、要求多、坡度较陡的特点，注重学生语文知识掌握程度、语文能力和正确语文价值取向的培养，促进学

---

① 中华人民共和国教育部制定：《义务教育语文课程标准（2022年版）》，北京师范大学出版社2022年版，第15页。

生语文素养的全方位提高。

关于阅读能力的标准，义务教育语文课程标准强调"理清思路，理解、分析主要内容，体味和推敲重要词句在语言环境中的意义和作用"[1]，"欣赏文学作品，有自己的情感体验，初步领悟作品的内涵，从中获得对自然、社会、人生的有益启示。能对作品中感人的情境和形象说出自己的体验，品味作品中富于表现力的语言"[2]。而高中语文课程标准课程目标提出"鉴赏文学作品。感受和体验文学作品的语言、形象和情感之美，能欣赏、鉴别和评价不同时代、不同风格的作品，具有正确的价值观、高尚的审美情趣和审美品位"[3]。可见，在阅读能力的要求方面，高中语文教学能力层次由初中阶段的理解层面提升到应用、鉴赏的高度。

课程标准在阅读教学的要求上具有明显的阶段性，教师应该从初中、高中的教学目标陈述的变化中，把握阅读教学内容，确定阅读教学内容的达标标准，体现出阅读教学的阶段性、有序性、衔接性。

以李白诗歌鉴赏教学为例，初中要求学生有一定的诗歌鉴赏评价能力，但主要侧重点在于诗歌的鉴赏能力，高中也重视文学作品的鉴赏评价能力的提升，但侧重学生在鉴赏的基础上有自己独立的观点，对评价的要求更高一些。因此，在确定李白诗歌教学内容时，初中教师应该多关注李白诗歌鉴赏的基本方法，以鉴赏李白诗歌为切入点，体会诗歌蕴藏的深刻内涵。高中教师应该在深化诗歌鉴赏方法的基础上，引导学生把握李白"这一人"原创性的艺术特色，如李白笔下的意象系统：酒最狂肆，山水最雄奇，明月最灵妙。同时，可以借助对比鉴赏去深入评价李白诗歌，从中获得关于自然、人生和社会的感悟，让学生在这个过程中学会从历史发展的角度理解李白诗歌的价值。例如，同样是关于酒的意象系统，李白的醉态思维与阮籍、陶渊明、王羲之的有何不同？又如，李白笔下的山水所包含的远游姿态和山水趣味有何独到之处？

关于初中与高中阶段的李白诗歌教学内容的衔接建议见表 5-1。

---

[1]　中华人民共和国教育部制定：《义务教育语文课程标准（2022 年版）》，北京师范大学出版社 2022 年版，第 14 页。

[2]　中华人民共和国教育制规定：《义务教育语文课程标准（2022 年版）》，北京师范大学出版社 2022 年版，第 14 页。

[3]　中华人民共和国教育部制定：《普通高中语文课程标准（2017 年版 2020 年修订）》，人民教育出版社 2020 年版，第 6 页。

表5-1　关于初中与高中阶段的李白诗歌教学内容的衔接建议

| 教学内容 | 初中 | 高中 | |
|---|---|---|---|
| 语言 | ①了解李白诗歌语言善用比喻，擅长移情于物，将物比人；②理解李白诗歌善于抓住事情的某一特点，在生活真实的基础上，加以大胆的想象、夸张；③感受李白诗歌语言"清水出芙蓉，天然去雕饰"的自然美 | ①熟练分析李白诗歌炼字（突出炼动词与其他诗人的不同）的艺术特点；②体会李白诗歌语言表达独立不拘，不受到任何约束的特点 | 综合运用学过的鉴赏方法进行较为深刻的鉴赏；评价李白诗歌艺术个性；探究李白诗歌创作"飘然思不群"的特点 |
| 意象意境 | 体会李白诗歌中的丰富的想象和豪放的气势 | ①了解李白诗歌明暗结合使用典故；②学会分析李白诗歌常用的特殊意象（山、水、月、酒）的特定含义；③学会鉴赏李白诗歌的浪漫意境 | |
| 描写 | 体验李白诗歌的浪漫主义创作手法（以新奇的比喻和浪漫的夸张为重点） | 体会李白诗歌表现手法的主观性与抒情性相结合、想象与写实相结合的特点 | |
| 情景关系 | 感悟诗歌中的景与情关系 | 把握李白诗歌强烈的抒情色彩，围绕情景交融，对情景关系有深入认识 | |
| 风格 | 初三教学可总结学过的李白诗歌，体会李白诗歌"豪放飘逸"的风格 | 总结中学阶段所学的李白诗歌，把握李白诗歌强烈的主观色彩、喷发式的抒情方式，感受李白被誉为"诗仙"的含义 | |
| 结构 | — | 了解李白诗歌结构的大胆创新（李白的歌行体完全打破诗歌创作的一切固有格式） | |
| 主题思想 | ①总结李白诗歌学习内容；②感受李白"谪仙人"的地位 | ①理解李白诗歌的基本主题（怀才不遇是李白诗歌的基本主题，以及睥睨帝王、挥斥权贵的高度自信与优越感）；②以李白诗歌观照盛唐诗歌的气象 | |

## 三、教学单元的处理策略

不少语文教师在进行教学解读时常以"课"为单位，每个课时的教学解读都围绕如何解构课文、如何分析课文、如何把课文讲清楚给学生听进行，"就课教课"成为教学常态。这种局限于课时的教学解读缺失了语文教学的整体性。很少有教师在教学设计时思考学生要通过这篇课文、这堂课的学习获得语文素养哪方面的提升。单课时的设计过程中"只见树木不见森林"、顾此失彼的现象也是屡见不鲜。因此，语文教学看似教了很多文章，但学生的阅读能力依然没有得到多少提高，往往在低水平上重复、徘徊。

课程标准对各学段的语文课程目标和教学要求均有相关规定，作为教材需要承载和体现这样的目标和内容，同时，教材又需要将相关的目标和内容分解到各单元主题和具体课文中，每一个教学单元与整册教材中的其他单元之间有一定的联系。所以，学段目标和教学单元要求自然成了教学解读内容确定依据之一。教学单元是一个相对独立的整体。每一个教学单元和与之相邻的教学单元之间有较为明晰的界限，单元目标与内容不重合。同一教学单元内文章之间存在一种"互文性"关系。通过对同一教学单元各篇文章的了解，抓住单元整体性，可以避免教师在教学解读中的封闭性和盲目性。因此，教学解读应该根据学生实际情况有机整合单元教学内容，统筹教学目标、教学内容与教学评价，形成一个系统有机的单元教学设计框架。

### （一）领会单元编排意图

自 20 世纪二三十年代开始，我国语文教科书主要以单元的形式进行编写。单元组合的标准一般是文章题材、文章主题、文章文体、语文知识系统、语文能力训练、阅读方法等。大多数教学单元编写方式以主题组元，或者以一个课文内容主题进行整合，如生命、亲情、动物等；或者以课文的文体特征进行组合，如将小说、戏剧等选文组合在一个单元中，每一个单元相对独立。有的语文教科书的编写以能力训练组元，如《国文百八课》（叶圣陶、夏丏尊编写）的编写是将相同体裁和相关训练重点的文章合并到一个单元中。以主题组元的教学单元，选文往往独立成篇，自成体系，有其自身的完整性、独立性的特点。单篇课文教学要求教师将课文放置在整册教材乃至整个学段的大背景下进行整体考虑，思考教学内容的前后勾连，统筹安排语文能力训练内容的层递性。2016 年之后，全国各地陆续使用人民教育出版社出版发行的由教育部组织编写的中小学语文教材（以下简称"统编语文教材"）。以第四学段为例，统编语文教材第四学段全套教科书共 6 册，每册 6 单元，由不同的板块综合构成。阅读与写作构成教材的主体。阅读着重培养阅读一般文章的能力和初步欣赏文学作品的能力，写作相对独立，同时又与阅读教学相互配合。各单元相机安排口语交际、综合性学习、名著导读、古诗词诵读等内容，扩大学生的阅读量。

## 1. 明确单元结构

语文教师必须强化单元整体教学意识，明确单元结构编排的意图，避免"就课教课"的零散、无序。以统编语文教材为例，该教材依据"主题"进行单元组元，采用"双线组织单元结构"。"双线"指的是阅读单元兼顾人文主题和语文要素两条线索。"人文主题"是单元选文的主要标准，强调语文与社会生活的联系，重视主流文化导向，强化优秀传统文化的传承，注重引导学生树立正确的世界观、价值观、人生观。统编语文教材课文选择大致按照"人与自然""人与社会""人与自我"等主题内容进行组合，如七年级上册分别是"四季美景""挚爱亲情""修身正己""人生之舟"等。"语文要素"是指围绕语文素养编排若干基本"因素"的学习、训练"点"，包括基本的语文知识、必需的语文能力、适当的学习策略和学习习惯，以及审美情趣等。这些语文要素通过单元导语阐明，借助习题设计安排学习、训练。统编语文教材十分注重阅读方法和阅读策略两个方面的训练，并且在不同年级有不同的要求。例如，七年级的阅读策略着眼于一般阅读能力的养成，如整体感知、品味语句、概括中心、理清思路等，大致按照难易程度排序，并注意与阅读方法的配合。统编语文教材七年级的单元导语大多包含基本阅读方法和一般阅读能力的指导，八年级则以文体阅读为核心，培养学生某一类文体的阅读能力。

以七年级上册为例，该册教科书的单元导语列举如下：

注意揣摩和品味语言，体会比喻和拟人等修辞手法的表达效果。（第一单元）

在整体感知全文内容的基础上，体会作者的思想感情。有的文章情感显豁直露，易于直接把握；有的则深沉含蓄，要从字里行间细细品味。（第二单元）

还要学会在阅读中把握基本内容，了解文章大意。标题、开头、结尾及文段中的关键语句，都是阅读时需要重点关注的。（第三单元）

在整体把握文意的基础上，学会通过划分段落层次、抓关键语句等方法，理清作者思路。（第四单元）

还要在把握段落大意、理清思路的基础上，学会概括文章的中心思想。（第五单元）

调动自己的体验，发挥联想和想象，把握作者的思路，深入理解课文。（第六单元）

从以上单元导语可以看出统编语文教材的单元导语注重阅读策略的循序渐进的训练。第一单元导语主要是在语言鉴赏与写作手法品读方面——"揣摩和品味语言"，体会修辞手法，第二单元是在第一单元的基础上进行拓展、深化——体会思想情感，第三单元教会学生如何在阅读材料的"标题、开头、结尾及文段中的关键语句"中寻找关键词语，第四单元便在此基础上又提出"通过划分段落层次、抓关键语句等方法"来"理清作者的思路"的要求，第五单元导语基于第四单元"理清行文结构"的基础上要把握概括文章的中心思想，第六单元是总体回顾。可见，同一教材中各单元是相互联系的，单元导语中阅读策略则是层层递进，逐步培养学生的相关阅读能力。例如，七年级上册第三单元直接指出阅读时需要关注位置（"标题、开头、结尾及文段中的关键语句"），七年级上册第四单元其导语非常清晰地指出如何理清作者思路的策略，即"划分段落层次"——抓段落层次的"关键语句"。

2．强化整体规划意识

基于教学单元的教学解读应当立足单元整体，明确单元整体教学目标，通盘考虑单元各篇课文的教学解读处理，使每篇课文的教学"各司其职"。教师既要兼顾单元内教读课文与自读课文的联结，也要有自己的理解和选择。根据各篇文章的特色，教学要求可有所侧重，使单元教学任务化整为零，便于学生掌握。它要求语文教师必须具有立体的单元整体教学目标、指向性明确的单元主题、科学可行的单元教学计划、规划合理的单元教学内容，以及"教、学、评"相一致的单元评价方式。

教师要深入分析研究所教的整本教科书，弄清全册的语文要素需要着重培养的基本内容，梳理各单元的教学要求、编排顺序、教学的重难点，把握习题编排的前后勾连，做到胸有成竹。在此基础上，教师制订学期教学计划，其计划内容包括：本册教科书内容分析（编写者意图分析、单元设置的关联、与前后学期教科书以及与相邻学科之间的相互关系），确定教科书的重点、难点，梳理基础知识和基本技能训练的内容范围，以便在单元备课中能循序渐进、前后衔接，并在此基础上制定出教学进度表。而后，在学期备课的基础上，进一步对每个单元进行单元分析，分析单元教学要求，分解单元教学任务，确定单元的重点、难点，设置相应的学习任务、内容，选择相应的教学方法，促使单元教学任务通过单篇选文或学习任务群得以落实。最后，具体到一篇课文教学，无论是教学内容的安排，还是教学任务的设计，都倾向于编写者所赋予教学单元的教学一体的原则，保证落实单元的教学意图，然后再兼顾其他。

教师要联结教学单元，分解单元教学要求，将文本置于教学单元这一整体，根据课文所在的学段、单元、篇序，通盘考虑单元各篇课文的教学处理，使每篇课文的教学"各司其职"。根据各篇文章的特色，教学要求可有所侧重，使单元教学任务化整为零。以统编语文教材八年级上册第五单元为例，《中国石拱桥》的教学重点是把握抓住事物特征的方法，让学生掌握借助典型实例说明事物特征的方法，了解相关说明方法，体会说明文准确、周密的语言；《苏州园林》的教学重点是继续巩固对说明性文章的要点（即抓住事物的特征）的教学，同时，要教会学生使用关键词句概述事物特征，注意把握文章内在的条理；《蝉》的教学要点是了解文艺性说明文的特点，体会文中所体现的科学精神，由于这是一篇自读课文，还要注意引导学生借助旁批梳理说明顺序；《梦回繁华》的自读重点是抓住重点段落的中心句，把握主要信息。

## 3. 梳理单元导语

现行统编语文教材的整个单元或某一专题学习之前，一般会设置单元导语，为单元学习提供方向，用以引导学生对将要学习的单元进行整体感知，既能让学生把握主题，又能让其抓住重难点。单元导语的编写主要依据语文课程目标，兼顾人文主题和语文要素两条线索。就呈现方式而言，单元导语一般由两段文字组成。第一段文字一般都是关乎人文主题，或从内容或思想上进行介绍，或从情感态度和价值观方面提出教学倾向；第二段文字一般都是涉及语文要素，或是阅读策略和方法，或是相关语文知识或能力，并提出该单元教学的基本任务、路径、方法。单元导语的梳理是对单元教学主题、单元整体目标、基本教学任务、教学路径和方法的研究。所以，单元导语的研究与梳理在单元教学解读中很有必要。

【案例】统编语文教材七年级上册第四单元导语解读

该单元选编了《纪念白求恩》《植树的牧羊人》《走一步，再走一步》《诫子书》。根据语文课程标准第四学段的阅读目标导向，该单元的教学应继续培养学生默读的习惯；引导学生在通读课文的基础上，理清作者写作思路，理解、分析主要内容，体味和推敲重要词句在语言环境中的意义和作用；引导学生分辨记叙、描写、抒情和议论这四种表达方式的不同，把握其作用；重视课外阅读，培养学生利用图书馆、网络搜集自己需要的信息和资料帮助阅读的能力等内容。

该单元以"人生之舟"为主题，所谓"人生之舟"是指人生意义和价值，包括对人物美好品行的礼赞、对人生经验的总结和思考以及修身养德的教诲等内容。和原来人教版做比较，革命传统教育的篇目占有较大比重，《纪念白求恩》就是新增的其中一篇。该单元选编的四篇课文包含四种体裁：《纪念白求恩》是一篇纪念性的议论文，《植树的牧羊人》是一个绘本小说，《走一步，再走一步》是一篇记叙文，《诫子书》是一封书信正文的节录，是一篇以议论为主的文言文。

《植树的牧羊人》描述了一个孤独牧羊人将内心对家人的思念转化成对大自然的关爱，用自己的双手和坚韧的毅力，将余生倾注在阿尔卑斯山上的荒原植树工作，将荒芜之地变成可以安居乐业的田园。该文体现了对美好人生的礼赞。

《走一步，再走一步》讲述了作者童年的一次"脱险"经历，蕴含着深刻的生活哲理。故事与初中学段学生的生活经历类似，对于学生从自己的生活小事总结和思考人生经验具有重要的启示意义。该文是对人生经验的总结和思考。

《诫子书》是诸葛亮写给儿子的一封家书，是修身立志的名篇。其文短小精悍，辞约意丰，字字珠玑，有谆谆告诫之语，更溢满殷殷期盼之情。该文主旨是劝勉儿子勤学立志，修身养性要从淡泊宁静中下功夫，最忌荒唐险躁。该文是关于修身养德的谆谆教诲。

《纪念白求恩》是毛泽东同志所写的一篇文章。如果学生在小学阶段使用人教版语文教材，那么他们在五年级时就学习过以"走近毛泽东"为单元专题的课文，在六年级时学习过毛泽东的演讲稿《为人民服务》。通过之前的学习，学生一般都知道了毛泽东是一位杰出的诗人、伟大的领袖，对毛泽东诗作及演讲稿的磅礴气势、高昂格调及雄健笔力有所了解。但是对于毛泽东诗作以外的作品接触不多，因此学习本文需要引导学生使用圈点勾画关注课文重点字词句的方法来学习课文，并简单了解此文的言语表达个性。

同时，《纪念白求恩》是一篇纪念性的议论文。学生在小学阶段已经学习过了《詹天佑》《怀念母亲》《我的伯父鲁迅先生》等纪念性文章，这些文章与《纪念白求恩》的不同之处在于，前者以记叙和抒情为主，后者以说理为主，兼叙述和抒情。而关于议论文这一文体，学生在小学阶段均没有涉及议论文的学习，此前对议论文的接触并不多，在阅读中并不能很好地分辨出记叙、描写、抒情和议论这四种表达方式。

此外，单元主题是"人生之舟"。学生在小学阶段学习过《小英雄雨来》《狼牙山五壮士》等诠释人生的意义和价值的文章。毫不利己、专门利人的"白求恩精神"也是诠释人生意义和价值的一方面，因此学生对白求恩崇高的精神品质并不难理解。

简而言之，《纪念白求恩》是一篇纪念性的议论文。根据本文所在单元的单元教学要求、课前导语和课后习题来看，本文的教学并不强调议论文这一文体特点，本单元教学要求强调的是在第三单元的基础上继续学习默读，学会圈点勾画，在课本上勾画出关键语句，并在喜欢或疑惑处做标注。在整体把握文意基础上，学会划分段落层次、抓关键语句等方法，理清作者思路。作为单元的第一篇课文，结合单元教学目标、课前导读和课后习题的要求，《纪念白求恩》一文承担的教学任务是引导学生通过默读，勾画关键语句，把握作者思路。《植树的牧羊人》一文承担的教学任务是在课本上勾画出关键语句，学会划分段落层次。《诫子书》一文承担的教学任务是在课本上勾画出关键语句，并在喜欢或疑惑处做标注。

## （二）生成单元教学主题

"单元教学主题"是教科书以主题化的方式进行阅读板块内容设计的文化主题和人文主题。"单元教学主题"并不是单元各篇课文思想内容的总和，而是指该主题能够统摄整个单元的教学活动。"单元教学主题"也不是"单元教学整体目标"，是基于单元的整体教学目标而选择一定教育主题，既能够具体到每篇课文中，又能囊括每篇课文的具体目标。"单元教学主题"与"单元教学基本任务"亦不尽相同，单元教学基本任务是基于单元教学主题而设置的引导学生所要完成的单元学习的具体要求。单元教学主题直观反映了一个单元教学的核心和重点，好比一本书的书名、一篇论文的标题，为教师单元教学设计提供了方向指导。

部分教师对"主题"内涵的理解存在偏差，将单元主题简单地理解为各篇课文共同具有的思想内容主题。这就造成教学中"主题先行"的弊病，生硬地将单元所有课文拉在一起讲思想主题，忽视了各篇课文的语用性。此外，有些教师忽略单元的整体性，在教学中没有准确把握单元主题的内涵，没有抓住各篇课文与单元主题之间的联系以及各篇课文之间的联系，这样的教学长期下来就会造成学生对整个单元只有一点支离破碎的了解，而没有整体全面的认识。

单元主题的生成有两种途径，一种是来自教材单元，一致性高的主题型单元或同一体裁单元，单元主题可直接从教科书中提取，如单元主题"童年"体现了该单元关注学生成长、回忆等人文性内容；而单元主题为"古诗文诗词意象学习"则反映出该单元重点是诗词类解读方式的掌握与运用。还有一种单元主题的生成方式来自教师自定，一致性较低的主题型单元或无主题单元，课文编排较为分散，教师需要根据需要自定单元主题。以往教材往往偏向于以人文为主题编排单元内容，现行统编语文教材则丰富了单元教学内容，有的单元提供体验情感、态度、价值观的例文，有的单元提供学生学习表达、写作的例文，有的单元提供阅读策略的例文，充分发挥了语文教材的例子作用。教材编写者往往通过课文预习导语、旁批、课后习题以及语文园地里的"交流平台"给予相关的说明或暗示，教师要善于提取、整合。以统编语文教材四年级上册"提问"单元为例，这个单元安排了四篇课文：《一个豆荚里的五粒豆》《夜间飞行的秘密》《呼风唤雨的世纪》《蝴蝶的家》。前面三篇课文的课前导语和课后问题的文字表述非常明确地提示教师这一单元主题——要学会从不同角度提问。

【案例】统编语文教材七年级上册第二单元教学主题的生成

亲情，是人世间最普遍、最美好的情感之一。本单元课文，从不同角度抒写了亲人之间真挚动人的感情。阅读这些课文，可以加深我们对亲情的感受和理解，丰富自己的情感体验。

学习本单元，要继续重视朗读，把握文章的感情基调，注意语气、节奏的变化。在整体感知全文内容的基础上，体会作者的思想感情。有的文章情感显豁直露，易于直接把握；有的则深沉含蓄，要从字里行间细细品味。

其中，"阅读这些课文，可以加深我们对亲情的感受和理解，丰富自己的情感体验"这句话指明了该单元课文的主要内容，同时也道出了该单元教学的整体目标——感受亲情，理解亲情，丰富体验。

单元导语的第二段文字明确提出了该单元的基本教学任务：整体把握课文内容，用心体会作者的思想感情；继续训练朗读能力，把握基调，读出语气。

综合这两段文字，单元教学的主要教学内容也就明白了。首先是整体把握课文内容。整体把握课文内容是教学的基础。其次是体会作者情感。只有整体把握了课文的内容才能体会作者的情感。最后是引导学生感受和理解亲情。该单元教学的基本方法就是朗读法。教和学都要注重朗读，引导学生把握感情基调，读出节奏，读出语气，提高学生的朗读能力。

该单元整体目标、基本教学任务、基本教学路径、基本教学方法如下：

单元整体目标：感受亲情，丰富体验。

单元基本教学任务：

第一，提高朗读能力——读出节奏，读出语气；

第二，用心领会作者的思想感情；

第三，整体把握课文内容；

第四，丰富学生的情感体验。

单元教学路径：

整体把握课文内容→体会作者思想情感→引导体验。

单元教学基本方法：朗读法，其基本要求是读出节奏，读出语气。

该单元课文篇目如下：

第1课：《秋天的怀念》

第2课：《散步》

第3课：《散文诗二首》（《金色花》《荷叶·母亲》）

第4课：《〈世说新语〉二则》

通过研读单元导语以及每篇课文，确定该单元的教学主题——体验亲情。其中，每篇课文分别从各自的角度切入来实现和表达单元教学主题。现以《秋天的怀念》为例具体分析表述如下。

第1课《秋天的怀念》

《秋天的怀念》叙述了作者史铁生对已故母亲的回忆，表现了史铁生对母亲深切的怀念，对母亲无尽的爱，对母爱的赞美，以及史铁生对

"子欲养而亲不待"的悔恨之情，及对先年对母亲不解的懊悔，令人十分感动。全文句句含情，字字如金。

这篇课文属于单元导语中所说的"有的则深沉含蓄，要从字里行间细细品味"。在《秋天的怀念》的教学过程中，许多教师对文章的解读不够，仅仅停留在对"母爱"的感悟上，始终围绕母亲形象进行印证式教学等，导致学生并没有体会到文章的深刻内涵，还是停留在文章的表层。这也是对主题把握得不够，缺少对文章更深刻的自我解读的体现。史铁生的散文主题都比较明确，而教材的编写又是以主题为单元，所以教师从主题出发，能够课内外结合，不仅仅局限于一篇文章，而是延伸到一类文章。从史铁生的文章走出来，进入其他作者的文章；从史铁生的人生经历走出来，进入自己的情感历程。学习的过程就是知识、情感的内化过程。特级教师窦桂梅老师对此文的教学解读就是强调"主题"教学。在执教《秋天的怀念》时，她直接切入主题，说明作者用文字表达对母亲的怀念，围绕关键词"好好儿活"，层层推进，由"主题"切入，从感受到思考，由一篇文章到史铁生的一系列文章，让学生自己读，读出文章的韵味，读出自己的体会，读出自己的生命感悟。

在教学中教师一定要落实单元教学主题，即引导学生"体验亲情"。

第一步，进行内容选择，明确课文教学主题。

要进行内容选择，首先需要梳理《秋天的怀念》表达了哪些内容，以及以怎样的思路进行表达。然后选择出最核心、最重要的内容，从中把握其教学主题。课文《秋天的怀念》最核心的内容就是理解母爱。母爱是母亲的天性，是人类社会中普遍存在的一种伟大的感情。但并不是任何一个儿女都能一样深切地感到母爱的。有多少心灵缺乏或是失去了爱与感受爱的功能，粗粝到近乎荒漠一片。不能感受爱的心灵一定不会去爱，能感受爱的心灵在感受的同时就是一种对爱的回报。史铁生正是以诉说母亲对自己的爱而诉说了自己对母亲的爱。

单元教学主题：体验亲情。

课文教学主题：体验史铁生笔下的母子情感。

由此可见，课文《秋天的怀念》的教学主题与单元教学主题之间具有紧密的联系性，其联系性体现在，课文教学主题是单元教学主题的具体化体现。

第二步，围绕教学主题，定位课文教学目标。

教学目标：①借助品味关键词"挡""躲""悄悄的""好好儿活"

等，理解"母爱"的内涵；②在"怀念"的情意中，感受作者"爱母"的思绪；③借助朗读，获得"自己"的体验。

第三步，为实现教学目标，确立课文教学重难点。

教学重点：品读细节，读懂作者蕴藏在字里行间的情感。

教学难点：读懂母亲，理解"好好儿活"。

## （三）针对课型设计教学

以往语文教材单元对课文大多是采用"精读"与"略读"的简单二元划分。如今，统编语文教材在阅读教学中设计了"教读—自读—课外阅读"的"三位一体"课型结构。对于教读课文，教师要注重精讲，明确文体，因"裁"施教；对于自读课文，教师应当注重迁移，坚持以学生为主，教师为导；对于课外阅读，教师要注意单元主题拓展延伸，构建"1＋X"课型。

### 1. 教读课文

现行统编语文教材的教学单元采用"双线组元"编排方式，"双线"即"人文主题"与"语文要素"，其中"语文要素"包括"隐在"的语文知识体系以及具体的阅读方法和策略。这些主要通过教读课文得以体现，需要教师胸藏丘壑，明确教读课文在整个知识体系结构中的位置，对其所承担的语文要素培养目标了然于心。例如，七年级上册第一单元的"语文要素"训练点是"朗读"——"体会语言之美；品味精彩语句"，那么，在教读《春》《济南的冬天》等课文时，主要任务就是教会学生"朗读"的具体方法——把握好重音和停连，感受汉语声韵之美，还要通过想象文中描绘的情景，领略景物之美。而对其他方面的内容则尽可简单处理。

不少教师无视教学单元的安排，漠视教读与自读的区别，对单元所有课文都统一处理为教读课型。还有的教师忽略教读课文的文体区别，不论是诗歌、散文，还是小说、戏剧，都要讲写作背景、段落大意、主题思想、艺术手法等，抠得很细，几乎全都是以分析、演绎式的精讲为主的教学方式。

那么，教读课文与传统教材的"讲读""精读"课文有什么区别呢？如何更好地发挥教读课文的作用呢？

1956 年的《小学语文教学大纲（草案）》明确提出"阅读教学的进

行采取讲读法"①。1963 年的《全日制中学语文教学大纲（草案）》对此进行了比较详尽的解释，摘录如下：

（十一）讲读教学必须把课文讲解清楚，必须随时启发学生思考问题，引导学生完成读写作业。

讲读教学是语文教学的重要组成部分，学生的读写能力不能凭空养成，要进行种种严格的训练。

讲读教学包括教师和学生两方面的活动，一方面是教师的讲解和指导，一方面是学生的诵读和练习。教师要认真地把课文讲解清楚，并且引导学生积极地主动地听讲和完成作业。

讲读教学一定要贯彻思想内容和语言文字不可分割的原则，要讲清楚文章的思想内容，必须讲清楚文章的语言文字；反过来说，对文章的思想内容体会得越深刻，对文章中语言文字的运用也就理解得越透彻。不应该脱离文章的词句篇章，架空地分析思想内容；也不应该不管文章的思想内容，单纯地讲解词句篇章。把内容和形式割裂开来的做法，是不可能把文章讲清楚的，是收不到语文教学应有的效果的。②

可见，讲读课文之名由此而来。"讲读"教学是指教师应该有计划、有重点地"认真地把课文讲解清楚，并且引导学生积极地主动地听讲和完成作业"。"讲读"教学暗含着一个并不好的导向，即教师是必须讲的，甚至是应该以讲为主的。

课程改革后，几个不同版本的教材都是采用"精读/略读"的分类方法。提到"精读""略读"，我们很自然就想到运用精读、略读方法进行阅读。《义务教育语文课程标准（2011 年版）》提出了学会精读、略读等阅读方法的要求。教学建议中"加强对阅读方法的指导，让学生逐步学会精读、略读和浏览"。这里的"精读""略读"是阅读方法。但是，我们要注意的是，作为课程形态的"精读""略读"和作为阅读方法的"精读""略读"有不同的内涵。精读课和略读课不能简单粗暴地落实为指导

---

① 课程教材研究所编：《20 世纪中国中小学课程标准·教学大纲汇编：语文卷》，人民教育出版社 2001 年版，第 121 页。

② 课程教材研究所编：《20 世纪中国中小学课程标准·教学大纲汇编：语文卷》，人民教育出版社 2001 年版，第 157 页。

学生学会精读或学会略读。实际上，"精读课"并不是以学会精读方法、培养精读能力为教学目标的，同样，"略读课"也不是以学会略读方法、培养略读能力为教学目标的。

《义务教育语文课程标准（2022年版）》在总目标中提出"学会运用多种阅读方法"，阶段目标进一步将这一要求具体化。第四学段阅读教学应当注意培养学生比较熟练地运用略读和浏览的方法，以此扩大阅读范围，扩展阅读视野。相对应的，教读课的目的就应当让学生学"法"，围绕单元或课文的教学目标去学习总结阅读的方法和规律性知识。自读课应当重在"用法""习法"课，运用教读课所学阅读方法和规律性知识去开展阅读实践，训练学生"自能读书"，在同伴互助及教师适度指导的情况下自主阅读课文，达成学习迁移。

其一，得"意"。简单来说，就是要理解课文所要表达的思想内容，体验情感意蕴，获得人文熏陶等。教学解读首先要读懂课文，把握"这一人""这一篇"的独到之处。我们在前面章节提及的从语用角度解读文本就是为了更好地读懂文本，把握文本。长期以来，在中小学语文教学解读中存在两种主要误区：一种是将文本等同思想教化材料，人为地强化课文所涉及的道德教化因素，教学解读往往是主题先行，以大一统的套话去解读文本；另一种则是将文本等同语言训练材料，用琐碎的分析去肢解课文，或者用重复性的做题取代读写体验。至于课文的独到之处、作者的个性所在，不少教师根本就没有深入研读、深入思考。

以四年级上册第一单元第一篇教读课文《观潮》为例，常见的教学设计基本上都引导学生朗读品析，"证明"钱塘江大潮的壮美，但美在何处，不甚了了。细读此文，可以发现文中着重体现的是钱塘江大潮的变换之美，由风平浪静变换出水墙，变换出千军万马。教学解读要注意引导欣赏"变化"之美。

【案例】《观潮》教学设计

1. 文中什么在变？（时间在变，观潮人的反应在变，潮水的声音、样子在变）

2. （借助表格梳理）文中的事物是怎么变化的？（作者是按照时间顺序来写的，这些变化是随着时间的推移而变化的，潮水由远及近，声音逐渐变响，人群是因为潮水的变化而变化）

3. 感受变换之美。(围绕两个重点句,开展比较阅读)

(1) 那条白线很快地向我们移来,逐渐拉长,变粗,横贯江面。

那条白线很快地向我们移来,越来越长,越来越粗,好像一条巨龙横贯江面。

(2) 浪潮越来越近,犹如千万匹白色战马齐头并进,浩浩荡荡地飞奔而来;那声音如同山崩地裂,好像大地都被震得颤动起来。

浪潮越来越近,犹如战马飞奔而来。

浪潮越来越近,犹如千万匹白色战马飞奔而来。

浪潮越来越近,犹如千万匹白色战马齐头并进,浩浩荡荡地飞奔而来。

潮越来越近,犹如千万匹白色战马齐头并进,浩浩荡荡地飞奔而来;那声音如同山崩地裂,好像大地都被震得颤动起来。

其二,学"言",即学习语言文字运用,培养相关的语言实践能力。"学习语言文字运用"既包括运用从课文中学到的语言文字的基本规律,也包括运用从课文中学到的语言运用的基本规律。教科书文本正是学生学习语言文字运用的范本。因此,教学解读既要关注作者根据表达的需要如何选择正确、恰当的语言材料和内容,更要关注怎样使用文本的语言材料才能达到最佳的表达效果。

以散文名篇《背影》为例。其教学要点在于感知、理解文中的父子关系。"思考探究"第二题("在这篇文章中,'我'对父亲的情感态度有怎样的变化?这种变化的原因是什么?")就指向这一教学内容。在"积累拓展"当中列举了一些语句要求赏析,这些都提供了教学提示。除了这些教学提示,教师也可以通过自读文本寻找语言学习点。例如,文中"二年""自然"等词语的背后蕴藏极为丰富的信息。通过这几个词,更容易感受"我"的心绪变化、父子之情的微妙和始终如一的父爱。

文章开篇"我与父亲不相见已二年余了,我最不能忘记的是他的背影",文章倒数第一段"但最近两年的不见,他终于忘却我的不好"。为什么父子二人竟然两年不相见?原来,朱自清父亲当年任徐州権运局长,因续娶被老家养的姨太告上法庭,朱自清父亲为此失了工作,迫不得已离职,家中从此断了巨大的经济来源,还导致因打官司而倾家荡产。面对突如其来的大变故,朱自清的祖母承受不了打击,离开人世。儿子对父亲的做法十分不满,这是父子失和的一个很重要原因。再查阅资料,可以发现父子恩怨由来已久：1915 年，父亲包办儿子婚姻，令儿子非常反感，好在婚后夫妻感情恩爱有加。1916 年，朱自清在北大读书，擅自更改自己的名字，父亲震怒。1920 年，朱自清在北大提前毕业后回母校任教，朱父瞒着儿子支取工资，父子决裂。1922 年，朱自清携妻儿回家，父亲不让进门。本文写于 1925 年，从"二年"一词，可感知父子关系的微妙。

文末一段内"他少年在外谋生，独立支持，做了许多大事。哪知老境却如此颓唐！他触目伤怀，自然情不能自已。情郁于中，自然要发之于外；家庭琐屑便往往触他之怒"。"他触目伤怀，自然情不能自已""情郁于中，自然要发之于外"，两个句子中均使用"自然"一词。"自然"主要有四个意思：自然界、自由发展、表示理所当然、表示语意转折或追加说明。《背影》写于车站分别的八年后，朱自清早已成家，并养育三个孩子，生活颇为艰难，也渐渐地理解父亲的情怀，父子之间持续多年的冷战宣告结束。"他少年在外谋生，独立支持，做了许多大事"，此时，在儿子看来，饱经生活磨砺的父亲的确令人敬佩，儿子对父亲的感情已然发生了一百八十度逆转。根据文意，很显然是第三个意思，儿子眼中，父亲由旺盛的中年步入迟缓的老年，悠悠岁月带给父亲的是婚变、失业、丧母、子离，在种种痛苦的折磨下，父亲常不受控制的情绪发泄是自然的、理所应当的。儿子心里开始接纳父亲，当然也包括父亲那些近乎极端的行为。

其三，学"法"。即学会某些阅读方法，培养一定的阅读能力。在教学单元中，教读课是自读课的基础和铺垫，自读课是教读课的升华和实践。在教读课型中，教学解读应当注重阅读基本方法的习得，强化阅读方法的培养意识，为学生学习阅读方法提供路径示范。在处理教读课文时，教师务必注重提炼相关的阅读方法和策略，引导学生运用一定的阅读策略或阅读方法，完成相应的阅读任务，达成相应的教学目标。解读教读课文，不仅要知道"作品写了什么"，还应该明白"作品是如何写的"。教读课文既需要抓住文题、关键词、关键句来探究课文，又需要教师教给学生阅读的策略和方法，目的是让学生学方法，由得"意"发展到学"法"。

现行统编语文教材往往在单元导语当中指出该单元应当注重学习的阅读方法或策略。并且，现行统编语文教材从三年级上册开始每一个年级安排一个专门的"策略单元"。以三年级下册为例，第一单元的语文要素是"一边读一边想象画面""体会优美生动的语句"，这一单元的教学要有意识地引导学生边读边想象画面，进一步体会并积累优美生动的语句；第二单元的语文要素是"读寓言故事，明白其中的道理"，教学"寓言故事"要侧重于引导学生认识寓言这种文学体裁的基本特征；第三单元的语文要素是"了解课文是怎么围绕一个意思把一段话写清楚的"，该单元内教读课《赵州桥》、自读课《一幅名扬中外的画》中都凸显了这一语文要素的学习；第六单元的语文要素是"运用多种方法理解难懂的句子"，教学要引导学生学会联系上下文、联系生活等来理解难懂的句子；第七单元的语文要素是"了解课文是从哪几个方面把事物写清楚的"，教学要侧重于指导学生掌握课文从事物的哪几个方面来写出事物特点，以此学会"写清楚"。

从以上分析可见，现行统编语文教材的单元教学对于方法、策略的安排是集中鲜明而又循序渐进的。教师在备教的时候应该领会编写者意图，围绕相应策略来设定单元教学的重点、难点。例如，三年级下册第八单元的教学主题是"有趣的故事"，其语文要素是"复述"。如何指导学生学会复述呢？教师如果仅仅告诉学生，复述的时候要了解故事的主要内容，要按照顺序复述、不遗漏主要情节，要用自己的话来转述，等等，学生肯定还是不会复述的。

在该单元教学安排上，四篇课文各有要职，应当各司其职，互为补充。《慢性子裁缝和急性子顾客》引导学生借助表格梳理顾客和裁缝在几天之内的不同要求和表现，再有序地复述故事，重点引导学生关注由于急性子和慢性子的性格反差所产生的让人意想不到的内容，以此体会单元主题——"有趣"。《方帽子店》是自读课文，注意引导学生运用从教读课《慢性子裁缝和急性子顾客》所学的"借助表格复述"的方法，还可以迁移运用二年级"讲故事"所用的抓关键词语的方法，例如围绕"古董"一词复述最意想不到的故事内容，以此体会"有趣"。《漏》是三年级下册篇幅最长的一篇课文，故事情节曲折离奇，引导学生画一画老虎和贼的逃跑路线，梳理不断转换的地点并按照地点转换等文字提示进行复述。这篇课文注意引导学生交流自己觉得最有意思的内容，以此体会"有趣"。《枣核》是该单元另一篇自读课文，也是单元最后一篇课文，注意引导学生迁移运用前三课课文所学的方法，或借助表格，或借助关键词，或通过梳理转换地点进行复述，表现小孩子枣核的聪明。

## 2．自读课文

自读课文的定位是提供阅读任务，由学生自主阅读文本并运用在教读中获得的阅读经验，自主建构阅读方法，完成相应的阅读任务，达成相应的阅读目标。统编语文教材在编写说明中做了如下解释："教读课文，由老师带着学生，运用一定的阅读策略或阅读方法，完成相应的阅读任务，达成相应的阅读目标，目的是学'法'。"不难看出，编写者设置教读课文重在指导学生学"法"，自读课文重在用"法"，举一反三——教读课文"举一"，自读课文"反三"。如果说，教读课型注重文本知识和阅读方法的习得，那么，自读课型则是注重阅读方法的迁移，让学生结合所学的阅读方法来对文章进行自主学习，提高自己的阅读水平。自读课与教读课相辅相成，教读为主，自读为辅，教读是基础，自读是延伸。学生在教读课型中习得的主要阅读方法和策略，将在自读课型中落实，学生学以致用。教读课上授之以渔，还需要学生在自读课上躬行实践，否则学生也只是"纸上谈兵"，"知"得不到实践和迁移。

在日常教学中，自读课型教学处理容易出现以下偏差。

第一种，将自读课型等同于教读课型。部分教师无视教学单元的编排要求，将自读课文与教读课文统一处理，他们习惯于精雕细琢，习惯于面面俱到。教师将自读课文当成教读课文来处理，这与每个教学单元设置自读课文的初衷相悖。并且，教师在自读课堂中掌控力度过强，这样的越俎代庖导致教师主宰课堂，学生被动参与，安排自读课文的意义不复存在。

第二种，将自读课型等同于略读课。部分教师认为自读课文不是单元教学重点，将自读课文交由学生自由学习，教师则完全退出了自读课堂。殊不知，教师的放羊式教学处理极容易导致学生的"自生自灭"。由于教师没有意识到自读课文存在的意义与价值，教师对自读课文放任自流，可以预见，绝大多数学生的阅读将是漫无目的、浮光掠影的，更难以落实教学单元内教读课文的相关阅读方法的迁移训练。

第三种，将自读课当作阅读练习课。统编语文教材自读课文一般包括文本、旁批、注释、阅读提示、读读写写，其中最需要关注的是旁批和阅读提示。有的教师将自读课文旁批中的疑问句等同于阅读理解题训练，满足于回答完旁批的问题，用问题代替能力迁移训练，这就导致学生默读课文时被问题牵制着、羁绊着，不但运用不了从教读课文中学到的阅读方法，而且感受不到课文的美妙。这就等于在自读课上训练应试技能，大有落入应试窠臼的嫌疑。

如何规避以上问题？自读课教学处理策略如下：

其一，注重自读目标的整合性。在教学单元中，自读课文是沟通教读课文和课外阅读的桥梁与纽带。在一定程度上，自读课文的教学目标是对教读课文教学内容的整合、回顾及迁移。自读课教学目标的确定，应注重教学单元要求的落实。教师要具有科学的分配意识，将单元教学要求合理分配给单元内的各篇课文，一课一得。自读课重在学"法"的迁移，要注意与教读课文的联结，把教读课文的相关阅读方法贯穿其中，目标是学以致用。因此，自读课应当注重教学目标的整合性和迁移性，其教学目标不必也不可能面面俱到。

在确定学习目标时，教师要根据单元教学要求，用好教材的助学系统，确定所要学习的自读课文的学习目标。教材编写者通过助读系统提供的一系列相关材料（单元导语，插图，教读课的预习提示、注释、思考探究，自读课的旁批、阅读提示等），从而引导师生关注策略和方法。其中，单元说明、阅读提示和旁批为自读课教学提供了一种基本的阅读指引和路径。旁批随文设置，主要提示学生课文的重点、疑难点、精妙之处；阅读提示配合单元重点或选取文章的独到之处进行指导，给予学生必要的提醒和解释。单元说明、阅读提示和旁批互相关联，紧密联系，教师要把握其内在的联结和隐含的路径，以此确定适当的教学目标。

以统编语文教材八年级上册第四单元《昆明的雨》为例。这一单元的单元说明指出："学习这个单元，要反复品味、欣赏语言，体会、理解作者对生活的感受和思考，并了解不同类型散文的特点。"课后阅读提示也有表述："本文题为《昆明的雨》，却并未用大量笔墨直接写雨，而是从一幅画写起，将记忆中昆明雨季的景、物、事一幕幕展现开来……文章信笔所至，无拘无束，看起来有些'散'，但其中贯串着一条情感线索。"由此，《昆明的雨》的教学目标可以集中于以下三点：①自主阅读，概括昆明的雨的特点，体会作者想念昆明的雨的深厚感情；②拟写旁批，品味作者的语言特色，感受作者笔下的风土人情；③了解各类散文的基本特点。

在每一个教学单元中，教读课文与自读课文的语言风格、表达主题、文本结构、思想内容等方面具有相似之处。教师要具有统筹、整合单元教学内容的意识，寻找课文的阅读路径、方法的联系，拓展学生的横向思维，使学生学会比较阅读或互文阅读的方法。以八年级上册第四单元为例，该单元教学目标之一是了解各类散文的基本特点。自读课文《昆明的雨》对此应当有一个回顾、总结。在前面三篇教读课文的基础上，教师不妨引导学生小结各篇散文的基本特色。

《背影》——写人记事散文，也是回忆性散文，具有双重视角这一独特的言语表达，文章内现在的"我"这一回忆主体述说着体验主体——过去的"我"的故事。其阅读要点在于理解回忆性散文当时情境中的"我"与事后回忆中的"我"之间的情感距离。从双重视角展现作者对父亲的理解。

《白杨礼赞》——写景状物散文，作者以白杨树的形象特点类比军民的"精神和意志"，其阅读要点在于理解作者如何运用托物言志揭示白杨树的象征意义。

《散文二篇》——哲理散文，以眼前具体而实在的人、事、景、物等为着眼点，阐述自己对历史、人生、社会深刻的哲学思考和独特的感悟。其阅读要点在于探究作者如何表达"理"，品悟文本中的"理"是哲理散文阅读的重点。

《昆明的雨》——写景抒情散文，作者借助某一景物抒写个人的情感、感悟等，通常由景而始，然后由景及事，接下来由景及理及情，最后落脚点在于理和情。

其二，借助旁批促进学生的自主阅读。自读课的教学活动是建立在学生的自主阅读实践之上的。这里所谈的"自主"，指的是在老师有目标的组织下的引导性学习。自读课强调的是学生的自我思考、自我探究，为的是使学生获得独立阅读文本的能力。在自读课中，自读课堂的主体始终是学生，教师的教学内容不必面面俱到，教师的教学过程不必步步为营。那些看似负责任的"老师提问—学生找答案—老师再提问—学生再找答案"的连续不断的问答式教学，反而剥夺了学生自主阅读、自主探究的自由。

自读课阅读时间是否充足直接关系到学生对文本的理解和分析。一般而言，自读课要保证学生有 30 分钟左右的自主学习时间，以保证学生安静地阅读、思考、分享和交流。现行统编语文教材不少自读课文的篇幅较长，比如《列夫·托尔斯泰》《美丽的颜色》《蝉》等，按照课程标准第四学段的默读要求——"阅读一般的现代文，每分钟不少于 500 字"，学生阅读一篇自读课文需要 5～6 分钟。有些教师往往压缩学生的阅读时间，他们或者认为学生没有能力看懂课文，或者担心学生没能按照要求读课文，有的教师甚至没有足够的耐心等待学生阅读，就粗暴地阻拦了学生和文本的"亲密接触"。有些教师虽然安排了充分的阅读环节，但是，在学生自主阅读期间，教师来回巡视并不时强调一些阅读要领，教师的"热心"反而干扰了学生阅读。

关于如何进行自读，统编语文教材在阅读提示和旁批中进行了相关提示说明。为了保证学生自主阅读的可能，自读课型不妨借助旁批展开阅读。这里所说的旁批，指的是编写者在文本中空白处对文章进行批评和注解，或针对课文的关键词句、情感体验以及文体写作技法做精要点评，或以问题的形式指引细读精思。它与批注有一定区别。批注是我国文学鉴赏和批评的重要形式和传统的读书方法，它大多是阅读者自身感受的笔录，体现着阅读者别样的眼光和情怀。而旁批更多的是为教学服务，它是统编语文教材自读课文特有的助学系统，是编写者精心开发出来的教材教学资源，其服务对象默认是教师和学生。

旁批提供了一定阅读教学任务的暗示。有的课文"旁批"已为教学设计提供教学架构。例如，九年级上册第一单元课文《我看》有三个旁批，第一个旁批"'我看'领起的四句，描绘出一幅什么样的画面?"是对应该诗歌的前两节提出的问题式指引，第二个旁批"这里的'你'指什么?"是对应第三、四诗节提问，第三个旁批"作者在这里因自然而激发而生出怎样的愿望?"则是对应第五、六诗节提问。这三个"旁批"内容实际上已经为诗歌的整体把握提供了思路。旁批对于教师把握教学内容、确定教学重点、构思教学设计起着十分关键的导向作用。对于学生而言，完全靠个人阅历去读懂一篇文章还是有一定难度，通过课文旁批给学生相关提示，可以更好地指引学生自主阅读。例如，八年级上册的自读课文《昆明的雨》的阅读提示："并未用大量笔墨直接写雨，而是从一幅画写起，将记忆中昆明雨季的景、物、事一幕幕展现开来……其中贯串着一条情感线索——对昆明生活的喜爱与想念。"并提示用圈点批注的方法去感受景物的美、人情的美和氛围的美，这就为自读提供了很好的参考。

旁批的选择需要突出单元要点，聚焦导读提示，呼应教读课文，以保证自读的方向。大而空的学习方向对于学习自读本身没有任何助力，教师借助旁批助推学生的自读，要注意不能割裂旁批与单元导读、阅读提示之间的关系。例如，七年级下册第三单元的单元导读提出："本单元的学习注重熟读精思，要注意从标题、详略安排、角度选择等方面把握文章重点。还要从开头、结尾、文中的反复及特别之处发现关键词句，感受文章的意蕴。"《台阶》一文的旁批："起笔引人思考，父亲为什么'总'有这样的感觉?""如此详写父亲洗脚，是要表现什么?""造好的新台阶为什么会让父亲如此'不自在'?"这几处旁批引导学生从详略安排把握文章重点，从课文的开头、特别之处寻找关键语句感受文章的意蕴，充分体现了对单元导读要求的教学指引。

自读课文所设置的旁批看似随文而言，实际上，同一课文内的旁批具有一定逻辑联系。教师要弄懂课文旁批之间的逻辑关联，从旁批中提取自读要点，通过设置提问引导学生高效地自读。例如，七年级下册第五单元自读课文《一棵小桃树》，教师借助旁批引导学生整体感知课文并疏通文义。在理解文章的基础上，应当重点引导第四个旁批："'蓄着我的梦'的桃核长成了树，而且真的开了花，作者仅仅在写花吗？"教学解读直指文章借物喻人的写作手法，顺势导向情感层面。最后，借助第五个旁批——"'我'的情感在这里来了一个转折，你读出来了吗？"引导学生进一步理解文章所蕴含的情感。

其三，注重阅读策略的迁移运用。一方面，自读课是教读课的阅读策略的迁移运用。教读课文可以说是一个例子，教师以教读文章为例教会学生相关的阅读基本方法。自读课则是学生运用在教读中获得的阅读方法、策略进行自主阅读，目的是用"法"。因此，巩固教读课所学，实践迁移拓展是自读课必须承载的使命。例如，统编语文教材八年级上册第二单元安排两篇教读课文《藤野先生》《回忆我的母亲》和两篇自读课文《列夫·托尔斯泰》《美丽的颜色》。教读课文注重教会学生关注典型事件中的细节，学生在自读课上借助典型事件中的细节就可以很好地掌握文章脉络，发现文章所记人物的"伟大"之处。

另一方面，自读课是教读课的举一反三，是由自读课"这一篇"的阅读策略到某一类文章的迁移运用。统编语文教材自读课文为学生阅读经验的建构提供了可能。教师在教读课文中的阅读示范，学生在自读课文阅读中将尝试迁移运用，内化从教读课中学到的方法，以实现从会阅读一篇文章到会阅读一类文章的目标。自读课教学不应局限于"这一篇"，而要把握单元教学的整体性，课堂上运用由扶到放、由教到用的策略，给予学生充分的学习时间，让学生掌握方法，学会学法迁移、运用。

下面以统编语文教材三年级上册第二单元为例，阐述教材的开发与处理。

统编语文教材三年级上册第二单元以"金秋时节"为人文主题，选编的四篇课文分别是教读课文《古诗三首》《铺满金色巴掌的水泥道》《秋天的雨》和自读课文《听听，秋的声音》。与我国文人悲秋主调不同的是，这一单元的选文都是展现秋天里的美好，四篇选文分别从景物的场景、色彩、声音等角度展现了金秋的美好。

基于单元"双线"，本单元教学一方面以"金秋时节"这一人文主题为主线，引导学生感受文章所描绘的秋之绚丽，触发学生关注、观察身边的秋之美，以此打通文本与生活的联系；另一方面，该单元的"语文要素"训练点是"运用多种方法理解难懂的词语"和"学习写日记"，那么在教读《古诗三首》《秋天的雨》等课文时，主要任务就是教会学生"运用多种方法理解难懂的词语"的具体方法——或借助图画，或借助注释，或结合上下文语境，或联系生活经验，等等。此外，还要指导学生将观察所得以日记形式写下来，而对其他方面的内容则尽可简单处理。

《义务教育语文课程标准（2022年版）》第二学段的阅读目标指出："能联系上下文，理解词句的意思，体会课文中关键词句在表达情意的作用。能借助字典、词典和生活积累，理解生词的意义。"[①] "能初步把握文章的主要内容，体会文章表达的思想感情。"[②] 这一单元语文要素正是对学段目标的落实。因此，本单元教学要抓住文中重点词句，引导学生综合运用在第一学段已经学习的了解词语意思的方法（或借助图画，或借助注释，或借助近义词，或结合上下文语境，或联系生活经验等）来理解难懂的词语，通过品词析句，体会课文中关键词句在表达情意方面的作用。

现行统编语文教材的单元教学对于方法、策略的安排是集中鲜明而又循序渐进的。教师在备课的时候要基于教材整体，领会编写者意图，弄清单元语文要素与前后教学单元相关要素的区别与联系，应该围绕单元语文要素来设定单元教学的重点、难点。

以三年级为例，三年级上册单元主题及语文要素见表5-2。

表5-2　三年级上册单元主题及语文要素

| 单元 | 单元主题 | 指向的方法、策略 |
| --- | --- | --- |
| 三年级上册第一单元 | 学校生活 | 阅读时，关注有新鲜感的词语和句子 |
| 三年级上册第二单元 | 金秋时节 | 运用多种方法理解难懂的词语 |
| 三年级上册第三单元 | 童话世界 | 感受童话丰富的想象 |

① 中华人民共和国教育部制定：《义务教育语文课程标准（2022年版）》，北京师范大学出版社2022年版，第9页。

② 中华人民共和国教育部制定：《义务教育语文课程标准（2022年版）》，北京师范大学出版社2022年版，第10页。

续上表

| 单元 | 单元主题 | 指向的方法、策略 |
|------|----------|------------------|
| 三年级上册第四单元 | 策略单元：预测 | 一边读一边预测，顺着故事情节去猜想。学习预测的一些基本方法 |
| 三年级上册第五单元 | 习作单元：观察 | 体会作者是怎样留心观察周围事物的 |
| 三年级上册第六单元 | 祖国河山 | 借助关键词句理解一段话的意思 |
| 三年级上册第七单元 | 我与自然 | 感受课文生动的语言，积累喜欢的语句 |
| 三年级上册第八单元 | 美好品质 | 学习带着问题默读，理解课文的意思 |

三年级下册单元主题及语文要素见表 5 – 3。

表 5 – 3　三年级下册单元主题及语文要素

| 单元 | 单元主题 | 指向的方法、策略 |
|------|----------|------------------|
| 三年级下册第一单元 | 爱的生灵 | 一边读一边想象画面；体会优美生动的语句 |
| 三年级下册第二单元 | 寓言故事 | 读寓言故事，明白其中的道理 |
| 三年级下册第三单元 | 中华优秀传统文化 | 围绕一个意思把一段话写清楚 |
| 三年级下册第四单元 | 观察与发现 | 借助关键词句概括一段话的大意 |
| 三年级下册第五单元 | 想象 | 感受想象的神奇，发挥想象写故事 |
| 三年级下册第六单元 | 多彩童年 | 运用多种方法理解难懂的句子；留心身边的人，发现身边人的特点 |
| 三年级下册第七单元 | 奇妙的世界 | 了解课文是从哪几个方面把事物写清楚的 |
| 三年级下册第八单元 | 有趣的故事 | 复述故事 |

由表 5 – 2 可见，三年级上册第二单元语文要素是"运用多种方法理解难懂的词语"。这个要求是在三年级上册第一单元"阅读时，关注有新鲜感的词语和句子"的基础上提出来的，在单元导语、课后习题、语文园地等多处都有提示，目的就是让学生去发现、梳理、总结多种理解词语的方法。这也是为三年级下册第六单元的学习蓄势。三年级下册第六单元

语文要素是"运用多种方法理解难懂的句子"。学生如果在这一单元学好"运用多种方法理解难懂的词语",就为以后"理解难懂的句子"提供了一个良好基础。

严格来说,语文要素所指向的是学生应当具备的基本的语文素养,而不是若干项具体的策略或方法的叠加。但是,语文素养的形成是一个循序渐进的过程,重在过程性的习得,比较可行的路径就是将语文素养分解为单项的具体的策略或学法,并在听、说、读、写实践过程中学习、运用,学生才有可能将具体的单项策略或方法逐步内化为自身的语文素养。所以,语文教师要认真分析单元语文要素的实践训练落脚点。

这一单元的第一篇教读课文《古诗三首》,包含《山行》《赠刘景文》《夜书所见》。教材课后练习"结合注释,用自己的话说说下面诗句的意思"很明确地提示,教学应当侧重引导学生借助注释理解古诗中难懂的词语。当然,除了借助注释,教师还可以引导学生借助插图或联系生活实际等方式理解诗句意思。该课教学目标如下:①学会本首古诗生字"径""斜"等10个生字,会写"寒"等生字;②借助注释等方法理解"斜""生""坐""擎"等词语的意思;③以比较、探究的方式品味语言,体会诗歌的情感基调,感受秋天的自然之美,有感情地朗读诗歌,能熟读成诵《山行》。

第二篇教读课文《铺满金色巴掌的水泥道》是作家张秋生创作的众多的"小巴掌童话"中的一篇,独特之处在于以儿童视角抒写身边的美景。秋天的雨后,水泥道上铺满落叶,本是极为常见的现象,但是在作者善于发现美的眼睛里,看到的是"一块彩色的地毯""像一个金色的小巴掌"。这些富有色彩的比喻,这些带有画面感的描述,这些来自身边的凌乱的自然美,让人"第一回觉得,雨后的水泥道真美啊"!此文教学目标如下:①学习生字新词,正确书写"铺"字;②学会借用熟字猜字义、借助近义词、结合生活经验、联系上下文等方式理解"明朗""熨帖""凌乱"等重点词语;③体会作者对于秋景的喜爱、赞叹之情,读出见到铺满金色落叶的水泥道的愉悦心情;④探寻文本的表达秘钥,积累运用比喻和叠词的优美词句。

《秋天的雨》是该单元第三篇教读课文。这是一篇抒情散文。作者以秋雨为线索,调动不同感官描写秋景,视觉上的"五彩缤纷",嗅觉上的"好闻的气味",听觉方面的"吹起了金色的小喇叭",以此串起秋天众多的景物,呈现了美丽、丰收、欢乐的秋天的特点。全文五个自然段先分后总，前四个自然段分写秋雨的特点，第五自然段总结抒情。前四个自然段既是并列关系，又有一定逻辑顺序，它暗含作者用心安排的时令变化顺序："秋天的雨，是一把钥匙"暗示秋天刚刚到来；"秋天的雨，有一盒五彩缤纷的颜料""秋天的雨，藏着非常好闻的气味"说的是仲秋丰收的景象；"秋天的雨，吹起了金色的小喇叭"则宣告进入深秋，准备过冬……此外，每一个自然段都由第一句总起概述本段中心内容，而后再展开细描。这一课的教学可以抓住关键词语"五彩缤纷"等，引导学生用不同的方法理解词语的意思。《秋天的雨》教学目标如下：①认识"钥、匙、缤"等生字，会写"扇、枚、邮"等字；②感受秋天的色彩美，重点理解"钥匙""五彩缤纷""好闻的气味""金色的小喇叭"这些难以理解的词语，读出对秋雨的喜爱和赞美之情（重点朗读课文第二、三自然段）；③学习、仿写文中的经典句式，尝试背诵，积累好词佳句。

《听听，秋的声音》是一首现代诗，用声音来描绘秋景。由于此文是该单元的自读课文，教学要注重安排相应的阅读实践，让学生自主运用学过的方法理解难懂的词语的意思。因此，《听听，秋的声音》教学目标可以确定为以下两点：①一边读一边展开想象，用自己的方法理解"道别的话音""告别的歌韵""暖暖的叮咛""丰收的歌吟"的意思，从中体会秋天的美好；②仿照诗歌的形式，仿写诗文。

这一单元的习作要求是"学习写日记"。在本单元中，教读课文《铺满金色巴掌的水泥道》的课后练习已经安排了由读到写的仿写练习，这是对写日记的提前准备。由于三年级学生处于习作起步阶段，教师的习作指导要注意激发学生写日记的兴趣和信心，重点引发学生交流"日记里可以写什么"的问题，并让学生了解日记的基本格式。

"语文园地"引导学生回顾、梳理，进一步总结理解词句的方法。除此之外，在指导学生课外阅读时，可以综合运用本单元所把握的理解词句的阅读策略进行课外阅读，从而养成边读边想的好习惯。

在单元教学安排上，统编语文教材在编写说明中做了如下解释："教读课文，由老师带着学生，运用一定的阅读策略或阅读方法，完成相应的阅读任务，达成相应的阅读目标，目的是学'法'。"自读课文的定位是提供阅读任务，由学生自主阅读文本并运用在教读中获得的阅读经验，自主建构阅读方法，完成相应的阅读任务，达成相应的阅读目标。对于课外阅读，教师要注意单元主题拓展延伸，构建"1＋X"课型。由此可见，单元的四篇课文各有要职，应当各司其职，互为补充。

《秋天的雨》是该单元第三篇教读课文，侧重于学"言"，即学习语言文字运用，培养相关的语言实践能力。其中，第二段是重点段。

秋天的雨，有一盒五彩缤纷的颜料。你看，它把黄色给了银杏树，黄黄的叶子像一把把小扇子，扇哪扇哪，扇走了夏天的炎热。它把红色给了枫树，红红的枫叶像一枚枚邮票，飘哇飘哇，邮来了秋天的凉爽。金黄色是给田野的，看，田野像金色的海洋。橙红色是给果树的，橘子、柿子你挤我碰，争着要人们去摘呢！菊花仙子得到的颜色就更多了，紫红的、淡黄的、雪白的……美丽的菊花在秋雨里频频点头。

对于这一自然段的教学，应当把握关键词"五彩缤纷"，以此为切入点，读懂作者描绘秋天景色所使用的词语，学习作者描绘秋天景色所使用的句式。

教学设计如下：

第一步，先让学生自己读读文段，看看秋雨把什么色彩给了谁。

第二步，用简洁的话说说秋雨把什么色彩给了谁。初步理解"五彩缤纷"，感受色彩的动态美。

（1）"五彩缤纷"的意思是什么？

从第二自然段中哪些词语能看出秋天是五彩缤纷的？（黄色、红色、金黄色、橙红色、紫红、淡黄、雪白……）

（2）理解"五彩缤纷"，体会动态美。

和"五彩缤纷"意思相近的词有哪些？（五颜六色、五光十色）能不能把"五彩缤纷"换成"五颜六色"或"五光十色"呢？

"缤纷"两个字是什么偏旁？绞丝旁就显示这与丝线有关。（出示旗帜飘扬图）"缤纷"在古代是特指旗帜上的飘带，风一吹旗帜上的飘带就会随之游动飘舞，所以古代称之为"旗游"。因此，"缤纷"这个词语就具有一种"动态美"。"五彩缤纷"不仅表示颜色多，还具有一种动态美，而"五颜六色"这个词语主要是描写静态的色彩美。

（出示课文背景图）这幅画面虽然颜色丰富，却是静止的，这是"五颜六色"。（课件播放银杏叶扇动、枫叶飘落的画面）现在，这样的情景用一个词来说叫什么？（五彩缤纷）这一场景不但颜色多，还有一种动态美。现在细读第二段，看看还有没有别的发现。（同时出示句子："它把黄色给了银杏树，黄黄的叶子像一把把小扇子，扇哪扇哪，扇走了夏天的炎热。"）

满树的银杏叶，在秋雨中渐渐变黄了，它们是怎么动的？像一把把小扇子随风舞动着。让我们一起读，让银杏叶飘起来吧！

第三步，画出自己最喜欢的句子多读几遍，而后用最好听的声音把句子读给同桌听。

第四步，仿写，学习句式表达的方式。

秋雨还把什么色彩带给谁呢？

秋雨把（  ）色给了（    ），（    ）。（  ）的（  ）像（    ）。

第五步，同句比异，从颜色、形状这两个方面体会比喻句的恰当。

A. 你看，它把黄色给了银杏树，黄黄的叶子像一把把小扇子，扇哪扇哪，扇走了夏天的炎热。

B. 你看，它把黄色给了银杏树，黄黄的叶子像一把小扇子，扇走了夏天的炎热。


解读教读课文，不仅要知道"作品写了什么"，还应该明白"作品是如何写的"。教读课文既需要引导学生抓住文题、关键词句来读懂课文，又需要教师教给学生阅读的策略和方法，目的是让学生学方法，由"得'意'"发展到"学'法'"。学"法"，即学会某些阅读方法，培养一定的阅读能力。

第四篇教读课文《古诗三首》提出"结合注释"理解词语。关于古诗文的编排，统编语文教材主要考虑切合单元人文主题。由于古诗文有着独立的文艺解读理论，我们不能简单、生硬地与单元语文要素联结。如果选文编排恰好呼应单元语文要素，可以考虑结合起来进行教学。中国古诗词往往是含蓄蕴藉的，作者的精神世界总是以很巧妙、很艺术的方式呈现出来，有时候看起来很浅近的表述其实是颇有深意的。尤其是杜牧的山水诗，他不是因景而写景，不是因色而写色，而是见景写感，写景传情。所以，解读看似浅白的字词在诗句的含义就不能只是停留在注释层面，教师应当让学生明确，读古诗词可以借助注释了解基本字义，更重要的是在诗句的具体语言环境中理解某个字词表情达意的独到之处。《山行》这首诗，应在诗句中解读"生处""坐""枫林晚"等字词的含义。

第五篇《铺满金色巴掌的水泥道》中学到的理解难懂的词语的方法，

有联系上下文、结合生活实际、借助熟字猜字义等。例如，理解"明朗"一词的意思，对于这类由两个意思相近的字组成的词语，可以借助熟字猜字义和词素叠加的方法来理解意思。先让学生看"歌唱"这个词，"歌"和"唱"意思相近，"歌唱"就是"唱歌"的意思，"明朗"这个词亦是如此，"朗"就是"明"，由此理解"明朗"就是"明亮"的意思。课文中还有"潮湿""凌乱""增添""蹦跳"等词都可以用这一方法来理解词语的意思。

又如，理解"熨帖"这一难懂的词，可以指导学生用联系上下文的办法来理解词义。一片片闪着雨珠的叶子掉下来，铺在地面上是怎么样一种状态？上文写到"一片片闪着雨珠的叶子，一掉下来，便紧紧地粘在湿漉漉的水泥道上"，下文写到每一片落叶都"平展地粘在水泥道上"。联系上下文可以读懂"熨帖"在课文的意思是"紧紧地粘""平展地粘"。当然，理解"明朗"一词的时候，也可以采用联系上下文语境来理解，引导学生结合第二自然段的句子"我背着书包去上学时，天开始放晴了"来理解，学生很快就会明白"明朗"就是"晴朗、明亮"的意思。

此外，由于这一单元的习作要求"学习写日记"，《铺满金色巴掌的水泥道》一课设置了仿写练习，教师应当有意识地指导学生观察，让学生"我手写我见"，将自己观察到的秋天的景象写下来。这也是为接下来第五单元习作"我们眼中的缤纷世界"所做的准备。

《秋天的雨》一文，由于这篇文章文段结构类似，都是首句概写，接下来分述、细描，可以指导学生基于语段联系上下文理解中心句的关键词语，重点理解"钥匙""五彩缤纷""好闻的气味""金色的小喇叭"这些难以理解的词语。

我们还可以引导学生联系已有的生活实际理解。《秋天的雨》第三自然段描述了秋天的气味及小朋友被"非常好闻"的香味"勾住"。

秋天的雨，藏着非常好闻的气味。梨香香的，菠萝甜（luó）甜的，还有苹果、橘子，好多好多香甜的气味，都躲在小雨滴里呢！小朋友的脚，常被那香味勾住（gōu）。

显然，这一文段难理解的词语是"勾住"。教学时，教师不妨引导学生联系自己的生活经验去理解词语——"多香甜的气味啊！小朋友的脚都被它勾住了。生活中你有被'勾住'的经历吗？你曾经被什么事物吸引、捆住了？"

对于自读课的教学，重在用"法"，举一反三——教读课文"举一"，自读课文"反三"。教材的单元说明、自读课的阅读提示和旁批提供了一种最基本的阅读指引和路径。自读课文的阅读提示往往是配合单元重点或选取文章的独到之处进行指导，给予学生必要的提醒和解释的，既指向学生的自主阅读、独立阅读，同时又尽可能向课外阅读和学生的课外语文生活延伸。教师要把握其内在的联结和隐含的路径，以此确定适当的阅读实践内容。

《听听，秋的声音》的阅读提示如下：

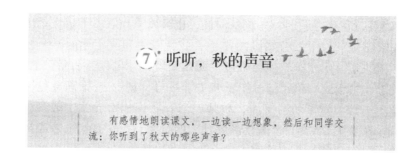

在每一个教学单元中，教读课文与自读课文的语言风格、表达主题、文本结构、思想内容等方面具有相似之处。教师务必要强化统筹、整合单元教学内容的意识，寻找课文的阅读路径、方法方面的联系，进行拓展迁移，以此强化本单元的语文要素。在前面三篇教读课文的基础上，自读课文《听听，秋的声音》对"运用多种方法理解难懂的词语"这一语文要素应当进行回顾、总结。

该课的教学步骤可以由引到放：

第一步，学生自由朗读诗歌。

带有拼音的生字多读几遍，有哪些不理解的词和同桌讨论讨论，看看能不能解决。（说明：着重让学生运用从精读课文中学到的方法自读自悟）

交流：你用什么方法理解了哪些词？（说明：回顾本单元教读课文所

使用的理解词语的方法：查工具书、查看注释、找近义词、联系上下文、联系生活经验等）

第二步，师生交流。

找出自己喜欢的秋的声音，多读几遍，说一说为什么喜欢？（说明：让学生通过朗读表达个人对秋的感觉）

第三步，仿照课文第一、二小节的形式自由说话。

（说明：这首诗的前两段的结构非常整齐，句式一模一样，有利于学生模仿句式并展开对秋天独有声音的想象）

（出示秋天图景）走进秋天，走进大自然这个音乐厅，你还能听到哪些秋的声音？请用以下句式说一说："听听，秋的声音，（'谁干什么'），'（拟声词）'是（　　　）。"

统编语文教材自读课文为学生阅读经验的建构提供了可能。教师在教读课文中的阅读示范，学生在自读课文阅读中将尝试迁移运用，内化教读课中学到的方法，以实现从会阅读一篇文章到会阅读一类文章的目标。自读课是把教读课上学到的知识和方法迁移运用到阅读实践中去。设计自读课教学，不能局限于"这一篇"，而要把握单元教学的整体性，围绕单元目标，确立自读方向、重点。课堂上运用由扶到放、由教到用的策略，给予学生充分的学习时间，鼓励其自主完成学习任务，从而实现自读课的初衷——"授之以渔"，让学生掌握方法，学会学法迁移、运用，更好地开展学习。

随着识字量的增多，三年级的学生对于文字的理解力有了进一步的提高。在本单元的课外阅读活动中，教师要重点指导学生运用多种方法理解词语意思，以此促使学生能够将本单元所学习的阅读策略运用到日常阅读中。三年级是小学阶段的过渡年级，是学生跨入中高年级的起始年级，正是学习习惯、学习态度从可塑性强转向逐渐定型的重要过渡阶段。在语言方面，他们已不满足于直观的图像和文字的表层含义，非常喜欢模仿大人的表达方式。这一阶段的学生的阅读品位已经有所提高，他们喜欢能开阔视野的书籍带领他们去深入探寻熟悉或陌生的世界。因而，三年级的课外阅读要开始强化积累的意识和积极主动的阅读意识，同时要注意培养学生良好的阅读习惯和有效的阅读方法。书目方面的选择要考虑这一学段的孩子比较感兴趣的主题，如英雄、友情、冒险等。结合本单元习作"学习写日记"的要求，尽可能选择日记体的文学作品，例如《晴天有时下猪》

《民国乡村小学生的日记》《小屁孩日记》等。这些描写同龄人生活的儿童文学很容易让学生产生共鸣，以此触发他们对身边人和事的观察。

### （四）针对单元类型进行教学设计

现行统编高中语文必修教材（2019 年 9 月，由教育部教材局组织统一编制并正式投入使用）将教学单元细化为文选类单元、导读类单元和活动类单元。教材编制导向的是以学习任务群为中心的"大单元教学"，其编制的改变对教师的教学和学生的学习提出了更高的要求。

#### 1. 活动类单元的教材处理

活动性单元是以语文综合实践为主的单元，不再选编传统意义上的课文，以专题性的语文活动为主，以一体化设计的学习活动为核心，带动相关资源的学习以及贴近生活情境的实践活动的开展。《普通高中语文课程标准（2017 年版 2020 年修订）》提出："语文课程应引导学生在真实的语言运用情境中，通过自主的语言实践活动，积累言语经验，把握祖国语言文字的特点和运用规律，加深对祖国语言文字的理解与热爱，培养运用祖国语言文字的能力。"[①] 活动类单元所设置的相关语文学习"活动"就是语文课程标准提出的"语言实践活动"的落实。现行统编高中语文教材活动类单元的编制，遵循课程标准的理念和要求，以"语言建构与运用"为基础，依照人文主题和学习任务群两条线路，设计在真实情境下有意义、有挑战性的学习任务，促进学生语文学科核心素养的发展。对于教材中的活动性单元，要注意单元整体贯通设计学习活动。

从活动方式来看，活动性单元所安排的活动主要包括阅读、写作、文献查阅、访谈、考察、演讲、讨论、辩论、报告会等。

从组织程序来看，活动类单元的教学实施一般采用以下步骤：阅读教材，明确单元学习目标、内容与任务—明确单元的学习方法及活动方式—讨论，选择相应的探究主题或活动项目—组建学习小组，拟定小组计划—开展课外语言实践活动，搜集资料—整理资料，提炼观点—班级分享交流—完成学习总结与反思。

从教学的实施路径看，活动类单元主要包括主题探究式、任务分解式、项目学习式三种形式。

---

① 中华人民共和国教育部制定：《普通高中语文课程标准（2017 年版 2020 年修订）》，人民教育出版社 2020 年版，第 1 页。

主题探究式一般是将单元活动分解为相应的学习主题。现行统编高中语文教材活动类单元包括"家乡文化生活"（必修上册第四单元）、"词语积累与词语解释"（必修上册第八单元）、"信息时代的语文生活"（必修下册第四单元）、"逻辑的力量"（选择性必修上册第四单元）四个单元。每一个活动类单元都安排三个学习活动，每一个学习活动均可作为一个主题进行探究式教学。例如，"家乡文化生活"单元的"学习活动"包括三项："记录家乡的人和物""家乡文化生活现状调查""参与家乡文化建设"。这三项"学习活动"就是三个学习主题。

任务分解式就是将活动单元的"学习活动"分解为更为具体的学习任务来展开教学。例如，"家乡文化生活"就可以将"记录家乡的人和物""家乡文化生活现状调查""参与家乡文化建设"三项"学习活动"分解为具体的学习任务，并且根据学生学习的需要设计与之匹配的"拓展学习活动"供学生选择。

【案例】"家乡文化生活"单元活动设计①

"家乡文化生活"单元活动包括三个层面。第一层面，安排对家乡"人"和"物"的调查，让学生进行"我的成长"与家乡文化之间关联的思考，产生对家乡的认同感；第二层面，安排"家乡文化生活调查"，让学生的"教育生活"与"社会生活"发生关联，让学生将所学与社会所需进行结合，产生对社会主义先进文化的思考和认同；第三层面，安排"参与家乡文化建设"，培育学生"爱我家乡""爱我祖国""为她建设""为她增光"的情感。

具体活动设计如下：

"记录家乡的人和物"活动设计——

1. 了解并参观盐城的名人（陈琳、陆秀夫、卞元亨、乔冠华、胡乔木、曹文轩）及风物（中华海棠园、大洋湾、东晋水城、自然湿地、海盐博物馆、各地特产、各地习俗），在活动过程中做好记录。

2. 后期进行小组、班级、校内交流。

"家乡文化生活调查"活动设计——

1. 确定全班各小组调查的文化主题，如"盐城农村空巢老人文化生

---

① 史成明、杨万扣：《项目驱动下的"实践活动类"单元教学策略——以"家乡文化生活"单元为例》，载《中学语文教学》2021年第9期，第12－15页。

活研究""东台孝贤文化研究""伍佑千年古镇的巷文化研究""盐城宗祠文化研究"。

2. 设计调查问卷和访谈提纲。

3. 开展调查活动与撰写调查报告。

4. 学习成果展示。

"参与家乡文化建设"活动设计——

1. 以"最是村名是乡愁"为主题，给盐城地名委员会写一封建议书，力求保留村庄姓名。

2. 以"盐城农村空巢老人文化生活匮乏"为主题，给盐城农村建设委员会写一封建议书，建议增加农村老人的文化生活参与方式。

3. 以"宗祠是宗族永远的根基"为主题，给盐城文化建设委员会写一封建议书，建议保护并挽救已经遗失的宗祠及文化。

项目式学习是活动类单元实施落实的细化。对教师而言，完成活动类单元的最大难点是可操作性。以"家乡文化生活"单元为例，该单元安排了访谈、实地调查和建议书等学习活动。每一项学习活动的实际操作难度都很大，执行起来非常复杂。访谈活动需要确定访谈主题、拟定访谈提纲；实地调查需要设计科学的调查问卷，访谈问卷需要有效的整理和分析；调查报告和建议书的撰写需要科学的分析；等等。对于学习任务比较繁重的高一学生，这些准备工作和实际操作如何安排？教师如何组织"前置"学习并指导？实际访谈可能出现突发状况，学习小组协调、合作可能出现不愉快，这些因素也使得学习活动充满不确定性。比较可行的途径，以项目支架降减活动类单元的实施难度，支持活动有序实施。

首先，需要教师对学习活动的实施有充分预判，精心设置"前置"学习，为学生提供学习活动所需要的知识支架、方法支架、策略支架等。其次，需要教师对学情进行准确分析，科学建立项目小组。活动小组应当以"组间同质，组内异质"为基本组合原则，尽可能促使组内成员在语文学科学习时互补。在此基础上，进行任务分解，小组成员各自承担任务。再者，学习活动的安排要体现"序列化、进阶性"，活动内容的安排应当环环相扣，前后活动具有紧密的逻辑关联。最后，优化学习场域，创设真实的活动情境，弥补学生在学校或课堂参与活动的被动性。

【案例】"家乡文化生活"之"红岩文化研究"学习项目设计①

1. 阅读长篇小说《红岩》，理解小说的主题思想。

（1）简要概括小说《红岩》的故事情节。

（2）将小说《红岩》中的主要人物列举出来，用三五个词语概括每一个人物的性格特征。

（3）用100字左右概括小说《红岩》的主题。

2. 查阅文献，观看电影，理解"红岩精神"的内涵。

（1）通过上网或进图书馆查阅文献，分析"红岩精神"的内涵，选三至五篇重要文献，筛选其中的关键词句，然后以表格形式统计这些文献中主要使用了哪些词句来概括"红岩精神"的特征，其中使用频率最高的词语是哪些，并对这些词语的内涵进行具体分析。

（2）观看与"红岩精神"相关的电影，结合小说《红岩》，理解"红岩精神"的丰富内涵。

（3）用100字左右概括"红岩精神"的特征。

3. 参观与访谈，搜集新鲜而有价值的资料。

（1）参观革命纪念馆或革命旧址，比如红岩革命纪念馆、重庆红岩革命历史博物馆、红岩魂陈列馆等，具体了解革命英烈的英雄事迹以及相关文物。

（2）拟定访谈提纲，访谈有关人物，比如健在的英雄人物、著名作家、有关文化部门的负责人等，做好访谈记录，搜集与革命英雄相关的新鲜资料。

（3）整理、甄别、筛选、梳理、分析所有资料。

4. 提炼成果，用多种形式来表现研究成果。

（1）撰写有关英雄的人物志，撰写与"红岩精神"有关的风物志。

（2）根据自己的兴趣撰写文学作品，如散文、诗歌、小说、戏剧等。

（3）整理资料，撰写解说词，制作"红岩精神"宣传片。

（4）组织开展"弘扬红岩精神，争做文明市民"主题演讲。

（5）撰写建议书或倡议书，就"践行红岩精神，争做文明市民"提出建议或倡议。

---

① 李安全：《高中语文活动类单元教学实施路径探讨》，载《语文教学通讯》2022年第10期，第84-87页。

5. 分享与反思，通过多种活动形式分享学习经验和成果。

（1）在班级或者年级通过编印成果集、展示、宣讲、演说等形式分享学习成果和学习经验，然后撰写学习总结。

（2）如果可能，可以将学习活动过程的有关图片、视频以及学习成果通过多种媒体形式来发布。

需要注意的是，活动类单元还是姓"语"。活动类单元的实践活动丰富，容易导向其他学科领域的研究学习，在涉及其他学科内容的时候要注意把握时间和内容分配方面的量和度，应当注意保证实践活动对语文核心素养的提升。此外，活动类单元以提升学生运用祖国语言文字的能力为关键目标，其本质是借助实践活动助推学生的自主语言实践活动。活动类单元的活动设计及实施要形成一个"从语言出发再回到语言"的闭环，不要为了活动而活动。

## 2. 文选类单元的教材处理

统编高中语文必修教材针对"文学阅读与写作""实用性阅读与交流"和"思辨性阅读与表达"三大学习任务群编制了文选类教学单元，亦称读写单元。从单元编排看，统编高中语文必修教材突破了传统的以单篇为基本单位的固有教学模式，强化单元教学内容的整合，强调的是实施单元整体教学。虽然文选类单元的基本构成要素依然是单篇选文，但是，不同于以往语文教科书的教学单元处理，"文选类"单元不是以课文为纲，并非一课一课地教学，也不是一课时一课时地进行教学设计，而是根据"任务"来设"课"，"一课"之下编排多篇文本。"篇"要服从"课"，"课"要服从"单元"。在"任务驱动"之下，让学生在一定情境之中带着一定的任务进行伙伴式的学习、探究式的学习，从而获得自己知识的建构。

文选类单元是通过学习任务群统领人文主题，依托任务群与人文主题进行学习任务的设置，借助单元导语、单元学习任务等单元要素呈现选文所承载的学习任务，促使学生在完成单元学习任务的过程中达成学习任务群的基本导向，提升学生的语文核心素养。现行统编语文教材的单元导语提供单元学习核心任务，用核心任务驱动单元整合学习。学习提示则提供选文学习任务以及解决学习任务的途径，用选文学习任务呼应单元核心任务，驱动选文学习。单元学习任务则提供听、说、读、写多种类型的学习任务，指向学生的语言、思维、审美、文化四方面的培养，通过任务勾连整个单元学习内容，驱动学生进行深度学习。当然，需要明确的是，"任务驱动"是"学习任务群"的教学方法，但不是唯一的方法，也不意味着全部教学都要采取"任务驱动"的方法。某些教学单元或课文适合"任务驱动式"教学，某些课文可能更适合启发式讲解，教学活动的设计与安排要因文而异。此外，虽然文选类单元强调从单元整体对单元学习内容进行提炼与整合，但是，教材处理也要注重文选类单元的每一篇课文的独特性以及这篇课文在整个单元中的意义。教材的开发与处理并非孤立地对待教科书各部分内容，而是既要深入研读单篇文本的重要性，依照课文特质各显个性，也要把握单元各构成要素之间的联系，促进知识内容的结构化、整合化，防止单元教学的孤立化、片面化。文选类单元不追求单元知识的系统和齐全，不以训练作为纯技巧的反复练习，其教学形式应视文本编排情况而定，构建单篇、单元、群文和"一课多篇"并存的教学方式。

文选类单元由单元内各部分之间构成了相互照应的结构化的系统，其特殊性在于单元学习任务带动整个单元教学。从统编高中语文必修教材文选类单元的编排看，教学中的单元学习任务与课的联系有三种情形：以一课为基本单位、以两课为基本单位、以整单元为基本单位。例如，必修上册第一单元第三课的两篇小说聚合为一课学习任务——"感受细节与点评细节"，必修上册第一单元第一课和第二课需要整合教学完成"鉴赏诗歌意象意境"的学习任务，必修上册第一单元单元学习任务四"合作探讨诗歌与小说语言和艺术形象的基本特点"，则需要整合单元所有课才可以完成。教材中的单元学习任务不仅仅是课后练习，更是单元教学设计的依据。文选类单元教材开发与处理既可以从任务出发，围绕任务整体把握课文，也可以从课文出发，在解读文本的同时完成任务。对于文选类单元这样的读写单元，要强化单元整合意识，其单元教学设计要体现系统性、整体性。教学设计中要以"单元导语"为引领，以"单元学习任务"为抓手，以"学习提示"的要求为细目，以"课文及注释"为主要资源，以学生学习实践活动为主线，创设真实情境，进行系统化的单元整体教学设计，以具有内在逻辑关系的任务群来驱动和促进学生的自主学习和深度学习，提升学生的语文核心素养。

文选类单元的教材开发与处理的主要策略是分解、细化再重构单元学习任务。第一步，单元学习任务的实现需通过"课"这一载体。单元学习任务需要进一步分解到每一课。第二步，进一步细化每课的学习任务，合理安排每课时的教学内容与教学活动。第三步，依据实际学情，对单元学习任务进行重构，而非按照单元学习任务的编排顺序来组织实施。

以统编高中语文教材必修上册第一单元为例，这一单元归属"文学阅读与写作"学习任务群，课程标准对该任务群的教学提出的要求是："教师应向学生提供有效的学习支持。如做好问题设计，提供阅读策略指导，适时组织经验分享和成果交流活动；在学习过程中相机进行指导点拨，组织并平等参与问题讨论……鼓励和引导学生自主组织、举办诗歌朗诵会、读书报告会、话剧表演等活动，丰富学生的审美体验；创造更多展示交流学生作品的机会或平台，激发学生文学创作的成就感；引导学生进行自我反思性评价，为学生提供观察记录表、等级量表等自评互评的工具，促进学生不断进步。"[①]

从单元导语可见，该单元的人文主题是"青春的价值"，所指向的语文关键能力是运用恰当的文学形式表达独特的自我情感。根据教科书所涉及的学习任务，该单元学习任务可以分解为以下学习任务。

第一个任务：阅读文本，并说出其中让自己感动的地方。

第二个任务：理解和阅读诗歌，通过聚焦"意象"和"语言"来掌握阅读诗歌的方法。

第三个任务：理解和阅读小说，从中寻找让自己感动的片段，并体会人物的心理活动和学习小说中的细节描写。

第四个任务：结合该单元所学的文学类文本阅读的基本方法（如分析意象，品读重点词语等方法），以"青春"为主题写一首诗，并交流展示。

而后，对该单元学习任务进行细化，也就是将各项学习任务细化为相应学习项目，并设置一定情境之下的相关学习活动。据此，对单元内容进行重构，整体统筹单元教学活动。

---

① 中华人民共和国教育部制定：《普通高中语文课程标准（2017 年版 2020 年修订）》，人民教育出版社 2020 年版，第 18 页。

【附】统编高中语文教材必修上册第一单元教学设计①

一、任务框架

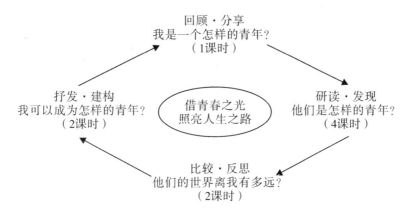

回顾·分享
我是一个怎样的青年？
（1课时）

抒发·建构
我可以成为怎样的青年？
（2课时）

借青春之光
照亮人生之路

研读·发现
他们是怎样的青年？
（4课时）

比较·反思
他们的世界离我有多远？
（2课时）

二、学习过程

环节一　回顾·分享：我是一个怎样的青年？（1课时）

任务1：回顾成长历程，认识自己，尝试回答"我是一个怎样的青年"这个问题。

（1）回忆那些触动你心灵的文学作品，完成下面的任务清单，如表1所示：

表1

| 序号 | 篇名/书名 | 作者 | 触动之处 |
|------|-----------|------|----------|
| 1 | | | |
| 2 | | | |
| 3 | | | |
| 4 | | | |
| 5 | | | |
| 6 | | | |

---

① 郑桂华：《追求必备品格与关键能力的融合——统编高中语文必修上册第一单元教学设计》，载《语文学习》2022年第3期，第23-29页。

（2）根据你获得这些作品的途径等不同维度，参考图 1 尝试进行更多分类，将表 1 中的序号填入。

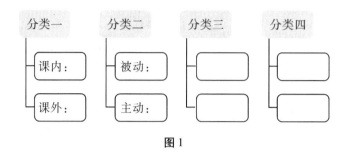

图 1

（3）从上述回顾与梳理中，你对自己文学作品的阅读趣味有哪些感受与思考？与你学习小组的伙伴分享自己的整理与发现，感受每个人文学阅读趣味的同与异，注意分享各人的独特之处。

（4）阅读只能反映一个人部分的精神生活，对现实世界的观察、感受与思考则更直接地反映这个人的精神面貌。可以借助以下问题唤醒你的回忆：

① 三年前你进入中学学习，那时你想象过你现在的生活场景吗？

② 你是否预测过自己进入这所高中就读？

③ 你想象过高中老师与同学的形象吗？

④ 初中三年里，你满意或不满意自己做的事情有哪些？

⑤ 九年前，你开始读小学了，那时你对小学生活、中学生活乃至将来的职业等有哪些设想？

⑥ 六年后，你从这所小学毕业了，你对它的情感有哪些？

…………

（5）回顾与分享自己的阅读经验与生活经验是一件既幸福又痛苦的事情，为自己的精神面貌、人生追求、阅读趣味等画个像，尝试回答"我是一个怎样的青年"这个问题。你可以选择下面一种形式，也可以采取其他形式。作品可以在班级墙报、微信公众号、班级网页等展示交流。

①创作一首小诗；

②画一幅漫画；

③创作一篇散文/小传/小说；

④写一首歌；

⑤做一组图文并茂的幻灯片；

⑥制作一个微视频。

…………

环节二 研读·发现：他们是怎样的青年？（4 课时）

第 2—3 课时

任务 2：通读本单元五首诗歌、两篇小说，感受不同时代年轻人的价值追求。

（1）朗读《沁园春·长沙》等五首诗歌，体会这些诗歌传递的情感，分别用一两个词语描述你的感受。

| 篇名 | 我的感受 |
|---|---|
| 《沁园春·长沙》 | ＿＿＿＿＿＿＿＿＿ |
| 《立在地球边上放号》 | ＿＿＿＿＿＿＿＿＿ |
| 《红烛》 | ＿＿＿＿＿＿＿＿＿ |
| 《峨日朵雪峰之侧》 | ＿＿＿＿＿＿＿＿＿ |
| 《致云雀》 | ＿＿＿＿＿＿＿＿＿ |

（2）细读这五首诗歌，并借助意象把握诗歌意蕴。从诗歌意蕴的显与隐这个角度将诗歌排序，你还可以从诗歌意蕴的多元理解等角度给五首诗歌排序。与同学分享你的排序和依据。

（3）尝试将这五首诗歌分组，探究分类的多种可能性，再借助分类更好地帮助我们读懂诗歌的意蕴。

例如，将《沁园春·长沙》《立在地球边上放号》《峨日朵雪峰之侧》分为甲组，《红烛》《致云雀》分为乙组，是否会帮助我们寻找到打开诗歌意蕴之门的钥匙？

（4）五首诗歌创作时间不同，作者创作这些诗歌的年龄不同，大致情况如表 2 所示。再查找资料，用简短的一两句话描述"诗人处境"。

表2

| 篇名 | 诗人 | 创作时间 | 当时年龄 | 诗人处境 |
|------|------|----------|----------|----------|
| 《沁园春·长沙》 | 毛泽东 | 1925 年 | 32 岁 | |
| 《立在地球边上放号》 | 郭沫若 | 1919 年 9、10 月间 | 27 岁 | |
| 《红烛》 | 闻一多 | 1923 年 | 24 岁 | |
| 《峨日朵雪峰之侧》 | 昌耀 | 1962 年 8 月 2 日初稿 | 26 岁 | |
| | | 1983 年 7 月 27 日删定 | 47 岁 | |
| 《致云雀》 | 雪莱 | 1820 年夏 | 28 岁 | |

第4—5课时

任务3：阅读两篇小说，理解不同文化语境下年轻女性的转变。

（1）阅读《百合花》《哦，香雪》，读完请列出小说中出现的人物。

《百合花》中的人物：＿＿＿＿＿＿＿＿＿＿

《哦，香雪》中的人物：＿＿＿＿＿＿＿＿＿＿

从以上列出的人物中，你可以发现有些人物没有确定的姓名，人们往往以身份称呼他（她），这带给你什么感觉？有的人物的称呼还多有变化，例如"通讯员"。作者应该是有意为之，你觉得作者这样塑造人物的目的是什么？

（2）香雪、新媳妇在小说中都有明显的变化，梳理她们变化的过程，分析她们变化的原因。想一想，如果你在那样的处境中，你会怎样处理那些突发事件？

（3）《哦，香雪》中有不少标志个人身份及其价值追求的物品或生活细节，如"火车""塑料铅笔盒"；《百合花》中也有这样的物品或生活细节。试着找出一些来，理解不同人面对这些物品或生活细节时的态度。

（4）选择一个打动你的人物，写一段话或一首诗，向陌生的同龄人介绍他（她），旨在激发同龄人阅读这篇作品的兴趣。

环节三　比较·反思：他们的世界离我有多远？（2课时）

第6—7课时

任务4：阅读这个单元的诗文，理解"他们"与世界的关系，感受不一样的青春价值。

（1）再次阅读五首诗歌与两篇小说，梳理诗人、小说中的主要人物与世界连接的方式或状态。尝试参考以下维度：主动/被动、短暂/长久、辽阔/狭小、浅表/深入、奋斗/妥协、付出/获得、实用/审美，等等。

（2）再次选择这七篇作品中几段文字，用心阅读，或独自朗读，慢慢体会不同连接方式或状态带给读者的不同感受。想一想，你与哪些连接方式更容易共鸣？

任务5：查阅资料，合作探究，理解作者的精神追求，感悟责任担当的价值。

（1）小组合作，搜集作者谈创作经历或文学主张的文章，或搜集权威研究者的重要研究文章，进一步研读本单元七篇作品中的一篇，理解作者创作该作品的人生寄寓与价值追求。

"我写《百合花》的时候，正是反右派斗争处于紧锣密鼓之际，社会上如此，我家庭也如此。啸平处于岌岌可危之时，我无法救他，只有每天晚上，待孩子睡后，不无悲凉地思念起战时的生活，和那时的同志关系。"——茹志鹃《我写〈百合花〉的经过》（茹志鹃《残云小札》，上海文艺出版社1998年版）

（2）回顾前面所学，思考与世界连接的不同方式对于个体的意义。例如，香雪换到塑料铅笔盒之后打量故乡时候的心理，"她心中升起一种从未有过的骄傲"，我们可以有哪些理解？你是否也曾有过类似的感受？

（3）小组分享研究成果，课后阅读《毛泽东诗词》《论语》等书籍，整理其中关于理想追求、人生价值的精彩表达，并汇编各小组探究成果。

环节四　抒发·建构：我可以成为怎样的青年？（2课时）

第8—9课时

任务6：发挥你的想象力写一首诗，抒写你对高中生活的思考与期待，也可以围绕你与世界的连接方式这个话题写一首诗。

可以选择某首诗歌仿写；也可以借鉴本单元诗歌在意象选择、组合等方面的手法，自主写作一首诗。

注意：①努力创造体现你个人感悟的独特意象；②反复提炼语言，在炼字炼句上多探索，如用近义词替换，在比较鉴别中找到恰当的表达。在创作过程中，可用表3评估和推进写作。

表3 个人创作诗歌评估量表

| 序号 | 评估项目 | | 水平等级 | | | 说明 |
|---|---|---|---|---|---|---|
| | | | 优秀 | 较好 | 一般 | |
| 1 | 创作的主动性 | | | | | |
| 2 | 意象 | 数量 | | | | |
| 3 | | 组合方式 | | | | |
| 4 | | 独特性 | | | | |
| 5 | 语言 | 凝练 | | | | |
| 6 | | 跳跃性 | | | | |
| 7 | | 个性化 | | | | |
| 8 | 意蕴 | 显隐程度 | | | | |
| 9 | | 多元理解的可能 | | | | |
| 10 | 修改 | 打磨语言 | | | | |
| 11 | | 更换意象 | | | | |

任务7：分享各自创作的诗歌，借鉴同学的写作经验，修改完善自己的诗作。课后将本单元不同时间的写作成果，包括关于诗文中的"他们"和现实中的"我们"等所有写作成果汇编成为班级第一本文集。

### 3. 整本书阅读单元的教材处理

现行统编高中语文教材在必修上册、下册各安排了两个整本书阅读单元，分别指向阅读学术著作《乡土中国》和古典长篇章回小说《红楼梦》。《普通高中语文课程标准（2017年版2020年修订）》课程内容单独设置了学习任务群"整本书阅读与研讨"，提出的学习目标与内容主要强调"探索阅读整本书的门径，形成和积累自己阅读整本书的经验"和"通读全书"。对于学术著作的整本书阅读目标是读完，读通，读懂；对于长篇小说的整本书阅读目标是通读并整体把握。

《乡土中国》就是社会学本土化研究的典型代表，是基于田野调查的研究。整本书阅读单元首先要求读懂学术著作的逻辑架构，弄清楚"提出了什么问题"和"怎么解决问题"。其次要依据学术著作的学术性、科学性、逻辑性的特点，关注学术著作语言特点和论述逻辑。最后，引导学生建构阅读学术专著的经验，通过读懂"这一本"实现"掌握学术著作的一般读法"。例如，圈点勾画，借助思维导图梳理，撰写读书笔记、书评、文献综述等。

《红楼梦》是中国古典长篇章回小说的高峰。对于这样一本艺术化的中国古代社会文化百科全书，整本书阅读难度很大，课程标准的基本要求是"通读全书，整体把握其思想内容和艺术特点"。在此基础上，选读相关章节进行重点研读，推动学生探究主要人物形象，品味小说语言表达的精彩之处。

对于整本书阅读单元，教师的主要任务是依据所阅读文本的特点、难点以及学生阅读的实际情况进行阅读指引活动的设计。阅读的过程是一个较长的过程，教师在这一过程中的指导是必不可少并且至关重要的。因此，整本书阅读单元活动要针对以下几种情况进行：学生不感兴趣的，要向学生指出作品的好处，激发学生的阅读兴趣；学生粗浅阅读，或者误读，或者不得要领，教师要穷尽其妙，带着学生循着文本内在的发展轨迹，读出整本书深层次的价值。学生只有做到了真正的阅读，而不是浮于表面的应付，才能真的达到整本书阅读的目的。

（1）借助探究专题推进。据说，苏轼在阅读《汉书》时，每次阅读时都有一个阅读目的。第一遍清晰治世之道，第二遍学习用兵之法，第三遍研读官制和人物形成八面受敌法。这一方法十分切合以探究专题推进整本书阅读。探究专题应当以阅读主题为导向，在不同阅读时期，形成重点各异的阅读探究专题。探究专题的确定以学生的阅读学情为基础，围绕整本书的特点要素展开，穿插听、说、读、写活动，涉及推理、判断、概括等阅读理解策略。每次整合的话题各异，确定核心问题后，寻找关键要素进行集中阅读。探究专题的确定非常关键。一个恰当的话题，既能反映阅读材料的主题，为一个持续的、长时间的阅读探究提供支撑力，又能激活学生的阅读积累与生活经验，吸引学生深入研读课文，促进理解。过于细致琐碎而没有思考意义的话题很容易让学生陷入被动和机械的阅读。整本书阅读的探究问题要少提事实性的问题，多提诠释性的问题；少提认同性的问题，多提批判性的问题；少提简单陈述的问题，多提创意思考的问题；少提封闭性的问题，多提开放性的问题。

首先是对阅读文本的特色进行定位。整本书字数多、内容杂、信息量大，探究问题的设置应当抓住整本书中富有特色的核心内容展开。抓住核心的特色内容，既可以丰富学生的阅读体验，也能够促进他们积累整本书阅读的经验。例如，学术著作大多是在某一学科领域或某一探索专题的深度探索和研究，必然涉及相关学科领域的专业学识，阅读时要注意把握核心概念，防止选择知识化研究题目；对于长篇小说而言，人物关系交错，故事情节复杂，整本书阅读首要的是抓住情节主线和梳理人物关系，《红楼梦》整本书研读就要抓住典型人物，而不是选择服饰、饮食等创作的"副产品"来研究，探究专题要真正指向"深度"，避免以"宽泛"代替"深度"。

其次是对学生阅读学情的考虑。在设计探究专题的过程中不能脱离学生的阅读学情，问题太难或者太简单都不利于整本书阅读的完成。探究专题的设计不仅可以由教师研制，还可以吸纳学生提出的原生态问题，这些问题具有学生视角，也从学生的知识出发，反映其阅读的困惑，学生自然也更有兴趣和动机来解决问题。例如，有学生认为《诗经》中的内容离现实生活很遥远，尤其是与个人当下生活没有关联，没有阅读的必要性。教师可以基于学生的这种初体验来设置阅读探究任务，如："有人认为《诗经》是远古生活的记录，不适合当下信息时代的表述，没有必要阅读。对此，你怎么看待？如果你认同没有必要阅读《诗经》，请给老师写一封建议信；如果认为有必要阅读，请写一份书评或者给'不必读论者'写一封劝说信。"要完成这个任务，学生必须细读《诗经》，并思考《诗经》和当下、未来以及自我的关系，通过摘抄、整理、评点、探究等深度阅读活动完成整本书阅读。

最后，整本书阅读的作品一般具有认识功能、教育功能与审美功能。而认识功能是基础，只有在理解和认识的基础上，教育功能与审美功能才能真正达成。教师要从推动学生的思考、感悟的角度去拟定探究主题，引导学生借助作品展开思考。教师可以从如下三个方面切入：①从划分层次结构切入。即要求学生将某整本书划分几个大部分，并分别概括每一部分的内容。例如，阅读《红楼梦》时要求学生对全书章节按照一定的标准划分其结构，或者提出探究任务："如果你是贾宝玉，你如何介绍四大家族的亲戚关系？"②从分析核心人物形象切入。对于长篇小说中的众多人物形象，整本书阅读活动要集中于核心人物的赏析。例如，《红楼梦》整本书阅读可以设置探究专题："假如你是贾宝玉，你怎么评价自己这一生？"关于《史记》这本书的阅读，有教师设计了这样一道问题："如果你是一国之君，你想起用哪些文臣来辅助你成就大业呢？请从下面的大臣

（赵盾、屈原、蔺相如、商鞅、张良、伍子胥、孟尝君）中进行选择，并写出自己看中他们的原因。"对于这类问题，学生在解决问题过程中必须深入文本来提高解决问题的能力。③从梳理故事情节切入。故事情节是由人物之间的相互关系和人与环境间的矛盾冲突，而产生的一系列生活事件发生、发展，直至解决的整个过程。梳理故事情节能有效地形成学生对整本书阅读的动力，也能更全面地了解书中的内容。

【案例】《红楼梦》整本书阅读任务

★绘制贾宝玉（林黛玉/薛宝钗/王熙凤）"大事年表"。

☆为电影《贾宝玉（林黛玉/薛宝钗/王熙凤）》选择拍摄素材，需陈述缘由。

★进行一幕 3 分钟的剧本创作。

☆写一份影评，评价他人电影素材选取及剧本创作。

★从电视连续剧《红楼梦》（1987 年版）中选取一个与小说《红楼梦》中相同的片段，评价改编效果。

第一个任务的完成需要了解小说核心人物的生平经历，这是了解人物形象的基本要求。第二个任务主要梳理核心人物的人生大事、社会关系，把握长篇小说的主要章节内容。第三个任务促使学生在理解与把握人物形象的基础上凸显核心人物的个性。第四个任务促进学生之间的阅读交流。第五个任务提供跨媒介阅读的路径，教师有组织地选择影视片段，供学生进行对比阅读。通过这些阅读任务推动学生反复阅读作品，对获取的信息进行概括、加工整理、评价并完整呈现出来。反复阅读、分享评价成果的方式也会激发学生对《红楼梦》所处历史文化背景的思考。

（2）借助"任务单"推进。为了更科学地落实整本书阅读教学的统筹工作，教师有必要借助"任务单"的形式合理地将整本书的阅读内容任务进行分解，以此统摄不同的阅读内容和阅读活动。这里所说的"任务单"，也可以称为"学习单"或"助读单"，通过任务驱动的方式发挥学生的自主性来完成阅读任务。

"任务单"包括阅读指南、阅读进度表、阅读练习与检测、阅读积累运用和阅读资料推介等基本内容。

阅读指南指的是针对整本书的内容、特点及学生的认知水平确定的阅读目标、阅读线索以及作者和创作背景的相关介绍，目的是让学生通过知人论世的方法了解作品，使得阅读有的放矢。其中，阅读目标的制定是关键，贯穿于整本书阅读的全过程，影响着阅读的计划制订、读物选择、时间安排、阅读形式等，决定着整本书阅读的方向和路径。阅读线索是为学生整本书阅读提供导航，如在设计《红楼梦》的学习任务单时，加入导航线索，从贾母和贾宝玉的关系出发，理清其他相关人物关系。学生可依据这一线索绘制贾母和贾宝玉的初级树状图，从初级延伸到次一级，如贾宝玉和林黛玉的关系、贾宝玉和薛宝钗的关系等。从主干一级一级延伸，人物关系逐渐明朗，在梳理人物关系的同时也对相关情节做了一定的梳理，对于整本书的思维脉络逐渐清晰。

阅读进度表主要包括阅读时间记录表、内容概要或情节梳理、阅读收获、阅读困惑等内容。其中，时间记录表是对阅读时间的具体要求，可以具体到每一天的阅读任务，这主要解决"读起来"的问题。内容概要或情节梳理、阅读收获、阅读困惑等内容主要促进学生读进去、读深入。

阅读练习与检测包括基础知识、内容理解、艺术手法赏析等。

阅读积累运用则包括所读书目涉及的基础知识、文学文化常识、精彩语句的摘录及点评、作文素材的积累与运用等内容。这一任务设计的主要目的是让学生读有所思、读有所用，避免部分学生存在阅读后遗忘率高的问题。

步骤一：掌握学情。

任务单的使用者是学生主体，编制任务单的第一步是充分了解学情。针对整本书，需明确有多少学生已经读过此书，有多少学生希望进一步深入阅读这本书；学生对这本书的人物、情节、知识点、结构等是否感兴趣，是否能读懂，存在哪些疑惑。

步骤二：梳理导航内容。

任务单实则在带领学生进行高水平的导读。教师应当先于学生对整本书的重点、难点、特点以及学生的兴趣点等各类知识点进行梳理。教师可以借助表格进行整本书内容梳理。教师要根据书的内容情节绘制表格草图，首行和首列的栏目名称要明确填入，例如书名、章节名称、故事发生的次数和地点、人物角色，这些都属于导航项目，是引导学生自主运用表格自主阅读的必备项目。值得注意的是，这些导航栏目之间存在逻辑联系。表格本身要分门别类地归纳，各个项目之间有一定的独立性，但是当它用于编制整本书阅读学习单时，要考虑到一本书、一部文学作品的整体性，以及故事情节的连贯性，不能造成情节的割裂和破碎。运用表格进行梳理比较适用于知识类、科普类书籍以及故事性小说。

步骤三：创设任务驱动。

整本书阅读旨在引导学生通过阅读整本书，拓展阅读视野，建构阅读整本书的经验，形成适合自己的读书方法，提升阅读鉴赏能力，养成良好的阅读习惯。阅读能力的核心就是阅读方法。整本书阅读教学要将阅读策略和方法放在焦点位置，相应地，任务驱动的创设也应该要指向阅读策略和方法，应当有助于学生通过阅读建构经验、摸索适合个人的读书策略。其一，基于作品情境，带领学生走进文本，或基于当下的生活情境，让学生进行有创意的表达。其二，基于阅读方法的指导、学生阅读策略的习得而设计任务单。其三，基于学生自主探究而创设任务单。学生自主探究应当凭借开放、非良构的问题以激发学生的阅读学习兴趣、助推学生思考力的提升。

【案例】统编高中语文教材必修下册第七单元《红楼梦》专题学习设计①

《红楼梦》专题学习依据教材的相关要求，结合《红楼梦》"历过梦幻，真事隐去"的特点，主要从以下几个方面进行设计：梳理《红楼梦》的主要内容，制作"我的红楼手账"；精选《红楼梦》中的经典诗词曲赋，编辑《我的红楼诗选》；深入思考《红楼梦》中"梦"的作用，创设"我的红楼梦境"。

【专题实施】

第一课段："我"的红楼梦中事

核心任务：选择《红楼梦》中你最喜欢的一个人物，从他或她的视角出发，以与其相关的事件为纲，制作"我的红楼手账"。

一、学习任务

1. 细读《红楼梦》前五回，制作一张以"贾雨村""冷子兴"为主线的人物关系图表。

2. 按照"家门败落""人物聚散"两条主线，分类梳理《红楼梦》的主要内容，基于自己的理解写一篇1000字左右的内容摘要。

3. 选择你最喜欢的一个人物，从他或她的视角出发，记录《红楼

---

① 牛青森、赵宁宁、张秋玲：《"我"的红楼一梦——统编高中语文教材必修下册第七单元〈红楼梦〉专题学习设计》，载《语文教学通讯》2021年第6期，第35-38页。

梦》中与其相关的主要事件，制作"我的红楼手账"。

二、课时安排：3 课时

三、学生活动

1. 细读《红楼梦》前五回，参考学习资源中的《红楼梦》主要人物关系表，运用你喜欢的方式（如表格、思维导图等）制作一张以"贾雨村""冷子兴"为主线的人物关系图表（纸质版或电子版均可），初步理清主要人物间的关系，并在阅读《红楼梦》第六回至第一二〇回的过程中，不断修正你所制作的图表。

2. 按照"家门败落""人物聚散"两条主线，分类梳理《红楼梦》全书回目，绘制小说由这两条情节主线构成的"网状结构"图表。注意记录每一回的关键人物，并用 1～3 个关键词或 1～3 句话简要概括各回目的主要故事情节，并基于自己的理解写一篇 1000 字左右的内容摘要。

3. 通过对主要人物和情节的梳理，从书中选择你最喜欢的一个人物，从他或她的视角出发，用第一人称记录《红楼梦》中与其相关的主要事件，制作"我的红楼手账"（纸质版或电子版均可），并发布到班级群或公众号与同伴分享。

学习提示：

（1）围绕你选择的人物，精选与其相关的 5～10 个回目。

（2）可对所选回目进行批注式阅读，结合所选回目之间的关系，以注释的形式对相关内容进行增删，以确保事件内容基本流畅完整。

（3）从所选人物的视角出发，用第一人称记录所选回目中与"我"相关的主要事件，可适当加入"我"的感受和体会，制作"我的红楼手账"。

（4）可通过不同颜色、字体、插图等进行装饰，打造"我"的专属风格手账。

（5）为自己的"红楼手账"起一个有特色的名字。

四、学习评价

根据自己所选择的人物，赏析与其相关的某一个经典情节，完成一篇 800 字以上的作文，如《我看"黛玉葬花"》《我读"宝玉挨打"》《细读"王熙凤协理宁国府"》等。

第二课段："我"的红楼梦中诗

核心任务：根据自己所选择的人物，精选《红楼梦》中与其相关的经典诗词曲赋，编辑《我的红楼诗选》。

一、学习任务

1. 梳理与自己所选人物相关的所有诗词曲赋，并简要评析某一首诗词曲赋在小说情节发展和人物形象塑造方面的作用。

2. 从梳理出的诗词曲赋中精选 5～10 首，编辑《我的红楼诗选》。

3. 选择同学们热议的 1～2 首诗词曲赋，录制鉴赏微课或短视频。

二、课时安排：3 课时

三、学生活动

1. 根据自己所选人物，自制图表梳理与其相关的所有诗词曲赋，并简要评析某一首诗词曲赋在小说情节发展和人物形象塑造方面的作用。

2. 从梳理出的诗词曲赋中精选 5～10 首，参考学习资源中蔡义江的《红楼梦诗词曲赋鉴赏（修订重排本）》，再查阅相关文献，结合《红楼梦》上下文和第一课段中梳理的"我"的相关经历，进行注释、撰写短评、绘制插图，编辑《我的红楼诗选》（纸质版或电子版均可），并为自己的"红楼诗选"起一个符合红楼语境的名字。

3. 以所选人物的口吻，为《我的红楼诗选》写一篇"自序"，结合第一课段中"我"经历的主要事件和感受，阐述自己选择相关诗词曲赋的理由。对"诗选"中"我"亲自创作的诗词曲赋，可以展示"我"创作时的心路历程；对"诗选"中他人所作的与"我"相关的诗词曲赋，可以写下"我"读后的感受或评价。

4. 将自己初步制作的"红楼诗选"发布在班级群或公众号。选择同学们热议的 1～2 首诗词曲赋，与同伴合作，综合《红楼梦》原文、目前的学习成果和同学们讨论中出现的问题和新见解，设计微课或短视频脚本，并录制鉴赏微课或短视频，可采用图文解说、朗诵讲解、情景演出等形式，时长 10 分钟以内（音视频请以超链接或二维码的形式插嵌在"诗选"中的恰当位置）。

四、学习评价

《红楼梦》每次结社吟诗，都有"品评诗词"的描写，请你参考他们的评语，结合所选的诗词曲赋，撰写一篇不少于 800 字的品读诗词曲赋的文学小评论。

第三课段："我"的红楼梦中梦

核心任务：根据自己所选的人物，结合前两个课段梳理的人物经历和相关诗词曲赋，创设一个"我的红楼梦境"。

一、学习任务

1. 自制图表统计出《红楼梦》中的所有梦境。

2. 查找关于《红楼梦》中"梦境"的研究论述,写一篇不少于1000字的综述。

3. 以第一人称为你所选的人物创设一个"我的红楼梦境"。

二、课时安排:3课时

三、学生活动

1.《红楼梦》中有多少个梦境历来说法不一,请你自制图表统计出《红楼梦》中的所有梦境,用1～3个关键词或1～3句话概括每个梦境的内容。

2.《红楼梦》不仅以"梦"名之,而且从头至尾描写了许多梦境,甚至有人认为《红楼梦》整体就是一场梦。请你查找关于《红楼梦》中"梦境"的研究论述,深入思考《红楼梦》中"梦"的作用,写一篇不少于1000字的综述。

3. 从统计所得的梦境中找一找有没有与你所选的人物相关的梦境。如果有,看看书中的梦境有哪些地方与你的期望不相符,或者还有哪些可以完善的地方;如果没有,设想一下你所选的人物可能会有怎样的梦境。结合你所写的综述,在深入认识"梦境"作用的基础上,以第一人称为你所选的人物创设一个"我的红楼梦境",要求:①仿照《红楼梦》的回目,为你创设的梦境拟一个回目式标题;②充分利用前期个人和集体的学习成果,注意所设梦境中相关事件与所选人物的现实经历、相关诗词曲赋的密切关联;③不少于800字。

四、学习评价

可参考下面表格的评价指标,小组讨论制定"我的红楼梦境"评价量表,并经全班讨论修订后形成最终评价量表,完成对每个同学"红楼梦境"的评价与展示。

"我的红楼梦境"评价量表

| 评价指标 | 指标描述 | 评价等级 | | |
|---|---|---|---|---|
| | | 优秀 | 良好 | 尚需努力 |
| 与人物现实经历的关联度 | 梦境设置充分考虑了人物的现实经历,是对现实生活的反映 | | | |

续上表

| 评价指标 | 指标描述 | 评价等级 | | |
|---|---|---|---|---|
| | | 优秀 | 良好 | 尚需努力 |
| 与人物相关诗词曲赋的关联度 | 梦境中的事件和与人物相关的诗词曲赋有密切关联，符合人物的才情与命运 | | | |
| 人物性格 | 所设梦境符合所选人物的性格特征，梦境中出现的其他人物也符合其在原著中的性格特点 | | | |
| 情节结构 | 情节发展合乎逻辑，故事结构完整，梦境的设置有利于推动整本书故事情节的发展 | | | |
| 场景设置 | 梦境发生的场景合理，对场景的描绘与原著中的相关内容具有一致性 | | | |
| 细节刻画 | 日常生活细节的刻画真实可信，有一定的文化内涵，具有以小见大的艺术效果 | | | |
| 作品语言 | 语言符合人物身份，不同人物的语言能够体现人物的独特个性 | | | |
| 作品主题 | 主题明确，与原著的主题具有一致性，能引人深思、发人深省 | | | |

五、测试反馈

（一）必做题

1. 为《红楼梦》中你喜欢的人物制作一套书签。

提示：

（1）每一枚书签可由图像和一句签语构成。

（2）图像可以是单个人物，也可以是人物群像或其他；签语可用书中具有代表性的原句，更鼓励结合人物个性自己创作。

（3）书签材质不限，纸质、电子或其他材质均可。

2. 为《红楼梦》中你喜欢的人物写一篇"人物论"，不少于800字。

提示：

（1）可以全面地或选定某个具体角度来评价人物。

（2）评价人物时可结合与人物相关的现实、梦境经历和诗词曲赋。

（3）可参考王昆仑《红楼梦人物论》（北京出版社 2004 年版）。

（二）选做题

1. 仔细比对后四十回与前八十回的相关内容，找找后四十回在哪些地方改变了曹雪芹对关键人物的总体设计，将你的探究结果整理成文，不少于 800 字，如《论_____形象的矛盾》。

2. 以某一回目或某一人物的相关内容为核心，对比阅读《红楼梦》不同版本，将对不同版本中具体细节问题的比较探究整理成文，不少于 800 字。

# 第二节　基于学习任务群的教材处理

一直以来，语文教育研究都致力于解决语文学习碎片化和随意性、脱离学生语言生活实际、学生主体地位缺失等问题。探究性学习、对话式教学、翻转式课堂等，都是对这些问题的积极探讨。《普通高中语文课程标准（2017 年版 2020 年修订）》及《义务教育语文课程标准（2022 年版）》在课程内容规划上采用学习任务群结构课程内容，则是在学习内容组织方式对此提供了一定的规定性和引导性。

## 一、　学习任务群的内涵

### （一）课程标准关于学习任务群的界定

《义务教育语文课程标准（2022 年版）》对"任务群"是这样描述的：

义务教育语文课程内容主要以学习任务群组织与呈现。设计语文学习任务，要围绕特定学习主题，确定具有内在逻辑关联的语文实践活动。语文学习任务群由相互关联的系列学习任务组成，共同指向学生的核心素养发展，具有情境性、实践性、综合性。①

　　义务教育语文课程结构遵循学生身心发展规律和核心素养形成的内在逻辑，以生活为基础，以语文实践活动为线，以学习主题为引领，以学习任务为载体，整合学习内容、情境、方法和资源等要素，设计语文学习任务群。学习任务群的安排注重整体规划，根据学段特征，突出不同学段学生核心素养发展的需求，体现连贯性和适应性。②

　　从这段表述可以得出以下两点关于学习任务群的基本认识。

## 1. 学习任务群是课程内容的组织与呈现

　　《义务教育语文课程标准（2022 年版）》"内容组织与呈现方式"导语的第二段话这样写道：

　　义务教育语文课程按照内容整合程度不断提升，分三个层面设置学习任务群，其中第一层设"语言文字积累与梳理"1 个基础型学习任务群，第二层设"实用性阅读与交流""文学阅读与创意表达""思辨性阅读与表达"3 个发展型学习任务群，第三层设"整本书阅读""跨学科学习"2 个拓展型学习任务群。根据学段特点，学习任务群安排可有所侧重。③

　　由此可知，学习任务群就是内容群。语文学习任务群的主要任务就是推动语文学习内容的系统化、结构化。每一个任务群都是指向某个明确目标的一组有内在联系的结构化的语文学习内容。义务教育语文课程内容的学习任务群按照内容整合程度的不同从低到高分为三个层面：基础型（语言文字积累与梳理）、发展型（实用性阅读与交流、文学阅读与创意表达、思辨性阅读与表达）、拓展型（整本书阅读、跨学科学习）。

　　学习任务群各有学习目标与内容，彼此之间渗透融合、衔接延伸，存在一定的内在逻辑联系。比如："语言文字积累与梳理"指向学科核心素养"语言运用"，具有较强的基础性，既独立设置学习任务群，也渗透在

---

　　①　中华人民共和国教育部制定：《义务教育语文课程标准（2022 年版）》，北京师范大学出版社 2022 年版，第 19 页。

　　②　中华人民共和国教育部制定：《义务教育语文课程标准（2022 年版）》，北京师范大学出版社 2022 年版，第 2 页。

　　③　中华人民共和国教育部制定：《义务教育语文课程标准（2022 年版）》，北京师范大学出版社 2022 年版，第 20 页。

其他所有的学习任务群之中；拓展型阅读任务群中的"整本书阅读""跨学科学习"也会涉及前两个层级的学习内容，发展型任务群中的"实用性阅读与交流"的内容会涉及基础型学习任务群"语言文字积累与梳理"的内容，"思辨性阅读与表达"在各学习任务群当中都有所体现。

学习任务群贯串四个学段，螺旋式发展，既具有整体性，又体现学段特征。根据学段特点，学习任务群的安排侧重点有所不同——按照内容整合程度对学习能力的要求的不同，第一、二学段侧重于基础型，第三、四学段相对于第一、二学段，则对拓展型有所侧重。学习任务群搭建起语文课程的内容框架，使得语文课程内容呈现了立体的空间结构。需要明确的是，"任务群"不是否定单篇教学，而是强调篇与篇、课与课，前后有连贯，有内在逻辑关系，属于一个整体，有一个明确的目标。

同样，学习任务群也是普通高中语文课程内容。普通高中语文课程由必修、选择性必修、选修三类课程构成，三类课程均由若干学习任务群构成。

## 2. 学习任务群是以主题情境呈现的任务导向的语文学习实践内容

首先，学习任务群的课程内容具有实践性。学习任务群围绕特定的主题进行任务设计，要完成这个任务，就要创设与任务相关的语文实践活动，诸如识字与写字、阅读与鉴赏、表达与交流、梳理与探究。这些活动不是各为自营、孤立存在，而是具有内在的逻辑关联，为任务的达成而服务的。

其次，学习任务群并非教学任务群。学习任务群从课程内容的角度、课程实施的角度已经明确了学习主体是学生。学习的动机源于学生内在学习需求，学生参与学习活动并完成学习任务，学习的成果由学生获得，最终指向学生的核心素养发展。在学习任务群当中，实践活动特指学生学习的活动，是学生的学习行为，而非教师的讲授灌输；它不仅是学生学习的活动，而且带有学生实践操作的特征。

最后，学习任务群要求在任务驱动下，以积极主动的语文实践活动构建学习，引导学生在运用语言的过程中提升语文素养。学习任务群的设置不与核心素养一一对应，也不是从学科知识内容某个维度去考量，而是综合考虑学习主题、学习情境、学习项目等因素后设置的学习活动。与通常课堂教学中的"学习任务"最大的不同就是，学习任务群的"学习任务"是主体而非凭借手段，"学习任务"是学习内容的依据并嵌入了学习内容。

简而言之，"学习任务群"以"群"的概念强调语文教学内容的内在关联性，强调的是语文学习内容的主题性、完整性和结构化。"任务群"直接指向"语文教学内容的碎片化、随意性"的现实问题，强调语文教学目标要明确（任务驱动，本质就是目标明确）；语文教学内容要具有完整性和主题性，内容与内容之间内在相互联系；语文教学方法要突出学生的主体实践，让学生在语言实践中去拓展思维、审美创造。

## （二）近邻概念

### 1. 研究性学习

研究性学习（也称"探究性学习"）是对课程标准倡导自主、合作、探究的学习方式的响应。教育部印发的《普通高中"研究性学习"实施指南（试行)》明确指出："研究性学习与社会实践、社区服务、劳动技术教育共同构成'综合实践活动'，作为必修课程列入《全日制普通高级中学课程计划（试验修订稿)》。"研究性学习是一门课程，其本身也是一种学习方式。研究性学习作为一门课程出现，是为了更好地改变传统教学中单一的接受式教学模式，以研究性学习的方式来培养学生合作、探究、创新等现代社会所必须具备的科学态度和时代精神。研究性学习是有明确主题的、以科学研究为手段的课题研究活动。研究性学习的学习活动内容和学习任务群很接近，但学习任务群的内容组织与呈现方式更具体、更有系统性。从学科特征上看，研究性学习无法划入任何学科，尽管研究性学习的内容有明确的学科界限。学习任务群因其明确的语文课程目标，学科性质比较明显。语文课程标准对所有的学习任务群都有明确的学习内容范畴和教学提示规定，各学习任务群各有侧重又相互勾连。它不是教师个体的教学行为，也不是随机的课堂教学活动，而是贯穿整个语文课程学习的内容。

### 2. 单元教学、主题教学和群文教学

单元教学，是以教学单元作为基本教学单位，"通过一两篇课文的讲读，带动单元中其他课文的自读，起举一反三的作用"[1]。单元教学是基于单元整体的教学设计，超越单篇课文的课时教学的局限。从这个角度

---

[1]　黄光硕：《教学单元与单元教学》，载《语文学习》1986年第9期，第11－12页。

说，单元教学和学习任务群有一定的关联性。不过，单元教学主要还是教学形式层面的考虑，而不是学习方式的改变。

主题教学通过教学单元或模块、课程、多门课程来选择和突出显示主题。它通常是跨学科的，强调跨学科和日常生活的知识之间的关系。从这一特点来说，也是和学习任务群相近的。主题教学的"主题"也可以是一个学习任务，一般来说，主题教学大多从语言、文学、文化等内容角度来确定，主要围绕学生成长而设置话题，更加显性，而学习任务群则从学习任务出发。

还有一个近邻的概念是群文阅读教学。从"群文阅读"明确把阅读对象固定为"多文本"的角度来讲，它与学习任务群也是相关的。但是，"群文阅读"是从文本出发的，而不是从能力出发的，这是它和学习任务群的最大区别。群文阅读侧重阅读，通常以多文本结构化的方式呈现，主要通过议题统领阅读活动。

简而言之，学习任务群既是创新，也是继承和发展。学习任务群秉持学生是学习主体的教育理念，以学习任务驱动，摆脱教师为主、文本为重、知识为本的惯性，将助力学生学习语文的根本途径通畅起来。

## 二、 语文学习任务群的基本特征

### （一）有明确的学习主题

学习任务群指向下的主题设计和传统认识当中的教学单元主题最大的差异在于划分单元的依据不只是选文内容。传统语文教科书的编写主要根据一定的人文主题将相关选文内容组织在一个单元。但是，不少单元教学只有人文主题而无特定学习主题，学习过于宽泛，常常导致学习活动浮于表层；或者只有特定话题而无真实学习主题，学习脱离实践，往往异化为做题。学习任务群要求学习主题以学科观念将文化主题中的特定话题与真实的情境问题加以统整，凝聚成一个极具张力的学习生长点，解决了"为何做"与"用什么做"的问题。

学习任务群中的学习主题要建立在特定人文话题中，用以解决真实问题。特定的人文主题，指的是中华优秀传统文化、革命文化、社会主义先进文化以及优秀外国文化、科技进步与日常生活等文化主题中的话题。比如"爱与责任""社会公德大家谈""家乡文化探究"等，与学生的生活相关。这些学习主题呈现的不是虚空的学习目标，而是指向学生真实生活情境的实践需要，这些统整的学科观念是学生用来解决真实问题的学科知识或思维方式。比如，统编语文教材五年级下册第六单元由《自相矛盾》《田忌赛马》《跳水》组成，该单元以"了解人物的思维过程"为语文要素，从问题解决的角度去思考，凝练成这样一个学科观念：了解并学习聪明人思考问题的方式。以这样的学科观念设置学习主题，让学生在相应的梳理与探究学习任务中，发现旁观者、孙膑及船长等聪明人的思维方式与思维方法，以实现自身的改变。

学习任务群需要整体设计和单元设计，但学习任务群立足学科素养，不再是以完成语文要素教学为主要目标，而是把单元作为一个整体，要发展学生的核心素养，要整合目标任务情景和内容。在学习任务群的统摄下，语文教学要结合教学单元之间的关联，既要关注单个教学单元内部的选文之间的横向关联，又要关注教科书所有教学单元的纵向关联。例如，戏剧单元教学要基于其所属的学习任务群，整体考虑学习任务群之中的教学单元的关联性。戏剧文本单元属于"文学阅读与写作"任务群，这一学习任务群在普通高中必修教科书中安排了五个教学单元，分别是必修上册第一单元（"青春岁月"主题）、必修上册第三单元（"诗意人生"主题）、必修上册第七单元（"自然情怀"主题）、必修下册第二单元（"良知与悲悯"主题）、必修下册第六单元（"观察与批判"主题）。对于戏剧单元的教学设计，学习主题设计既要考虑达成单元教学要求，包括如何把握戏剧单元作品的共性与个性、如何深化对戏剧体裁的认识、如何感受不同作者独特的艺术创作风格、如何理解"良知与悲悯"在当下的社会生活的现实价值；也要顾及"文学知识结构化"这一命题，考虑前后相连的单元的内在逻辑关联，探讨如何以螺旋式上升的方式设计学习主题及相应活动，不能囿于教学单元的选文，孤立地完成单元学习任务。"文学阅读与写作"任务群其中一项学习目标与内容如下："根据诗歌、散文、小说、剧本不同的艺术表现方式，从语言、构思、形象、意蕴、情感等多个角度欣赏作品，获得审美体验，认识作品的美学价值，发现作者独特的艺术创造。"[①] 据此，该单元不妨以"难以忘却的悲——我心目中的悲剧美"为学习主题，设置相关学习项目及学习活动，如要求学生编辑经典戏剧片段自选集，促使学生进一步围绕"悲剧性"进行研讨，学生可以

---

① 中华人民共和国教育部制定：《普通高中语文课程标准（2017年版2020年修订）》，人民教育出版社2020年版，第17－18页。

自定编辑标准、自行设计选集形式，选集内容可以从时期、流派、风格、题材等角度选取，鼓励学生为自选集的戏剧片段附上一句话点评，也可以设置"身临其境"等交流活动让学生分享印象最深的戏剧片段，或围绕特定主题或问题探究形成一篇小报告，以多种学习主题促使学生"从语言、构思、形象、意蕴、情感等多个角度欣赏作品"。

学习任务群可以从大单元角度设计教学，但大单元教学并不意味着要把教材的各"课"都推倒重组。学习任务群对应具体单元时，往往采用主题情境的方式，以一个核心学习任务统领一个单元，单元构成了一个学习单位。例如，统编语文教材五年级下册第二单元，其学习任务群涉及"文学阅读与创意表达""整本书阅读"，单元人文主题是"观三国烽烟，识梁山好汉，叹取经艰难，惜红楼梦断"，该单元语文要素是"初步学习阅读古典名著的方法""学习写读后感"。据此，可以设置学习主题"经典中的经典——古典名著片段展演"。除此以外，还可以从社会中的热点话题、日常生活中遇到的问题、学科性的关键问题等来寻找确定学习主题的思路。

## （二）主题之下的学习任务相互关联，具有综合性

对于"学习任务群""学习任务"这两个在课程标准中反复出现的概念，目前出现了两种认识。一种是认为，教师在进行教材单元教学，甚至是教学单篇课文或其他单一内容（如一次作文教学、口语交际教学）时，要做的事情就是设计一个个"学习任务群"。另一种是认为，教师在进行教材单元教学（有时也指单篇课文或其他单一内容教学）时，先整体判断单元学习内容属于哪个或哪几个学习任务群，再根据主题和目标，创设学习情境，设计"学习任务"——"学习任务"具有驱动性、整合性、实践性、挑战性、探究性的特点，一个核心任务可以分解成几个层次关联的子任务。不少教师认为，每篇课文的教学都可以从教学内容上归属于不同的学习任务群。例如，学习《济南的冬天》，其中的字词学习和句式积累属于基础型的"语言文字积累与梳理"学习任务群，体会文章是怎样表达感情的就属于发展型的"文学阅读与创意表达"学习任务群，布置学生课后再读读描写老舍的散文集属于拓展型的"整本书阅读"，等等。

教师要不要设计"学习任务群"？在义务教育语文课程标准的表述中，只有"课程结构"部分出现了"设计学习任务群"的提法，"课程内容"部分也对六个学习任务群有了内容上的定位，"教学提示"当中没有

出现要求教师设计"学习任务群"的提法，但明确提到了设计"学习任务"。再者，在"教材编写建议"中有这样的表述："教材编写要系统规划和整体安排。要通过学习任务的综合性、挑战性以及学习过程的探究性，体现同一个学习任务群在不同学段的纵向发展过程与进阶。要根据六个学习任务群的特点，通过目标取向、文本选择、学习实践活动方式等体现不同学习任务群的特色；也可设置关联性的学习内容，实现同一学段不同学习任务群内容的整合。"① 这段话明确指出，教材编写不需要设计学习任务群，而是根据学习任务群的特点来设置、编写学习内容。也就是说，课程标准已经设计了学习任务群，教师要做的是依据学习任务群设计学习任务。

《义务教育语文课程标准（2022年版）》多次直接提到教师要"设计学习任务"。第一处是"内容组织与呈现方式"的概述部分："设计语文学习任务，要围绕特定学习主题，确定具有内在逻辑关联的语文实践活动。"② 这个部分还说明了学习任务群与学习任务之间的关系："语文学习任务群由相互关联的系列学习任务组成，共同指向学生的核心素养发展，具有情境性、实践性、综合性。"③ 第二处是"实用性阅读与交流"学习任务群的"教学提示"部分："第一、第二学段可以围绕'我爱我家''我爱上学''文明的公共生活'等主题设计学习任务，引导学生学习日常生活语言，学会文明交往，学习表达生活。"④ 第三处是"教学建议"的第二条："教师要明确学习任务群的定位和功能，准确理解每个学习任务群的学习内容和教学提示。在此基础上，综合考虑教材内容和学生情况，设计不同类型的学习任务，依托学习任务整合学习情境、学习内容、学习方法和学习资源，安排连贯的语文实践活动。"⑤ 第四处是"评价建议"的"阶段性评价建议"："阶段性评价可以根据不同情况灵活选择评

①　中华人民共和国教育部制定：《义务教育语文课程标准（2022年版）》，北京师范大学出版社2022年版，第52页。

②　中华人民共和国教育部制定：《义务教育语文课程标准（2022年版）》，北京师范大学出版社2022年版，第19页。

③　中华人民共和国教育部制定：《义务教育语文课程标准（2022年版）》，北京师范大学出版社2022年版，第19页。

④　中华人民共和国教育部制定：《义务教育语文课程标准（2022年版）》，北京师范大学出版社2022年版，第25页。

⑤　中华人民共和国教育部制定：《义务教育语文课程标准（2022年版）》，北京师范大学出版社2022年版，第45页。

价手段，可以采取纸笔形式，也可以设计综合的学习任务，如诵读、演讲、书写展示、读书交流、戏剧表演、调查访谈等。"①

设计学习任务要不要将教学内容对应多个相关的学习任务群？《义务教育语文课程标准（2022年版）》已经明确指出，整个义务教育阶段的语文课程内容共有六个学习任务群。教师为一个教材单元或者自主开发单元设计的学习任务，从其学习内容和重点目标定位（学业要求）来判断，都会属于六个学习任务群中的某一个或两个，一般不会超过三个。一个单元或者一篇课文的学习任务必然围绕学段要求、单元要求有所取舍，而不可能面面俱到。一个聚焦重点学习目标的学习任务，必然具有整合的功能，更加具有凝聚力。例如，如果一个单元属于"文学阅读与创意表达"学习任务群，一般都会涉及字词的学习、语言的积累、思辨的活动等，但这些学习内容是为重点学习目标服务的，是居于次要地位的。这就是"学习任务"设计的要义——围绕重点学习目标或大概念的理解来设计一个具有情境性、综合性、实践性的学习任务。如果一个单元或一篇课文要分解为很多个学习任务，那就没办法落实重点学习目标、学习任务。上述例子《济南的冬天》的教学设计，将其中的字词学习和句式积累对应"语言文字积累与梳理"学习任务群；将体会文章是怎样表达感情的对标"文学阅读与创意表达"学习任务群……这种机械对应的处理，本身就是误读"任务群"的本质，将课文拆散为零碎的学习内容再强行贴上学习任务群的标签而已。而且，这样一来，不仅仅是一篇课文，即使是一个单元，教师到底围绕一个什么样的核心任务来设计学习活动也就毫无头绪了。这样的学习远离了内容的"整合"思路，不可能帮助学生建构有联系的、发展着的学习体验，更不能聚焦重点学习目标的落实和相应的概念性理解。

"任务"属于社会生活话语。生活中的所谓"任务"，一般都是满足真实的生活需要，以解决实际问题为目的。大多数任务并不是抽象的知识认知，而是要在真实的情境中通过实践完成。并且，任务的各个环节有机关联，指向同一个目的，需要综合运用若干知识、能力、经验，很少单用某一项技能。"语文任务群"是语文学习任务的集合，以任务群组织学习内容之所以有改变学习方式的作用，关键在于"任务"的性质。"学习任

---

① 中华人民共和国教育部制定：《义务教育语文课程标准（2022年版）》，北京师范大学出版社2022年版，第49页。

务群"中的任务，除具备任务的基本要素以外，主要指向的是学生的语文或言语的实践活动。学习任务群强调的是"学习任务"，而学习任务的目标价值，从宏观上讲，指向语文学科核心素养的发展和落实；从微观上考量，指向的是具体语文学习目标的落实，尤其是整合了学习目标、学习内容、学习情境、学习方法、学习资源、学习评价的深度理解的落实。

简单来说，学习任务群是以任务来驱动学习，以此增强学生学习的主动性与创造性，使得学生真正成为学习的主体。学习任务群必须设计具有挑战性的情境任务，既要关注任务内在要素的关联性，又要关注系列任务之间的层次性。围绕学习主题设计的系列学习任务之间，如果缺少内在的逻辑关联，就变成了任务拼盘，而不是任务群。

### （三）主题之下的主要学习任务具有情境性和实践性

学习任务群的核心特点就是具体主题统领下的真实的情境、真实的任务、真实的实践活动。

#### 1. 创设真实的情境

课程标准在"教学建议"中提出，"创设真实而富有意义的学习情境，凸显语文学习的实践性"[①]。这说明语文学习的实践是基于生活需要的。"语文学习情境源于生活中语言文字运用的真实需求，服务于解决现实生活的真实问题。"[②] 真实的情境问题，是学生在特定话题中需要解决的真实问题。这里的真实有三种情境：一是现实的真实，基于真人、真事、真场合的实际问题的需要；二是可能的真实，基于他人的事实而产生换位体验；三是虚拟的真实，基于虚拟的情境而产生切实的体验。从语文学习的特点看，要倡导在语文学习中嵌入日常生活场景、社会文化参与实践活动；将人文意蕴与学生成长的真实生活相连通。

#### 2. 设计召唤性学习任务

按照接受美学的观点，作品具有召唤性，它激活、召唤读者进入、参与。学界一般认为课文与学生之间的审美距离可以分为四种：一是文本远低于读者（指学生）水平，如童话、民歌；二是文本远高于读者水平，

---

① 中华人民共和国教育部制定：《义务教育语文课程标准（2022 年版）》，北京师范大学出版社 2022 年版，第 45 页。

② 中华人民共和国教育部制定：《义务教育语文课程标准（2022 年版）》，北京师范大学出版社 2022 年版，第 45 页。

如朦胧诗、意识流小说；三是文本平行于读者水平，如武侠、言情等作品，文本内容为流行主题；四是文本略高于读者水平，如经典名篇，这类文本内涵丰富，更能激发读者的阅读兴趣。教材选文应当多选择略高于学生水平的经典名篇，形成一种阅读期待。同样的道理，学习任务群大而言之是任务导向，这只是一个方向性的引领，还需要教师在具体的学习单元中注意学生的需求与学习的要求之间的距离，加强基于真实情境的任务设计，避免"唯任务化"，以有生活真实需求、有召唤性的任务激发学生积极主动地参与，引导学生改变学习方式。

### 3. 引导学生进行"语文的"学科实践

语文课程的实践活动方式，主要指识字与写字、阅读与鉴赏、表达与交流、梳理与探究等学习活动，还包括语文课程与其他课程的跨学科整合、书本学习与生活实践相融合等实践活动。不管是语文与其他学科的综合，还是语文与生活实践的综合，语文课程的综合实践活动必须根植于"语文"，必须以语文学科为主导，属于语文学科内部的综合。语文课程的实践活动是借活动提供实践平台，为学生综合运用语文知识解决问题提供实践语境，其目的是全面提高学生的语文素养，而非单纯地拓展学生的学科视野。

【案例】"三一"新闻联播

"'三一'新闻联播"，就是每天某个特定时间段，全班同学按照学号轮流上台，每天一个同学播报三则新闻：一则国际新闻，一则国内新闻，一则城市新闻。每天有一个主持人，邀请新闻播报员上台。新闻播报之后，主持人会现场提问，让全体同学参与新闻事件的讨论交流。这样，全体同学可以及时关注到世界、国家和家乡每天发生的新闻事件，让自己的生活具有时代感。

"'三一'新闻联播"归属于课程标准六大任务群的"思辨性阅读与表达"任务群，对培养学生的倾听、观察和表达能力，以及个人的心胸、眼光、格局，都是极为有益的。"'三一'新闻联播"内容稳定、时间稳定、形式固定，完全与学生的生活链接，可以成为学生的主体语言实践。"'三一'新闻联播"，让学生从小就养成关注家乡、热爱祖国、放眼世界的大格局。每一位语文教师都可以开展这样具有真实的情境性、实践性和综合性的实践活动。

## 三、　学习任务群的处理策略

在传统的语文教学当中，受到读经、讲经这样一种语文教学模式的影响，我们非常习惯于用线性推进的方式开展教学。首先是识字写字，而后是解词，然后是分析段落大意、了解文章的主题思想、分析文章的写作手法，按照这样一种线性推进的过程来推进语文学习。在学习任务群这样一个课程内容组织形态下，我们需要对传统的线性教学进行改进，更加关注学习单元的构建，设计具有内在逻辑关联的语文实践活动。

### （一）　跳出教材单元限制，尝试大单元教学设计

大单元教学中的单元与单元教学中的单元有所不同，单元教学中的单元是指语文教科书依据一定的人文主题或语文要素进行统整、划分的单位，是教科书编排的基本单位。大单元中的单元是基于教科书单元的划分，以教科书单元的要求和任务为导向，通过确立一定的学习主题，以此统整教科书单元所有的目标、内容、任务、实施与评价的完整的学习单位。除了教科书既定的教学单元而衍生的大单元，还有打破教科书中固有的单元结构，依据特定的诸如大概念、大任务、大项目之类的逻辑，整合不同单元的学习内容，从而组成新的重组单元。

传统的教科书中的选文大多由人文主题进行聚合，语文知识寄存于单元选文之中，具有无序性。长期以来，语文课堂教学以碎片化知识点的讲解为主，考点是课堂教学内容的主要依据，导致课文被肢解，单元被拆解得七零八落，整本教科书更是被分解得支离破碎。大单元最突出的特征之一便是整体建构，即按照某一主题、相关目标对教科书内容进行解构、建构与重构，以特定的方式组成系统的整体课程内容，使之序列化、结构化、系统化。大单元教学摒弃以往以单一专题和碎片化知识为主的识记与理解等教学手段，以大观念、大项目、大任务或大问题来统率，将零碎的知识转变为系统性知识，体现的是一种结构化地组织的教学思想。大单元教学促使教师主动地对教科书单元之下的课文进行整合，统筹安排各类教学资源和学习内容，使其组成一个系统关联的教学内容，突破保守的单篇教学和传统的课时主义。大单元教学指向以培养学生能力、品质和观念为重，而非拘泥于文本解读或过多关注学生的分数，强调对习得的知识进行可迁移性的理解与运用，并以任务为驱动推进学生的学习活动。大单元教学强调在真实的任务情境中达成学习目标，其时间维度不再是根据教学进

度安排课时，而是以学习内容决定学习周期，不是以"下课"为标志，而是以"学生学会"为标志。

大单元教学相当于一个完整的微课程。大单元教学设计需要从课程角度进行考量，涉及以下问题：确定大单元主题、拟定单元目标、确定大单元教学课时、选择大单元教学内容（设置真实情境和设计任务活动）、制定教学活动、制定评价标准及相关内容、设计作业与检测内容、学后反思。

### 1．单元目标的提炼

大单元主题与语文教科书中的单元人文主题有所区别，如果直接以单元的人文主题作为大单元的主题，就会违背教材双线组元的编写原则，容易导致教学内容侧重人文素养，而轻视了语文要素的学习。大单元是一种教学内容的重构活动，不能简单地将其理解为单元人文主题与语文要素的叠加。大单元以大任务、大问题或大项目为纲，以此整合单元目标、学习任务、学习活动、教学评价等要素，从而成为整体关联而相对独立的学习单元。一方面，大单元的教学设计与实施具有整体性。教师以整体的视角来分析语文教材，统整单元学习目标与内容，通盘考虑整个教学设计的学习任务与学习活动，在整体把握学情的基础上统筹学习资源与教学方法，设置情境与活动，整体推进教学过程，从而形成一个完整的大单元教学设计。另一方面，大单元所构建知识技能具有整体性。大单元教学将语文教材当中零散的、单一的知识进行重组，除了单元自身的整体性，还注意各单元之间的相互衔接、相互关联，形成具有结构性的知识链条，便于学生整体把握单元学习内容并建构系统的知识。

开展大单元教学，首要的是拟定恰当、明确的教学目标。在大单元教学中，教学目标的"统帅"作用尤为突出。教学目标作为单元教学的出发点和归宿，承担了整个单元教学导向的重要作用。目标的设置可以指明学生预期发生的行为变化，让学生了解经过本单元的学习后可以学到什么，以及需要做什么。一个恰当、可行的教学目标可以在很大程度上避免学习活动发生偏移，将上位的实然目标转向具体的应然目标，保证整个学程都在清晰的目标规划之下分阶段逐步推进。

【案例】一年级上册"生活万花筒"大单元（第七单元《明天要远足》《大还是小》《项链》三篇课文以及《语文园地七》）①

1. 亲近多彩的儿童生活场景，学习从身边熟悉的生活场景开始，留心美好事物。

2. 随文识字，认识本单元38个生字和5个偏旁；会写11个生字，积累词语、成语，结合生活经验学习词语的搭配。正确、流利朗读课文，注意句子语气变化。

3. 在童诗、散文的阅读中，联系生活经验，调动自己的情感，体会自己独特的内心世界。

4. 学习利用生活中的资源学习语文，乐于积累。

5. 和大人一起阅读，感受故事的趣味，享受阅读的乐趣。

上述目标可以说是大多数教学单元都可能涉及的普遍性的学习活动内容，但是，如果进一步追问：以上这些目标达成的辅助条件是什么？目标达成的相关标准是什么？案例中目标1、3、4当中学生具体的学习行为是什么？例如，学生需要形成"留心美好事物"的意识，这样的意识，要求学生掌握到怎样的程度？这样的意识与学生接下来的学习、生活有哪些关联？我们就会发现，由于目标表述不明确，与该单元活动的关联性不够紧密，教学实施就容易偏于宽泛。

设定大单元教学目标需要明确该单元要解决什么问题，学生在单元学习后能够发生哪些变化。设定大单元教学目标的依据主要有三个方面，分别是课程标准的导向与核心素养的要求、单元的教学价值与特征、学生的实际学情。教师要思考以下问题：如何升华教材单元人文主题？怎样根据情境任务的设计来提炼大主题？在多少时间内学习什么？如何依据分解课程标准、研究教材、分析学情来确定该内容的学习时间？期望学会什么？此外，目标拟定要联结并指向教学过程的设置。单元目标的拟定旨在将单元要解决的问题进一步深化、细化、具体化。明确了单元教学目标，才可以选择合宜的教学内容，大单元活动任务的设置才会更具有针对性，能有效保障课堂上的所有活动围绕着目标展开，使得课堂教学活动在有限的时间内关注本单元的重要内容，避免课堂上出现游离不知所向的状态。

---

① 于甜：《基于逆向设计理论的小学语文大单元教学设计优化研究》，华中师范大学硕士学位论文，2020年，第35页。

【案例】"我来任命《史记》最佳君臣组合"的大单元教学设计教学目标①

1. 能够从每位史传人物的重要信息中提取关键信息并加以分析，得出对人物性格特点的基本判断。

2. 能够通过置换、排除、重组等方式进行横向比较，进一步认识不同性格、不同时代人物的组合带来的可能性。

3. 能够分类梳理、储备典型文言词法、句法知识。

从案例中这份大单元教学目标的表述当中，我们可以明确学生的学习主题就是"把握《史记》人物关系"，相应的学习活动要求学生反复阅读《史记》的重要篇目，通过对关键信息的提取、分析，梳理君臣人物形象特征。同时，指导学生学习"置换""排除""重组"等语言学习策略，期望学生学会运用这些阅读策略。

2. 任务情境的设计

语文课程是学习母语的课程，必须考虑母语环境的特殊性。传统的语文教学更多局限于知识和文本，流于文字表面，实际上脱离了母语大背景。课文语境与生活语境脱节、语文认知与生活经验分离，使真实的母语情境被简化、抽离。这就导致学生的语文学习脱离生活现实，学生的学习认知无法与真实生活中的情境对接，在语文课堂上学习的知识难以有效地迁移到生活情境当中。

从认知心理学角度来说，学习不仅需要个体积极地进行意义建构，还需要个体真实地参与实践以获得行为体验。大单元教学设计区别于其他整体教学的最大亮点在于创设基于单元、能够勾连学生生活的大情境，学生可以在真实语用情境中完成真实任务、解决真实问题。

真实的情境可以源于学生的学习生活和当下的社会生活背景，一般涉及个人生活、公共生活、家庭生活、学校生活、社会生活、日常生活、文学文化生活、跨学科学习等，既能够贴近学生的已有经验，又能够为单元学习提供良好的背景和环境。

任务情境的设计首先要关注到学生学习生活的实际需要，超越传统对抽象概念的理解和记忆的识记层面；其次要尽可能地创设真实语用情境，条件不允许的情况下可以设置模拟情境；最后就是要促使学生在情境当中

---

① 史建筑：《语文单元学习现场》，教育科学出版社 2020 年版，第 33 页。

主动建构知识，积极将课堂所学的知识进行迁移运用到生活实践中，让学生在学以致用中获得及时的反馈，以促进学生对知识的理解。任务情境的设计还要体现出语文学科的属性。教师在研读相关单元内容之后，应当根据课程标准和核心素养的要求，为单元学习创设学生熟悉的大情境，帮助学生获得相应的语文知识和阅读技能，提高学生的实践能力。

【案例】 宋词小筑①

有品位的游客越来越喜欢住民宿，一些带有诗词韵味、格调高雅的民宿备受欢迎。学校临街有一处老四合院，正方四间，东西厢房各两间，共八间房。想以宋词意蕴为主题，改造成民宿"宋词小筑"，请你根据所提供的宋词作品，完成宋词小筑的设计构想。

本单元围绕"宋词小筑"的有关项目设计了四个活动：客居宋词、雅韵小景、千古留影、诗余书香。"客居宋词"，主要通过给客房起名字、做阐释、排顺序三个环节，使学生初步感受词作的基本内涵及其内在关联。"雅韵小景"，要分别设计四种景观，以此深入解读八首宋词里的经典植物形象，积累典型意象，训练学生还原场面、情景、意境的能力。"千古留影"共三个环节：选择镜头、形象设计、雕塑命名。这三个环节通过对八首宋词中经典场景的比较筛选，完成对这些精彩镜头内涵和艺术价值的认知，并通过设计雕塑对这些情景进行二次加工，提升学生的审美鉴赏能力。"诗余书香"，再回到原词，筛选精彩的句子，融会贯通，编制对联，借助经典语句对八首宋词做精要概括。

…………

活动一：客居宋词——为客房取个宋词式的名字

"宋词小筑"，要使一点一滴皆有宋词意味，房间名称当然是其中的重要因素。请依据提供的八首宋词，选择或组合词语，给这八个房间各取一名。要求如下：

1. 室名以二字、三字、四字为宜，不可太长，读来要朗朗上口。

2. 请给每个名字写出 50 字以内的内涵阐释，这些阐释将与室名一同被制作在门牌上。

3. 若从东厢房靠大门的房间依次排下去，使这些室名有一定的内在

———————————
① 孙晋诺：《宋词小筑——〈唐诗宋词选读〉学习任务群设计》，载《中学语文教学参考》2019 年第 6 期，第 4-7 页。

关联，该如何排序？请简要说明理由。

..........

活动二：雅韵小景——为庭院设置有意味的景观

宋词里有许多植物成为经典的意象，可以说这些植物被宋词化了，也可以说被赋予了宋词的特殊意蕴。为了让这个小院具有浓郁的宋词风韵，请依据八首词中的意境，选择一些树木和花草进行搭配，形成四处景观并各自命名，用诗情画意的语言描述四处景观，引导观景者进入词韵画境。

..........

活动三：千古留影——为庭院设计一个宋词雕塑

千百年来，宋词中的名篇佳作为我们留下了永恒的故事和难以忘怀的镜头。这些故事成为民族文化情感的基因。因此，把这些典型的场景、精彩的镜头以雕塑的形式固化、装饰于宋词小筑的庭院中，尤其能增加其风雅韵味和文化内涵。

1. 先从八首宋词中选择三个镜头，然后找出三个角度对比分析，从中选出最优的一个。

2. 设计雕塑的具体形态，用说明性的语言阐释雕塑的特征。

3. 给雕塑命名，用诗性的语言阐释其意蕴。

..........

活动四：诗余书香——给住宿者设计一个书签

慕名来宋词小筑的旅客都是深爱宋词风味的，为了让他们离开后仍然会时时记起这个别有风味的地方，可以设计书签送给客人。要求以这八首词的语句为元素编写四副对联，镌刻在木质书签上。

[读写测评]

一、把这八首宋词制作成动画片，给其中的飞燕配上画外音。请依据原词，写出画外音。

二、八首宋词的动画片合编成集，最后做题为"宋词中的燕子"宋词知识讲座，请写一篇500字左右的讲稿。

由以上案例设计可见，教师围绕《唐诗宋词选读》中的八首宋词设计了虚拟真实的学习情境，学生化身为民宿建筑的设计者参与学习活动。教师分别设置"客居宋词""雅韵小景""千古留影""诗余书香"这四个学习项目，这些学习项目是紧扣学生学习语言文字运用而设计的。教师将传统的知识点、能力点嵌入"依词取名""阐释内涵""室名排序"

"景观命名""意境描述""选择镜头""形体设计""雕塑命名"及"编写对联"等学习活动，促使学生积极、主动地了解诗词内容、鉴赏诗词的典型意象、品读诗词意境再复现创作出来。

### 3. 活动体验的设计

大单元教学强调真实情境下的任务和活动，但是，开展活动是否就一定意味着学习效果的提升？活动是否越多越好？这就提醒教师需要注意加强活动体验的设计。

其一，注意学习活动的各个环节是否有机关联，指向同一个学习主题，避免东一榔头西一棒子。大单元教学注重知识的系统性和整体性，学习活动的设置要避免碎片化的小任务。不少语文教师设置学习活动追求立竿见影的效果，往往是一个学习任务对应一个学习活动，一个学习活动对接一个学习认知，误以为学生完成学习任务就可以获得相关知识或相关能力。这样的设计思路只是为碎片化学习披上"任务"的面纱，相对于大单元的内容、结构的整体掌握来说其作用就微乎其微了。

其二，关注学习活动是否指向真实的语文学习需要，避免"唯活动化"。在大单元教学实践活动中，教师不再是在课堂上向学生"抛出"现成的知识，而是带着任务引领学生快乐地遨游语文世界。教师需要不断地关注、思考：学生在怎样的条件下学习更有效？教师需要在新授知识与学生原有知识之间设置唤醒与链接；教师需要设置体验性的学习活动，引导学生从浅层的学习体验走向深度的学习体验；教师需要提供一个平台、一些资源，让学生去摸索、实践、展示、评价。

其三，考察学习活动是否在真实情境中通过实践完成，避免抽象的知识认知；检视学习是否综合若干知识、能力、方法，避免某一知识或技能操练。大单元教学模式下的任务是引领整个单元的大任务，其学习活动以解决学生实际生活情境中的问题为主，串联起整个单元下的不同课型，相关的学习活动既要调动学生已有的学习经验参与到正在进行的学习内容中，又要助推学生将当下的学习内容与已有的经验建立联系，整合新旧知识并构建属于自己的认知结构，帮助学生在解决实际问题的过程中进行语文学习。

【案例】八年级上册第二单元活动设计①

本单元主要回忆了难忘的人与事，有认真负责、毫无民族偏见的藤野先生，有为了救国赴日学医又为了救国弃医从文的鲁迅先生，有夜以继日、坚持不懈提炼出镭的居里夫妇，还有眼神犀利却对穷苦人民满怀同情的托翁。他们身上都具有许多优秀的品质，值得学生学习，可以让学生为课文中出现的或者生活中学生了解到的值得敬佩的人写一个颁奖词来讲述他们的感人事迹。据此，可以借鉴中央电视台"感动中国十大人物"栏目，为学生创设一个真实的活动情境。学校即将举行"感动校园十大人物"活动，现需学生担任推荐人，为本单元中出现的或者生活中了解到的值得敬佩的人写一份颁奖词，讲述他们的感人事迹并让学生说出自己所推荐的人物身上最触动人的一个细节，请学生在班上交流。"感动中国十大人物"栏目每年如期开办，可谓家喻户晓，大部分学生都对该栏目有一定的了解，为学生创设学校即将举行"感动校园十大人物"的活动情境，不仅符合学生的认知，更与学生的日常生活密切相关，并且写颁奖词还可以进一步加深学生对人物的理解，进一步体会人物身上的优秀品质，做到读写结合。另外，本单元的课文运用了多处细节描写，让学生说出自己所推荐的人物身上最触动人的一个细节，可以引导学生体会细节描写的作用并通过自己总结掌握这种人物描写的方法。通过设置这个活动，学生可以在真实的情境中愉快地进行阅读学习，解决生活中的问题，学生由知识的被动接受者转变为社会实践的主动参与者，将文本解读、写作、实践、表达有效结合，提高了学生自主学习的能力。

## 4. 教学评价的设计

教学评价是依据教学目标和评价标准，对教学过程及教学活动的效果进行价值判断并为教学决策服务的活动，是对教学活动现实的或潜在的价值做出判断的过程。教学评价便于及时检测和反馈学与教的效果，使得教师的教学更具针对性，有助于提升学生学习行为的实效性。遗憾的是，在现实教学环境中，教学评价一直是一线教师教学操作的难点和盲点。教学评价设计的难点在于：如何证明学生已经学会？如何测评学生达成目标的程度？评价标准如何分层、分类、因地制宜、因人而异？评价方式能否既

① 宫茹雪：《统编初中语文教材大单元教学研究——以八年级上册为例》，淮北师范大学硕士学位论文，2022年，第39-40页。

多样、有趣，又有启发性？

大单元教学评价要体现语文课程评价的根本目的，以全面提高学生的语文学科核心素养为主旨。课程标准指出："教师应树立'教—学—评'一体化的意识，科学选择评价方式，合理使用评价工具，妥善运用评价语言，注重鼓励学生，激发学习积极性。"① 也就是说，大单元教学评价要重视学科核心素养的测评，加强过程性评价，促使在学习过程中实现"教—学—评"一体化。

首先，大单元教学需要前置评价任务，加强"教—学—评"一体化的评价意识。传统的课堂教学活动中，教学评价往往置于课后，通常以作业、测验等方式对学生的学习情况进行测评。教学评价的滞后难以发挥诊断、反馈、激励功能，师生对学习效果的评判是模糊的。大单元教学是指对单元内的学习资源进行整合甚至是重构，形成系统的单元知识体系。在多任务、大情境之下，大单元教学实施过程充满不确定因素。这就需要教师强化前置评价的意识，也就是在拟定学习目标之后，学习活动的评价标准应当先于学习活动的设计。学习目标指向哪里，评价任务必须紧跟其后。评价任务的前置是学习任务与学习过程连接的支架。教师提前设计评价量表，有助于大单元教学的学习活动紧紧围绕教学目标开展，并且，教师向学生告知评价标准，也有助于学生明确学习活动的指向。课程标准在"课堂教学评价建议"部分提出："在小组合作、汇报展示过程中，教师应提前设计评价量表、告知评价标准，引导学生合理使用评价工具，形成评价结果。"② 这就是说，前置评价标准应当让学生在学习活动开始前就明确学习活动可能达到的标准。

其次，评价任务要和学习目标形成有效衔接，要对应学习任务设计。大单元教学评价设计需要在分解细化单元目标后，针对每一个课时目标进行评价设计，促使活动任务聚焦真实情境，并以评价任务支撑学习任务的落实。因此，评价任务的设计要紧密联系目标，高度匹配学习项目，对应学习任务，以便在大单元教学全过程中随时检测学习目标的达成情况，及时反馈活动任务的设计能否突出目标的落实情况。教师需要思考：选择哪

---

① 中华人民共和国教育部制定：《义务教育语文课程标准（2022 年版）》，北京师范大学出版社 2022 年版，第 48 页。

② 中华人民共和国教育部制定：《义务教育语文课程标准（2022 年版）》，北京师范大学出版社 2022 年版，第 48 页。

些评价工具？通过什么标准评判学生的学习成效？哪些学习方法能够使学生达到预期的结果？怎样设计评价程序才能有效测评学生学习效果？怎样保障教学目标、教学实施和教学评价三者之间的一致性？

【案例】戏剧文本大单元评价设计①

1. 以导演身份为《窦娥冤》《雷雨》《哈姆雷特》三部剧制定"排演场次表"。这样的设计安排可以让学生自主建立对戏剧情节的基本认知，同时也让学生觉得自己不是为了语文课而阅读，而是在一个真实的现实场景中进行了一次只属于戏剧的阅读实践。

2. 为《窦娥冤》《雷雨》《哈姆雷特》剧中的主人公制作"人物卡片"。这一评价任务指向对戏剧人物的理解，可以通过该任务了解学生对戏剧人物性格的把握情况。

3. 为参演《窦娥冤》《雷雨》《哈姆雷特》戏剧表演的演员讲解台词。该评价任务指向戏剧台词的考查。戏剧的语言是戏剧最大的特色，三部剧的台词各有特点，让学生进行台词讲解可以了解他们对三部剧台词特点的掌握情况。

4. 为"校园戏剧文化艺术节"开幕式写一段关于"悲剧艺术"的宣传词。这一评价任务指向对悲剧意蕴的体味，通过宣传词的呈现，可以了解学生对悲剧特点的把握。

5. 为"校园戏剧文化艺术节"准备《窦娥冤》《雷雨》《哈姆雷特》戏剧表演片段展示。这是指向"演剧"学习任务的评价任务，通过戏剧表演片段的呈现可以了解学生对戏剧立体化的理解。

6. 以"校园戏剧文化艺术节"评委的身份为参赛的戏剧表演作品写"点评词"。这是指向"评剧"学习任务的评价任务，通过点评词的形式，可以了解学生对戏剧表演的审美鉴赏能力和语言表达能力。

最后，评价任务贯穿于整个大单元学习过程。大单元学习的评价任务主要采取过程性评价这一方式，并贯穿于整个大单元学习过程。过程性评价主要是指教师根据学习目标，通过对话、观察、作业、评价量表、单元测试、个别化指导等方式对学生达成学习目标的情况进行诊断、分析、反

① 张凡：《新课标背景下高中语文戏剧文本大单元教学策略研究》，天水师范学院硕士学位论文，2021年，第44－45页。

馈并指导教学，以及促进学生进行反思改进的评价方式。"过程"是相对于结果而言的，提出以过程性评价贯穿大单元学习并不是只关注过程而忽略结果，也不是只关注学生的表现，更不是要区分与比较学生之间的态度和行为表现。提倡过程性评价，是由于大单元学习难以通过单一的以习题或考试的方式进行测评，大单元学习活动的综合性、实践性难以通过评价结果的某个等级或者分数进行评定，因此，过程性评价要注意统筹安排阶段性评价内容，综合运用多种评价方法检测学生在学习过程的水平进阶状况，增强评价的科学性。例如，统编语文教材八年级上册第二单元可以设置"感动校园十大人物"活动，邀请学生担任推荐人，为本单元中出现的或者生活中了解到的值得敬佩的人写一份颁奖词，在班级中交流，由全班同学投票选出自己认为颁奖词写得最真实、最打动人的五位同学去参加校级比赛。在这个活动中，学生拥有了自由表达自己观点的权利，可以畅所欲言，各抒己见，民主投票表决选出自己心仪的作品，评价的主动权掌握在学生手中而不是教师手中。另外，通过这个活动，学生可以发现自己的不足之处，明确自己需要改进的方向，对他人做出评价的同时也进行了自我评价。

## （二）基于教学单元，设计"学习任务"

如果教师能够超越"课"对单元内容进行重构，形成大单元，那么这种探索当然值得鼓励。如果教师暂时没有能力建构大单元教学，那么不妨借助教材编写的教学单元设计学习任务，促使学生主动建构学习。课程标准提出的"学习任务群"，既是学习内容的呈现方式，也是以学习任务来带动教学的实践活动内容，也就是我们通常所说的"任务驱动"。现行统编语文教材都采用单元教学结构，教师要主动研究教材的各个单元主要承担或者接近"学习任务群"之中的哪些"任务"，然后以这种"任务"来引领教学。

采用学习任务群这种教学方式，不是抛开教材重新去另搞一套，而是可以在使用现有教材实施单元教学时，融入"学习任务群"的导向、要求。从统编高中语文教材来看，根据学习任务群编写的教学单元主要有两种：一种是活动性单元，整个单元贯通并指向某项特定任务的学习活动；另一种，更多的教学单元是由基本语篇为主要学习材料组合成"课"，由多"课"和相关联的学习活动构成单元，一"课"可以是一篇文章，也可以是多篇文章，"课"就是单元中的一个学习板块。有的教师对"课"

与"课文"的认识模糊，或固守单篇封闭自我，或放弃单篇教学一窝蜂地做大单元的形式化教学。

【案例】《赵州桥》教学设计

任务一：初读课文，提取信息，为赵州桥编制"国宝档案"。

任务二：研读教材，借助拓展资源与其他石拱桥比较，完成表格，明白赵州桥蕴藏的科学原理和实用功能；借助文具和纸张，动手"实验"，验证桥的坚固。

任务三：担任导游，向游客介绍赵州桥的雄伟、坚固的原因，即设计的巧妙。

任务四：周末抽时间去周边看一看、数一数、拍一拍、记一记，了解本地桥的数量、形状、种类、功能，以图文结合的形式，向同学介绍观察、研究所得。

乍一看，案例中的这个教学设计具备了一系列"高端"的任务，具备了"学习任务群"的相关特征，但是这个教学设计也只是"看上去很美"，学生在日常的两课时内根本完成不了这么复杂的教学活动。此外，《赵州桥》所在单元的人文主题是"中华优秀传统文化"，教学单元已经包含综合性、实践性很强的学习任务——研究一个传统节日的风俗并写下来（写的时候要学会分段，每一段要围绕一个意思写清楚）。结合单元学习任务，《赵州桥》这篇课文教学活动的重点应当是围绕一个意思把话写清楚的，这才是《赵州桥》在这个"学习任务群"里的使命。

尽管语文课程标准在课程内容组织方式中提出学习任务群，但是，这并不等于每一节课、每一篇课文的教学都要硬凑学习任务群，更不必生硬贴上"学习任务群"的标签，某些课文本身已经具备活动要素，就不必人为拔高，以免"画蛇添足"甚至"揠苗助长"。面对课文，教师首先要弄清楚学习任务群各学段"学什么"，其次要多想想借助教学单元可以"怎么学"，加强学习活动的可操作性。

以《故宫博物院》为例。该课是统编语文教材六年级上册第三单元的一篇略读课文，是由一篇说明文、一则历史故事、一份网站通告和一张故宫博物院平面示意图四份材料组成的非连续性文本。

课文阅读提示如下：

下面提供了两个任务，和同学交流：你会怎样根据不同的任务阅读以下材料？

◇为家人计划故宫一日游，画一张故宫参观路线图。

◇选择一两个景点，游故宫的时候为家人作讲解。①

一般来说，教师很自然会关注阅读提示的建议并根据"画一张故宫参观路线图"和"讲解一两个景点"的阅读任务设计一些情境活动，诸如"带嘉宾参观校园"讲解活动。但是，这样的学习活动不必阅读相关材料就能介绍，如何形成由教读课的阅读实践到自读课的迁移训练呢？如何达成单元语文要素"根据阅读目的，选用恰当的阅读方法"呢？

课程标准学段要求在第三学段提出："阅读说明性文章，能抓住要点，了解文章的基本说明方法。阅读简单的非连续性文本，能从图文等组合材料中找出有价值的信息。"② 课程标准"实用性阅读与交流"学习任务群第三学段的学习内容之一是"学习记笔记、列大纲、写脚本、画思维导图等整理和呈现信息的方法"③。学业质量描述则指出，"能概括说明性文字的主要内容或简单的非连续性文本的关键信息，初步判断内容或信息的合理性"④。从课程标准导向可以判断，这一单元这一文本的阅读活动聚焦于材料选取，要求学生能从众多材料中选取合适、恰当的正确信息，并且学会"根据阅读目的，选用恰当的阅读方法"。因此，设置学习任务和活动应当围绕这两个教学要求，例如："五一期间，远在广州的亲友来访，爸爸妈妈建议你带领亲友去参观故宫，外婆、姨妈、表妹等人各有喜好，外婆喜欢看文物古迹，姨妈喜欢打卡留影，表妹喜欢文创产品。请你想想怎么照顾亲友的爱好和需求，设计'故宫一日游'游览线路

---

① 教育部组织编写：《义务教育教科书·语文·六年级·上册》，人民教育出版社2019年版，第44页。

② 中华人民共和国教育部制定：《义务教育语文课程标准（2022年版）》，北京师范大学出版社2022年版，第12页。

③ 中华人民共和国教育部制定：《义务教育语文课程标准（2022年版）》，北京师范大学出版社2022年版，第24页。

④ 中华人民共和国教育部制定：《义务教育语文课程标准（2022年版）》，北京师范大学出版社2022年版，第40页。

（说明理由）。你打算为亲友讲解故宫哪些地方？"上述学习活动能促使学生学习选取恰当的信息，让学生在可能的真实情境中学会根据阅读材料选择恰当的阅读方法。

概而言之，学习任务群是课程内容结构方式。课程标准、学习任务群与教学单元之间相互关联，语文教师要依据课程标准导向，立足教学单元，将学习任务群的学习目标分解为一定的学习主题，将学习任务群的内容有机嵌入真实情境下的相互关联的学习任务之中。

## 第三节　基于语篇的教材处理

我国传统的文本解读主要有两种范式，一是文艺学范式，二是文章学范式。两大范式的共同局限在于未能摆脱结构主义思维方式的束缚，文本往往被视为静态的客体。阅读教学对于分析文章（尤其是实用文章），大多以文体学为视角。概括来说，文体是由于文章内容和风格的不同而区别出来的文章种类。从文章的体裁、体制或样式进行归类，文学作品的文体主要有诗歌、散文、小说、戏剧、杂文等，非文学作品有说明文、应用文、学术论文、政论等。从文体角度进行教学解读，其弊端就是过于注重文章的体式规律。过于关注文体容易导致一种解读定式，如散文教学就是重点分析"行散而神聚"，说明文解读就是"找特点，理顺序，明方法"，等等。

就语文课程的性质和语文教育的特点而言，教材处理更需要结合不同的语篇类型把握该作品的特点，进而运用语境策略，达到话语理解的目标。《普通高中语文课程标准（2017 年版 2020 修订）》的课程结构设计依据阐明，语文学习任务"覆盖历来语文课程所包含的古今'实用类''文学类''论述类'等基本语篇类型"[①]。

语篇是语言交际的基本单位，主要包括话语和篇章。从语言交际的角度来说，话语即为了完成交际任务而说出来的话，篇章即为了完成交际任务而写出来的文章。语篇的基本特点是形式衔接，语义连贯，合乎语境。就语文教材而言，语篇即文本。语文教学活动实际上是以语篇为单位的

---

① 中华人民共和国教育部制定：《普通高中语文课程标准（2017 年版 2020 年修订）》，人民教育出版社 2020 年版，第 8 页。

听、说、读、写活动；语文能力是以语篇为单位的听、说、读、写能力，简而言之就是语篇的使用能力。课程标准引入"语篇"概念，突出了教科书文本的交际功能性。语篇视角下教科书文本解读聚焦于文本的言语交际功能，教学内容指向"语言的建构与运用"，这既是语文学科核心素养的本分，也是语文学科教学的基点。

传统的阅读教学处理习惯于从文章学角度出发，比较注重文体结构形式，这固然也是文本解读的一个角度。但是，文章体裁形式是为文章表达内容而服务的。阅读教学不能落入文章学的窠臼，还应关注教科书文本的言语表达。不同类型的语篇有着明显差异的言语表达的特点，相应的，教科书文本的教学重点就会出现显著差异。阅读教学中突出语篇的言语交际功能，教学设计过程中通过放大或缩小语篇之间的差异，实际上是凸显了不同语篇的语言表达特点，有助于学生理解文章"写什么""怎么写""为什么这样写"，更好地帮助学生把握同一类语篇的阅读路径。

## 一、　实用类语篇

在中小学语文教科书中，实用类语篇主要包括科普文章、人物传记、新闻通讯、书信、报告文学等。实用类语篇是日常交流的重要工具，务实而作，其文章的内容源自客观世界，探索事物的内在联系，揭示事物的内在规律，用于指导实践。其语篇特征主要表现为"言—意"式双层结构，区别于文学文体的"言—象—意"式的三层结构，读者无须刻意追求言外之意和象下之意。

为了更好地传递信息和便于理解，实用类语篇使用的语言以社会化的书面语体为主，通常使用众所周知、达成共识的通用语体，较少使用个性化色彩强烈的方言俚语和生僻词汇。因此，语言的准确性和科学性是实用类语篇的最大特点。准确性是就语言反映客观事物的精确程度而言的，其语言必须最大限度地同客观事物的实际相一致。科学性就是对所反映的事物及其规律性表述的准确性，其判断要周密、推理要无懈可击。

此外，简约性也是实用类语篇的显著特点。实用类语篇的简约性主要表现在以尽可能少的文字负载尽可能多的信息，还表现在文本各组成部分中文字的精练和简洁。无论是标题、正文，还是结论，在充分传达信息的前提下总是以简约为上。

在阅读教学中，实用类语篇的教学内容是什么？教学解读要点是什么？

从高中语文课程标准的具体内容来看，学习任务群"实用性阅读与交流"的学习目标与内容如下："（1）学习多角度观察社会生活，掌握当代社会常用的实用文本，善于学习并运用新的表达方式。（2）学习运用简明生动的语言，介绍比较复杂的事物，说明比较复杂的事理。（3）具体学习内容，可选择社会交往类的，如会谈、谈判、讨论及其纪要，活动策划书、计划、制度等常见文书，应聘面试的应对，面向大众的演讲、陈述和致辞；也可选择新闻传媒类的，如新闻、通讯、调查、访谈、述评、主持、电视演讲与讨论，网络新文体（包括比较复杂的非连续性文本）；还可选择知识性读物类的，如复杂的说明文、科普读物、社会科学类通俗读物等。"①

义务教育语文课程标准第四学段阅读部分课程目标与内容中的第 5 条指出："阅读简单的议论文，区分观点与材料（道理、事实、数据、图表等），发现观点与材料之间的联系，并通过自己的思考，作出判断。阅读新闻和说明性文章，能把握文章的基本观点，获取主要信息。阅读科技作品，还应注意领会作品中所体现的科学精神和科学思想方法。阅读由多种材料组合、较为复杂的非连续性文本，能领会文本的意思，得出有意义的结论。"②

由以上阐述可见，语文课程标准要求实用类语篇的教学首先要让学生学会阅读文本，学习其语言表达方式，即如何运用简明的语言介绍比较复杂的事物事理。在此基础上准确理解文本内容，学会提取和筛选信息，关注文本蕴含的科学精神和科学思想，对文体特征、语言风格和方法格式只需要了解。教师驾驭实用类语篇的目的不是在课堂授予学生多少科学知识，而是引导学生思考：面对相似的自然现象、社会现象时，可以从哪些方面和角度去认识它、介绍它。

实用类语篇的教学策略有以下几点。

## （一）引导学生"知其然"

教学实用类语篇，第一层面是引导学生"知其然"，即通过阅读文本

---

① 中华人民共和国教育部制定：《普通高中语文课程标准（2017 年版 2020 年修订）》，人民教育出版社 2020 年版，第 20 页。

② 中华人民共和国教育部制定：《义务教育语文课程标准（2022 年版）》，北京师范大学出版社 2022 年版，第 14 - 15 页。

认识一个事物现象，明白一个事理，明白背后的原理。

实用文章的写作目的是解决实际问题，或者说是指导和帮助人们认识世界和解决现实中的问题。它提供的解决问题的方式就是陈述或介绍相关的要点与原理。这是实用语体与艺术语体的最大区别。关注文本内容的事实性是实用语体教学解读的基础。对于直接陈述知识、介绍规则的实用文章，要把文章所阐述的知识要点或规则作为教学解读的核心内容；对于阐述知识内在原理的实用文章，就要把这些原理作为教学解读的核心内容。为此，《义务教育语文课程标准（2022年版）》在第四学段阅读目标中提出："阅读新闻和说明性文章，能把握文章的基本观点，获取主要信息。"①

说明性文章的基本观点和主要信息来自教学文本的暗示。说明性文章的内容大多涉及语文以外的其他学科知识，学习这类文章固然可以使学生增长见识，但是，文章所涉及的学科知识并不是说明性文章的教学价值所在。遗憾的是，在实际的教学当中，大多数教师忽略了实用语体的特点，把说明性文章的教学无意识地演变为"科普课""生物课""物理课""试题课"。例如，教学《大自然的语言》这类科普说明文时，文章一般会涉及一些专业物候学的科学知识，由于学生的认知水平有限，这些专业性知识就成为教学解读的一大瓶颈。对此，教师一般会补充讲解相关的背景知识来辅助理解，但是如果过度讲解，语文课堂就会变成关于"物候学"的科学课，从而偏离语文教学的轨道。又如，教学《绿色蝈蝈》，学生学到的是枯燥乏味的说明方法、说明顺序，而不是通过阅读看到作者对于蝈蝈的特点的捕捉，体会不到语言文字所带来的神奇；学生看不到作者对自然生物的热爱和敬畏，感受不到作者所要传达的意义，并不能由此受到触动。

编写者选择相关文章进入教材并组成单元，是将相关的教学任务赋予相应的单元及选文。这些教学任务是说明性文章教学的要点所在。以统编语文教材八年级下册第二单元为例，该单元导读提示："草木枯荣，大雁去来，恐龙无处不有，沙子极为致密，这些现象背后都蕴含着一定的科学道理。本单元的课文都是阐释事理的说明文，涉及物候学、地质学、生态学等领域，体现了求真、严谨的科学精神。学习本单元，要注意理清文章

---

① 中华人民共和国教育部制定：《义务教育语文课程标准（2022年版）》，北京师范大学出版社2022年版，第14页。

的说明顺序，筛选主要信息，读懂文章阐述的事理；还要学习分析推理的基本方法，善于发现问题、思考问题、质疑问难，激发科学探究的兴趣。"据此可见，这一单元的说明性文章的"基本观点"和"主要信息"就来源于文章所阐明的事理以及文章所体现的科学精神。而每一篇文章自成一家之言，其行文的言语特点（如何阐明事理）也是教学的"主要信息"。该单元第一篇讲读课文是竺可桢先生的《大自然的语言》。文章原题目为《一门丰产的科学——物候学》，选入教材后被编写者更换为《大自然的语言》，教学时需要考虑这是出于什么原因。此文用两段接近320字的篇幅才引出物候学，其用意为何？文中用"如""例如"以及可以添加"例如"的语段有六处，可否或缺，其表达意图为何？竺可桢是中国卓越的科学家和教育家，其作为"科学家"在该文的专业范畴内已然确认，其作为"教育家""文学家"在该文中有没有体现呢？这些都是教学文本的暗示。

新闻报道的基本观点和主要信息包含新闻事实和新闻背景，一方面是指新闻报道的事实信息，另一方面是指报道叙述中乃至报道背后所隐藏的信息。而课程标准所指的"主要信息"，不是新闻报道的事实信息，而是指在报道的叙述中乃至报道的背后所隐藏的信息。教材中出现的新闻作品并不复杂，从内容上来说很简单明了——什么时间在什么地方，某某发生什么事情。对这些内容，学生一般一读就懂。如果教师只满足于基本信息的提取，其教学处理可以说是停留在认读新闻的文字，教的只是学生已经看懂的内容。此外，新闻作品相关选文向来是以"读写结合"的方式安排在语文教材单元内，例如，统编语文教材八年级上册第一单元提出三个任务分别是新闻阅读、新闻采访和新闻写作，是非常典型的由读到写的任务训练安排。教材这样的安排在一定程度上导致部分教师教新闻作品的思路就是先读懂新闻，进而了解新闻的结构等专业写作知识。最终，这种为了"写新闻"而教新闻的教学思路，往往导致学生为了写新闻而出现"憋"新闻，甚至怕新闻的心理状态。

学习新闻作品，首要任务是为理解而读新闻，而不是为学写作而读新闻。毕竟，在中小学语文教学中，新闻作品教学的任务不是培养新闻储备人才。在"互联网＋"背景下，随时随处的在线浏览逐渐取代传统青灯古卷般的慢阅读，以碎片化、跳跃式为特征的浅阅读正成为阅读新趋势。数据信息的飞速增长和新闻内容的高度概括，这样的时代背景对新闻作品的教学提出时代性的要求，能否从碎片化的数据中获取有价值的信息，是新闻作品教学应当关注的教学内容。所以，新闻作品的教学价值，最基本的是要引导学生读懂作者如何基于事实提取信息进行辩证客观的叙述，更要引导学生学会区分新闻事实与夹杂在新闻中的观点，读出作者的微言大义，读懂作者如何克制个人主观情绪，中肯、深入、独到地评价新闻事实。相应的，教师在新闻作品教学中不能一味执着于对新闻文本内容的研读。学生作为社会生活的一员，需要具备阅读日常新闻的能力，教师要引导学生浏览日常新闻，锻炼学生提取信息的能力。

例如，《我三十万大军胜利南渡长江》教学设计：

第一，感知新闻体式。

（1）如果你是当时的播音员，你将以怎样的语调向全国人民播报这个消息？

（2）这则新闻导语交代了哪几点信息？请将其压缩成一个短语。

第二，把握新闻阅读方法。

（1）如果你是新闻媒体的编辑，请你按照新闻的三个特性（真实性、及时性与简明性）分析这篇新闻是否值得刊（播）发。

（2）如果由于篇幅因素，需要对这篇新闻稿加以删略，你认为应该删减哪些部分？

上述教学设计注重建构新闻阅读和写作的认知图式，教师重视训练学生的概括能力，引导学生根据需要对新闻内容进行概括，为日常阅读新闻快速把握信息奠定基础。对于其他新闻作品，教师不妨也进行同类处理，例如教师可以让学生用三种方式把这则新闻内容概述表达出来。第一种方式，用一句话说出这则新闻的内容；第二种方式，用一小段话说出这则新闻的内容；第三种方式，用几段话说出这则新闻的内容。学生经过缩写、对比来概述新闻信息，也明确了新闻的典型结构特点（即以"倒金字塔"结构的方式来组织材料，由标题、导语、主题到次要事件或背景材料，逐层展开新闻内容）。这样的教学处理，既锻炼了学生提取信息的能力，也强化了学生对新闻写作的认知图式。

## （二）引导学生"知其所以然"

引导学生"知其所以然"，即引导学生了解并学习文本是如何传达信息的，探讨作者以什么语言方式进行介绍说明，明确作者为什么要用这样的方式方法进行描写说明，并学会怎么通过语言来说明。这是实用语体不容忽视的教学层面。语文课程是一门学习语言文字运用的综合性、实践性的课程。实用语体的语言表达方式无疑是最体现语用性的。通过学习实用语体这一类文章，训练学生"把话说明白"的能力，是我们进行实用语体教学的主要目的之一。就说明性文章而言，我们不仅要让学生知道这篇说明文有着一种怎样的说明顺序，还要一起探讨其为何使用这样一种顺序而不是用那样一种顺序，以及还可以使用何种顺序；我们不仅要让学生知道某一段某一句使用了哪种说明方法，更要一起探讨还有什么表达方法能比其表达得更明白；我们不仅要让学生看到文章语言如何的准确科学，我们还可以一起探讨删去这些语言，文本会呈现出怎样的面貌，这种面貌与作者的表达目的是否相符；等等。

说明性文章的"说"是以"明"为核心的。说的特点就是"说明白"。前面提及，说明性文章教学解读要注意两个层面：第一层面是使学生增长见识（了解其他学科的知识）；第二层面是促使学生获得知识迁移，也就是说，当面对相似的自然现象、社会现象时，学生懂得从哪些方面和角度去认识它、介绍它。以《中国石拱桥》一文为例，作者首先说明了一般石拱桥的特点，然后说明中国石拱桥的特点，接着以赵州桥和卢沟桥为例说明中国石拱桥的特点，从一般到特殊，顺序合理。《中国石拱桥》的教学解读，第一层面是认知石拱桥及中国石拱桥的特点，以此把握说明文的最重要的特点——抓住事物特征；第二层面是分析把握作者以什么例子用什么方式说明中国石拱桥的特征；第三层面是引导学生感受作者洋溢在字里行间的自豪感和对石拱桥的热爱。那么，作者用什么方式说明中国石拱桥的特征呢？

【案例】《中国石拱桥》"说明＋X"式（执教：余映潮）[1]

余映潮老师引导学生从课文中找到说明段的表达形式——"说明＋X"式。归纳如下：

1. 说明＋描写。

桥面用石板铺砌，两旁有石栏石柱。每个柱头上都雕刻着不同姿态的狮子。这些石刻狮子，有的母子相抱，有的交头接耳，有的像倾听水声，

---

① 余映潮：《〈中国石拱桥〉：四种说明段——"读美文、学作文"系列之十五》，载《中学生阅读（初中版）》2008年第12期，第50-51页。

千态万状，惟妙惟肖。

2．说明＋阐释。

石拱桥在世界桥梁史上出现得比较早。这种桥不但形式优美，而且结构坚固，能几十年几百年甚至上千年雄跨在江河之上，在交通方面发挥作用。

大拱的两肩上，各有两个小拱。这个创造性的设计，不但节约了石料，减轻了桥身的重量，而且在河水暴涨的时候，还可以增加桥洞的过水量，减轻洪水对桥身的冲击。同时，拱上加拱，桥身也更美观。

3．说明＋观感。

全桥结构匀称，和四周景色配合得十分和谐；就连桥上的石栏石板也雕刻得古朴美观。唐朝的张鷟说，远望这座桥就像"初月出云，长虹饮涧"。

4．说明＋印证。

早在13世纪，卢沟桥就闻名世界。那时候有个意大利人马可·波罗来过中国，他的游记里，十分推崇这座桥，说它"是世界上独一无二的"，并且特别欣赏桥栏柱上刻的狮子，说它们"共同构成美丽的奇观"。

我国的石拱桥有悠久的历史。《水经注》里提到的"旅人桥"，大约建成于公元282年，可能是有记载的最早的石拱桥了。

5．说明＋评价。

赵州桥非常雄伟，全长50.82米，两端宽9.6米，中部略窄，宽约9米。桥的设计完全合乎科学原理，施工技术更是巧妙绝伦。唐朝的张嘉贞说它"制造奇特，人不知其所以为"。

接下来，要求学生学写"说明＋X"式。要求每人选用一种"说明＋X"式写一段说明性语言，参考文题是："我喜欢的一……：一个小动物、一张小报、一件衣服、一个生活用品、一个景点、一个学习用品、一个纪念品等"。

从这一课例，我们可以看到说明性文章教学解读的要点，那就是教师必须引导学生破解文章表述的语言"密码"。余映潮老师发现了《中国石拱桥》这篇文章段落表述的共同样式——"说明＋X"式，通过目可见、耳可听、手可写的极为清晰的语言模式训练，从而促使学生通过练习获得知识迁移，当面对相似的现象时，学生懂得从哪些方面和角度去认识它、介绍它。

新闻作品讲究时效性，与当下社会生活结合更为紧密。在"互联网＋"背景下，媒体边界逐渐模糊，人人皆有可能成为新闻人，人人皆有可能参与到新闻事件的发展过程当中。新闻写作从传统的播报、教导模式转向朋友间的平等交谈的互动模式。相应的，新闻作品教学也应当强化以互动的方式引导学生掌握相应的语言表达方式。在教学内容方面，一方面要根据语文课程标准中关于新闻阅读教学的要求提炼核心教学内容，另一方面要依据"受众"（即学生）特点选择合宜的教学内容。单纯依靠教材难以体现新闻资源的时新时变，教师可通过班级微信公众号或微博等互联网平台提供活页资料的方式，丰富学生的阅读资讯，也可以借助观看当下新闻节目来把握时代脉搏。例如，特级教师赵谦翔在班级开设了一门"《东方时空》感悟"课，每天早晨 7 时整，师生一起端坐在教室里津津有味地开始阅读中央电视台这"本"精致的"电视新闻杂志"。①

此外，在每个特定时期，教学融入媒体对某一问题的深度关注的播报氛围。例如：在各项重大时政、国际活动或赛事期间，师生共同搜集精彩信息或特写；在社会民生新闻方面，可以引导学生多关注考试改革、人才招聘、公众安全等与自身利益息息相关的社会民生文章；在教学方式上，新闻作品的教学应该坚持"行、学、教"的有机统一。学生应该在行动中学习新闻的信息搜集、判断、处理、整合。例如，统编语文教材八年级上册第一单元任务二"新闻采访"提出："熟悉新闻采访的一般方法和步骤。自主确定报道题材，制订采访方案，草拟采访提纲，分小组进行采访实践，搜集新闻素材。"任务三"新闻写作"提出："一、必做任务，每位同学写一则消息；二、自选任务，撰写新闻特写、通讯等，每位同学从中任选一项完成；三、拓展任务，将本组或全班的新闻作品加以整理，编辑制作成报纸或新闻网页。"据此，教师不妨结合教材选文主题、国内外时政、社会民生的热点选定主题，把全班分成若干数量的新闻小组，每个组自行安排分工，部分组员负责搜集处理信息，部分组员进行新闻稿撰写，两名"新闻主持人"到讲台上播报本组同学撰写的新闻。王君老师在教授《人民解放军百万大军横渡长江》时，开设一系列的"滚滚红尘

---

① 赵谦翔：《东方夜放花千树——感悟〈东方时空〉》，载《人民教育》1998 年第 4 期，第 30 – 32 页。

洗童心"长征活动①，分体力长征、脑力长征和文化长征。她的新闻写作教学是让学生像记者一样写新闻。让学生课下自己收集整理相关资料，活动结束后每一个小组要上交照片五张，每一个同学要完成新闻写作和体验作文各一篇，学生们完成的新闻写作和体验作文最后要统一汇总以进行评比。为此，学生几乎踏遍了重庆的大街小巷，《重庆晚报》的记者还曾对其中的一次长征活动做了专门报道。又如，利用学校现有资源，请学生做校园小记者，可以采访某些活动的主办方或参赛选手，也可以采访身边的老师和同学，采访后把材料整理成新闻稿，鼓励学生用自己的视角和方式来报道学校的情况。

## （三）引导学生感受作者的情感、个性

这里所谈的"个性"，一是文章作者的言语表达个性，二是指文章作品的独特意图。

不少教师在教学实用类文本的时候往往忽略对文本个性及意图的把握。语文课程标准中指出："阅读实用类文本，能准确、迅速地把握主要内容和关键信息，对文本所涉及的材料有自己的思考和评判。"② 这就是对这种现状的提醒与纠正。关于实用类文本的教学解读，不仅要关注文本所概述的基本信息，更要关注文本内容材质的把握，即作者写作这篇文章的意图（作者为什么写这篇文章？这篇实用文是写给谁看的？）和个性特色（作者介绍了什么知识要点？作者是用什么语言形式介绍的？有什么值得我们学习借鉴的方面？）带给我们怎样的美的欣赏（科学性和知识性）。

新闻讲究事实，新闻报道的语言追求简练，崇尚质朴，其表达语言客观严肃。但是，作为一个有观察、有思考的新闻人，怎么可能是毫无情感、毫无个性的呢？对于同一件事情不同的媒体会有不同的报道就是一个说明。新闻作品的语言中其实蕴含了作者自己或者作者所代表的集团的情感倾向。所以，感受并理解新闻作者的情感个性很重要。例如，阅读新闻作品《人民解放军百万大军横渡长江》，我们应当关注作者毛泽东独特的

---

① 贾龙弟：《教出新闻的情感温度——品析王君老师的〈人民解放军百万大军横渡长江〉》，载《教育研究与评论（课堂观察）》2014 年第 11 期，第 71－73 页。

② 中华人民共和国教育部制定：《普通高中语文课程标准（2017 年版 2020 年修订）》，人民教育出版社 2020 年版，第 32 页。

个性之美，那就是其语言风格的坚毅、激越、豪迈，文中语句如"人民解放军百万大军，从一千余里的战线上，冲破阵地，横渡长江"充分展现出一种令人振奋的美学力量，展现出势如破竹、锐不可当的气势之美。

语文教材已选用的新闻作品篇目虽早已失去新闻最应当具备的时效性，但都是被视为经典的新闻作品。语文教师要教的，学生要学的，当然不是过时的新闻内容。新闻作品教学不能停留于新闻事实的获取，不必拘泥于新闻语言的解剖，而是应当引导学生带着人文关怀解读新闻，着眼于作者的个性所在，关注作者独有的人文情怀，使得过去的新闻也有温度，使得学生真正理解新闻作品的经典所在。统编语文教材八年级上册第一单元"新闻阅读"就提出："边读课文边揣摩作者的态度与倾向。"例如，新闻作品通常避免夹杂作者自身的情感倾向，《奥斯维辛没有什么新闻》却跳出了传统新闻报道"零度写作"的窠臼，抒写了作者在参观完集中营之后引发的激动情绪，全文不着一字却尽显愤慨，正如作者所言"记者只有一种非写不可的使命感，这种使命感来源于一种不安的心情"。这篇新闻作品开头的阳光明媚、白杨树婆娑起舞、儿童的追逐游戏的描写，以及文章当中对雏菊盛放、小姑娘的祷告的描写，流露出作者的情感倾向，那是一份对生命、对美好希望的强烈渴求。同时，教师还可以适当拓展补充相应的新闻资料，诸如补充《耶路撒冷的艾希曼》《第三帝国的兴亡》《德国反犹史》等资料，适量剪辑电影《辛德勒的名单》《钢琴师》《浪潮》等视频片段，让学生能够从不同的文本形式中获得更加具体的感受，以帮助学生把握作者深层的情感个性所在。教师还可以提供不同媒体对同一事件的报道，引导学生通过对比了解作者选取的角度、所持的立场的异同。

说明性文章亦如此，看似平实质朴的语言叙述之下，同样蕴藏着作者的情感倾向和言语个性，这正是文本"成一家言"的独特之处。这些独特之处往往就可以作为我们教学解读的着力点。例如《苏州园林》一文，一般教学解读会重点定位在引导学生体会苏州园林的美和特点，于是欣赏苏州园林的图片，概括园林的特点就成为主要的课程内容了。殊不知，此文原是一篇为摄影图册所写的序文，原文题目是《拙政诸园寄深眷——谈苏州园林》。既然是序文，那么文章对读者了解"拙政诸园"有没有帮助呢？文内并没有一句抒情的语句，如何让学生体会到这"眷恋"呢？如果教师仔细阅读文本，就会发现苏州园林给作者的总印象是"标本"。何谓"标本"？再细读文本，我们会知道这"标本"带来的典范性就是观者无论怎么看苏州园林，"眼前总是一幅图画"。画意如何突出？图画如何构图？教学解读应当始终围绕标本式的"图画"展开，引导学生把握文本要点的同时，感悟语言文字，欣赏作者遣词造句的独特匠心。

怎么让学生掌握文章的言语表达个性方式呢？最行之有效的方式是同题材而不同文体的比较阅读，或者是同题材但不同形式说明性文章的比较阅读，再或者是缩减支撑句的简短说明词条与原文的比较阅读，这样做往往最直观也最深入。例如，同题材但不同形式——《中国石拱桥》与《桥之美》比较阅读。或者把关于"物候学"的条目与课文文段进行对比教学。这样一来，学生在比较分析中可以认识到不同语篇的言语表达的特点。

【案例】"肩拱"的学习①

钱梦龙老师在教学《中国石拱桥》时，先出示一幅教学挂图，让学生自己先说说赵州桥的结构，在学生明白"拱"是怎样的形状后，又让学生准确表述"一个大拱与四个小拱关系"。待学生说出"四个小拱在一个大拱的两侧上方""大拱两侧的上方各有两个小拱""四个小拱在一个大拱的两侧"等答案后，又通过图示、比较，终于使有的学生得出了"大拱的两肩上各有两个小拱"的最准确表述，然后评以"你跟茅以升这位科学家说的完全一样"一语，再让学生翻开课本印证。这样，学生学得有兴趣，课堂气氛轻松活泼，学生在反复比较中感受到揣摩的乐趣。在这样热情高涨的情况下，学生学习文中"桥面平坦，几乎与河面平行"一句，就会自然而然地联想到几何中半球平等的定义，"几乎"一词用得实在准确，不可或缺。

## 二、 文学类语篇

文学类语篇的语言是以艺术化的手段构建一个可能的世界，作者的主观意图和思想情感是通过艺术化的可能世界（如意象的塑造、语言的异构等）含蓄地、委婉地表述出来的。文学类语篇凸显的是作者言语的独创性、变异性，必须注意透过其种种变异性理解它背后的深刻含义。其

---

① 参见魏小娜《语文训练的再认识——兼评钱梦龙的〈中国石拱桥〉教学片段》，载《教学与管理》2011 年第 3 期，第50 – 52 页。

中，诗歌主要是借助意象来表现作者的主观情感，其语言跳跃性很大，其教学解读往往需要更多地引导学生用形象思维去感受；小说塑造人物形象的手段多样，或借助典型的环境描写，或借助故事情节细节描写，教学解读要用想象去感受和体验；由于适应舞台演出的需要，戏剧作品的世界主要通过人物对话（唱词）构成，由人物的话语或唱词反映人物的性格个性、人物之间的关系、人物与环境等，教学解读要借助特定情境感受、体验戏剧的对话体。文学类语篇的教学内容体现在三个方面：联系语境分析作品中语言的意义、用文化学和解释学的视角来解读作品的内容、用人类学和美学的视角理解作品的价值。

## （一）诗歌教学解读

诗歌的解读策略要紧扣意象的塑造、言语的异构而展开。

### 1. 关注语言文字表达的意象化

在文学作品中，作者往往通过一系列事物，即意象来表达自己的情感。意象是艺术语体中重要的审美概念，是诗词抒发情感的基本要素。"意"是主观之意，即作者主观的思想情感；"象"就是客观事物，即形象、物象，是指作者所依附的客观主体。意象就是作者将个人情感注入客观事物中形成的主客体的统一，是诗人为表达某种情感而采用的一种象征性的形象。意象一般可分为浪漫意象、写实意象和象征意象。文学作品讲究含蓄凝练，情感往往是借景来抒，志向则托物来咏。所谓"言在此而意在彼"，"此"就是作者所写之景和所咏之物，即"象"；"彼"就是诗人通过所写之景和所咏之物而要表达的情和志，即"意"。诗词当中的意象是诗人抒发情感的载体，不同语言风格的诗人对意象的使用也有自己的独特之处。诗人通过意象来达意，读者通过意象来悟意。我们通过抓意象进行诗词教学解读是一个很好的突破口，通过研读意象可以体味作品承载的意境。例如，白居易的《钱塘湖春行》、马致远的《天净沙·秋思》，诗词中处处是景色，句句有意象，《钱塘湖春行》以早莺、新燕、乱花、浅草营造了早春的意境，《天净沙·秋思》以枯藤、老树、昏鸦、古道、西风、瘦马凸显了落魄、失意的特点。

意象是诗词的灵魂，是解读诗词的关键。意象如此重要，但是在诗词教学中往往遭遇简单而粗暴的处理。例如，教学《天净沙·秋思》，教师多半提问："诗歌中出现了哪些景物？你从中体会到作者所表达的什么情感？"教学《钱塘湖春行》，一般的教学处理都会发问："诗歌描绘了怎样的画面？这些画面表达了诗人什么情感？"学生对于意象的理解，不是基于个人的生活经验和情感体验，而是基于教师的简单"标准"的定义、分析；学生没有机会与作者、与文本进行充分对话，难以内化个人的情感体验。因此，要准确把握一篇文学作品真正的情感内涵，就要从意象入手，挖掘隐藏其中的情感内涵。意象一方面蕴含着创作主体的情志，另一方面又是审美形态的两个构成要素（意象美与声律美）之一，同时还负载、积淀着中华民族的传统文化心理。

（1）要正确解读意象的内涵。在教学过程中，教师应该有意识地引导学生寻找诗歌中的具体意象，并将其作为诗歌赏析的切入点。例如，李白的诗歌多用浪漫意象，浪漫意象是按照想象化的原则选择意象进行诗歌创作的。李白的诗歌就是运用夸张、飘逸的想象来对理想做完美的表达。"月亮"这个意象就出现在"举杯邀明月，对影成三人""我寄愁心与明月，随风直到夜郎西""床前明月光，疑是地上霜"等诗句中，李白笔下的月显得飘逸、洒脱甚至孤傲。

意象多是生活中的客观物象，诗人在诗歌创作过程中所采用的意象难免会有重复，致使其具有一定的稳定性。例如，"春水"一般是用于表达愁绪，李煜《虞美人》的"问君能有几多愁，恰似一江春水向东流"、欧阳修《踏莎行》的"离愁渐远渐无穷，迢迢不断如春水"均使用了这一意象。对于这类比较稳定的意象，单篇教学时要注意对其内涵进行清楚的解析，以便于学生举一反三鉴赏其他诗歌。当然，并不是所有的意象都具备这种稳定性。同一个意象在不同的诗人笔下会被赋予不同的内涵和情感，这与诗人的心境有关。以"秋"这个意象为例，许多诗人笔下的"秋"是萧瑟、伤感的，我们谓之"悲秋"，而在有些诗人笔下，"秋"是美好的，如刘禹锡《秋词》中的"我言秋日胜春朝"。

诗歌发展到现当代阶段，旧有的意象已经无法满足诗人的创作需求，现当代各种新鲜事物的出现，使得诗人开始转向意象的自我创造。现当代诗歌的意象逐渐多样化，既有抒情性意象，也有象征性意象，且更偏于自我。例如，艾青诗歌中"土地""母亲"等意象，舒婷诗歌中"船""木棉""岸"等意象，海子诗歌中"大海"等意象，都极富有诗人的个性特色，可以说是诗人对物象意义的再发现和再创造。因此，解读意象、感知意境是现当代诗歌品读的重要内容。在现当代诗歌篇精读中，教师要注意指导学生把握现当代诗歌的解读策略，即必须先明确诗歌中意象的具体内涵，挖掘意象所蕴藏的深刻含义，只有这样才能进入诗人所营造的诗境中，进而把握诗人在诗歌中表达的情感态度。

艺术语体的解读要善于将文本的意象进行还原，并领悟作者是如何凭借语言文字营造出一个意境，而不是将意象具体物化或者简单代入。意象实际上是文化符号，意象代表的往往是某一样、某一类，甚至是某一种情感。例如，在辛弃疾《清平乐·村居》这首词中，作者借助"大儿""小儿"等多个饱含主观感情意象的相连，营造一种怡然自得、和谐共生的情境和情调，以此引起读者的共鸣和联想。这些意象很容易会被简单地物化——"翁媪"就是老年夫妇，"大儿"就是排行老大的儿子，"小儿"就是最小的儿子。相应地，学生很容易就得出一个认知——这首词反映的就是一家人其乐融融的场面。对于这种将意象简单物化的想象，教师很有必要纠正并引导学生正确还原文本。

【案例】《清平乐·村居》（执教：陈德兵）

陈老师讲授这篇文章，主要是围绕着三个方面循序渐进的，从一开始的"读起来"，到"背起来"，最后是"说起来"。在"说起来"这个环节，陈老师提出了一个问题："我在这首词中看到了什么？"

学生基本上都是概述老翁和三个儿子各自做了什么。

陈老师提出了"意象"一词，并且做了简单的解释。

读古诗词要注意意象。意象不是我们生活中的物象、形象。它是被诗人赋予了特定含义的一些具有代表性的物象，它不一定是生活中实实在在的人，它有可能是想象出来的。"白发谁家翁媪"，就不止一个翁、不止一个媪；"茅檐低小"，就不是一座茅屋，题目"村居"就是一个村庄。这里的"翁媪"是意象，代表着村里所有的老人。老人在做什么呢？"醉"就是喝酒吗？"醉"是陶醉，这就是意象。"大儿""中儿""小儿"也都是意象，尤其不能把"儿"当作儿子看待，"儿"就是儿女。"大儿"在做什么？"锄豆"是意象，代表的是"农活"。只有一个"大儿"吗？不是，村子所有的"大儿"在干农活。所有的"中儿"即半大的孩子在做什么？这个意象就是做家务。"最喜小儿无赖"，"小儿"也是意象，代表着小孩子。"小儿"在做什么？"卧剥莲蓬"这个意象代表着小孩子在玩……当我们把这首词里的景都当作意象，把这些人都当作意象，再来看看，这首词写了什么？

此外，陈老师继续提问："除了这些能够看到的东西以外，还能看到什么呢？"

如此一来，由"举象"到"造境"，学生在原有的意象基础上展开更深层次的丰富的想象，使得这幅乡村田园的画面更加鲜活。

其次，陈德兵老师提出了几个"最"，检测了学生对文本意象的理解程度，分别是：

"最容易误解的词语"——亡赖；

"最亲密的关系"——相媚好；

"最能体现出神态"——醉；

"最能体现作者的情感"——喜。

对于意象相同但主题完全不同的诗词，教师不妨进行对比教学。例如，《清平乐·村居》与《悯农》进行对比教学。两首诗词虽然都有耕作的意象，但是表达的主题不一样。"大儿锄豆溪东"展现了农民悠闲自得的状态；"锄禾日当午"则是描绘农民辛勤劳作的场景，以提醒人们珍惜粮食。教学解读还可以将《清平乐·村居》与《夏日田园杂兴·其七》展开对比探究，两首诗的主题类同，意象具有共性，但是由于诗人对田园生活体验不同，在意象的组合处理上完全不同。

对于主题相同但意象完全不同的诗词，教师可以进行整合教学，引导学生开展互文阅读，以诗解诗。例如，教学《黄鹤楼送孟浩然之广陵》和《送元二使安西》时，不妨补充《赠汪伦》及《芙蓉楼送辛渐》。教学解读聚焦于四首诗所表现的送别方式和送别意象：汪伦踏歌送李白，李白黄鹤楼目送孟浩然，王维以酒饯行送元二，王昌龄芙蓉楼千叮万嘱送辛渐。这样的整合阅读，有助于学生对古诗意象的学习归类，丰富了古诗解读的文化背景知识。

（2）要品味意象运用的独到。意象是文学作品中寄寓作者思想感情的人、物、景、事等。话语手段的意象化往往蕴藏着作者的特殊情感或别具匠心。有的作品，作者透过人来表达自己的思想感情，这里的人就成为意象中的一种表现形式——"人象"。诗词散文中比较多描绘景和物，这些是景象，正所谓"一切景语皆情语"。还有事象，是作者用来兴寄思想感情的事。要理解作者的情感，就要还原意象的形成过程。因此，诗词教学解读要帮助学生疏通语言障碍，整体了解作品大意，将原本机械而生硬的语言转化为立体多维、可感鲜活的画面，去感知文本中所描摹的物象、场景；同时，引导学生进行拓展与联想，将诗句所描述的内容浮现在脑海中，产生一种身临其境之感，从而经历"言语—意象—意境"的思维转换过程，获得对作品的深入体验。

古典诗词是以语言文字加以呈现，缺乏物象的直观性，在教学解读时往往需要引导学生结合自身的知识经验展开想象与联想，将其中的意象以及由众多意象综合而成的意境转化成形象的画面，从而理解那些关键性自然意象的内涵。例如，杜甫《春望》中的"感时花溅泪，恨别鸟惊心"一句，春天的花儿本是鲜妍明媚、芳香四溢的，春天的鸟儿本是雀跃欢呼、歌声婉转的，但作者因有感于破败的时局，看到春花反而潸然落泪，因怅恨离别，听到鸟鸣反而胆战心惊。作者痛感国破家亡之苦恨，看到这春天的美景，反而触发了其更多的苦痛，这便是以乐景写哀情的艺术手法。通过品析这句诗中的花意象和鸟意象，诗人那忧伤国事、挂念亲人的深沉感情便可传达给学生。此外，教学解读要善于使用不同的语言材料去激发学生对艺术语体所设置意象的理解。教师在教学过程中要精心设置恰当的对比点，借助替换、对比、仿写、改写等手段，促使学生用心去感受意象的丰富意蕴，从而逐渐形成敏锐的语感，提高学生鉴赏语言文字的能力。

2. 关注语言文字表达的"陌生化"

所谓语言文字表达的陌生化，就是用不符合常规甚至是反常的语言表达和艺术表现，让平常的事物变得不平常，从而增加读者阅读感受的程度。

（1）关注作者打破常规的表达方式。艺术类语篇的语言表达可以突破日常语法规范的约束，打破语言的恒常模式和组合规律，进行语言的重组和变形，如语序的颠倒、词组搭配的不合常规。例如，杜甫《秋兴八首》中的名句："香稻啄余鹦鹉粒，碧梧栖老凤凰枝。"诗人打破正常的语序，除了押韵的需要外，更是通过"陌生化"的语言应用来追求"语不惊人死不休"的表达效果。可见，作家为了给读者带来视觉上的新奇感，给文本带来更大的语言张力，往往选用不同于日常的陌生化的语言表达。对艺术类语篇的解读要引导学生关注这类陌生化表达。例如，杜甫的《望岳》为什么在解答"岱宗夫如何"时，回答的是"齐鲁青未了"，地名为什么选择了"齐鲁"？色彩为什么选择了"青"？"青未了"这种横向拓展的视觉感受，与诗末"一览众山小"的纵向俯瞰的视觉感受之间，有什么联系？这些平常的文字变得"陌生"起来，生成一种美的体验。又如，毛泽东的《沁园春·长沙》采用两字一组有规律的停顿，如"恰同学/少年，风华/正茂；书生/意气，挥斥/方遒。指点/江山，激扬/文字，粪土/当年/万户/侯"，节奏强烈，读起来铿锵有力，给人洒脱、自信之感。再如《边城》这一作品，其区别于其他小说的独特之处就在于它语言表达的诗化。作品文字虽是小说的语言，却又有诗的韵律、诗的意象和意境，诵读"天已快夜，别的雀子们似乎都休息了……还有各种甲虫类气味"并将其重新排列组合成一首诗，以此体味换行后语句的韵味。这样更能体会作品诗化的语言，感受作品的意境，同时也体会到描写自然之景的语句中渗透了人物怎样的感情。

（2）关注作者寻常表达处的变化。对于阅读来说，一些平常的表达方式同样会因为不同于上下文语境的表达变得新奇并富有深意，会使平常的表达变得"超常"。李清照《如梦令》最后写道："知否？知否？应是绿肥红瘦。""肥""瘦"是寻常用字，但是词人对这两个寻常用词赋予新的变化。学生不难理解这首小令在前面的部分都是抒发诗人惜花、恋花之情，最后的"绿肥红瘦"看似诗人仍旧借海棠的叶茂花落来抒发自己的惜花之情，因而学生往往无法体味到"绿"和"红"字中的深层意蕴。此时教师应该启发学生深入想象绿色和红色的更宏观的意义，引导学生发现"绿"和"红"蕴含诗人对自然界所有植物与花朵的凝练概括，"绿肥红瘦"更有表现自然界所有植物叶茂花落之意，将如此传神的两字放在小令的最后，更深化了主旨，表现出诗人惜春、恋春的深层情感，真正达到了"卒章显志"的目的。"看似寻常最奇崛，成如容易却艰辛"，那些看上去极其自然的文字往往蕴含了作者遣词造句的艰辛。当教学解读从一个词语、一个细节、一个形象探究下去的时候，那些平面的、平淡的、平庸的东西才会凸显、站立、挺拔起来。

## 3. 关注语言文字表达的悖论化

语言文字表达的悖论化是指表面上自相矛盾的或荒谬的，但实际上是别有深意的表达。艺术类语篇的语言不同于日常语言，它需要有意制造文本矛盾，制造悖论，以引起读者的关注。《卖炭翁》诗句"可怜身上衣正单，心忧炭贱愿天寒"，其语言文字表达的悖论让读者注意到文章所蕴含卖炭翁的痛苦和辛酸，这就是语言悖论的魅力。如果教师能够引导学生关注到文本中的这些语言悖论，把它作为解读的切入点，往往能够发现文本世界中的旖旎风光。

语言表达悖论化主要体现为语义矛盾、情节矛盾、笔法矛盾。例如，李商隐的《锦瑟》首句写道："锦瑟无端五十弦，一弦一柱思华年。"诗句中"无端"一词是指"无缘无故"的意思，瑟本来就有五十根弦，"锦瑟"与"无端"一词在语义上冲突，诗人在埋怨锦瑟，似乎它故意生出这五十根弦子来惹人心烦，恰是这种表达方式让读者深刻体验诗人面对已逝的青春年华，无法排遣的烦闷与哀伤。"明月别枝惊鹊，清风半夜鸣蝉""七八个星天外，两三点雨山前"，辛弃疾的《西江月》大量地运用词语的错位，在语义上出现乖谬悖理，即不按照语义的临近性和同质性来说话，以一种远距离作用或异质作用的方式来组合，把一些不相称的、矛盾的词语或意象并置在一起，使得诗歌的意义复杂、深刻，甚至使诗歌表层意义和深层意义出现相对立的情况，从而提醒读者特别关注，让读者联想到风清月白的景象，体验到诗人所体验的清新、朗阔之感。可见，文本中的某个词、某个句子之所以这样说，而不是那样说，可能会蕴藏某些玄妙的用意，在具体的教学情境对这些玄妙之处加以把握、推敲，文本的形象世界、意义世界就会在推敲中绽放出来。

艺术语体正是通过语言手段构建一个可能的、虚拟的、艺术化的世界，从而含蓄曲折地反映人与客观世界之间的关系。如果语文教师不了解艺术语体言语表达的独特之处，反而在文本内容的真实性上较真、质疑，那就无疑是买椟还珠。艺术真实可以展开想象的翅膀，比如李白的诗歌，丰富的联想，极度的夸张，组成了他诗歌艺术的独特风格。《望庐山瀑布》中诗句"飞流直下三千尺"是作者李白对香炉峰瀑布的描写。"飞流"说明瀑布的冲击力之大，自凌空喷涌而出，而"直下"说明岩壁的陡峭，最后"三千尺"运用超夸张的艺术手法，突出山的高峻。在李白的诗中，这种手法表现得尤为突出，从《秋浦歌》里的"白发三千丈，缘愁似个长"，到《将进酒》里的"黄河之水天上来，奔流到海不复回"，都展现出诗人浓烈的感情。白发被愁成了三千丈，黄河之水竟从天上奔流而来，这种夸张的手法虽有违常理，但也在情理之内，能使学生从中领略到浓郁的诗情。

## （二）散文教学解读

散文教学比较通用的执教程序是作者介绍—时代背景—内容分析—艺术特点。无疑，这种教法体现了施教者企望落实课程标准要求重体现学生主体、要体现学生个体体验的愿望，然而从操作过程和教学效果来看，整个教学仍摆脱不了传统教学中教师主导教学、主导文本理解这一束缚，把一篇活生生的文章硬要分拆得七零八碎，既浪费了时间，糟蹋了文章，又辛苦了教师，耽误了学生。更有甚者，一旦涉及散文，一般就只有"形散神不散""借景抒情""情景交融""披文入情""托物言志"等"正确的套话"填充散文教学课堂。那么，"这一篇"与"那一篇"的区别在哪里呢？"这一篇"的教学价值又是什么呢？关于散文的特点，人们习惯地概括为"形散神不散"。散文"形散神聚"的特点深入人心，仍然盘踞散文教学领域，严重影响了师生对散文的完整解读。许多教师在处理教材时不约而同地以此为教学重点，初中如此，高中也如是。"形散神不散"所表达的是作品主题必须明确而集中，它的确是很多散文的特点。但是，将这一观点无限放大以至将它作为散文的最大特点，未免以偏概全。因为"形散神不散"充其量只能概括某一类型散文的特点，而不能代表所有散文。例如，《逍遥游》《醉翁亭记》等散文就不能简单贴上"形散神不散"的标签。

　　散文浸透的是作者的至情至性，蕴含着作者对于人生百态的关注、探索，历来都是作为传情达意的首选文本。可以说，形神兼备是散文具备的特点。"神"，就是作者对于人生百态的思考、对于生存之理的探索。散文的"神"者有二，一是作者诉诸文章的思想感悟，二是文章所流淌的作者的情感。"形"者有三，一是思想情感的对应物，二是文章的写作手法，三是文章的外在呈现形式。其中，"神"就是渗透于文章形象中的作者的情思，是散文之魂。作者或是满腔热情地向读者倾吐自己的见闻，或是诚恳率直地和读者促膝谈心。触景生情也好，感物抒怀也罢，作者总在字里行间渗入自己的真情实感。因而，散文的阅读，文本所叙之"事"仅为手段，根本的目的是探寻文字背后所蕴藏的"情"和"理"。其解读的着眼点就在于作者真实的感悟和个性化的情感。也就是说，散文教学解读的着眼点不仅在于文中所记叙、描述的客体本身，更重要的是渗透于字里行间的作者真实的感悟和个性化的情感。可惜的是，不少散文的教学解读不注重文中蕴含的情感而去关注文中所涉及的事物的现象，这一点在状物散文教学中尤其突出。例如，《紫藤萝瀑布》一文，有的教师的教学解读是让学生交流所知道的花语，交流自己所了解的紫藤萝花，请学生找出文中描写紫藤萝花的文字，并做朗读分析，最后对全文内容进行总结。说一说，读一读，谈一谈，看似与文本有关，但教学过程流于形式，对于文本的探究依然浮而不入。散文具有选材、构思的灵活性和较强的抒情性，带有强烈的个人色彩，其语言是个性化的，言说对象（所记之事）是个人化的，情感认知是独特的。因此，散文阅读的要领无外乎体味精准的言语表达，分享作者在日常生活中感悟到的人生经验。言语的体味，就意味着仔细领会、体会与寻味语言的意味、滋味；而人生经验的分享则是体察、认识和理解作者的心灵、心境与心怀。通过这种体察、认识与理解，进而观照自我，引发自己对生活、人生、社会、自然的思考，或从中获得有益启示。

关于散文的教学解读，教师要自觉引领学生抓住文中的"人""情""味"，即了解作者其人、认识其创作主张，把握文章独特之情思（"这一篇"的感悟、体验），欣赏文章自然流动之韵味（"这一篇"的教学价值，即精准的言语表达和作者分享的人生经验），培养学生以言逮意的追求。

## 1. 引导学生欣赏作者独具个性的语言表达方式

散文体现了作家在语言上的特殊选择和组合方式，包括作家惯用的用语习惯，特有的语气、语调、语符的运用等。"风格即人"这一理论观点特别契合散文的相关文篇。因此，对散文的把握要建立在对作家行文风格特点把握的基础之上。以《听听那冷雨》为例，作者余光中评价散文优劣的一个重要标准就是散文是否具有诗性。他心目中的散文是"讲究弹性、密度和质料的一种新散文"。了解他的散文创作主张，再来读他的作品，就容易领会他在散文的结构、意象运用、语言推敲等方面的特点。又如，同样是女性作家，冰心与宗璞的散文语言各有特色。冰心散文语言是别具一格的"冰心体"。冰心散文的教学解读要注重引领学生感受清新、典雅、凝练的语言，选入教材的《荷叶·母亲》成为学生了解冰心文体风格的极好抓手，教学解读要引领学生从语言形式上领悟"爱在人间"的主题。作者宗璞曾说："一篇好散文，我以为需要三个条件，即真情、洞见和美言！所谓美言，就是要美的文字，散文特别需要文字上的功夫！本来文学是语言的艺术，散文似乎更为苛求！"①宗璞是这样主张，也是这样实践她的主张，从而形成了她散文语言优美雅致而不显雕琢的特色。可以说，宗璞善用曲笔描写自我的内心感受，对于文中所忆的人和事也大多轻描淡写，而对隐喻性的载体却是善用工笔（运用工整、细致、缜密的技法来描绘对象），浓墨重彩。也就是说，宗璞多采用虚写的方式避开实体，在自然万物的观照中去感悟人生。因此，宗璞的《紫藤萝瀑布》呈现出来的独特语言表达方式是内心浓烈的情感宣泄始终在理性的节制之下显得含蓄而又深沉。简言之，教学内容不能停留在选文内容的本身，学

---

① 宗璞：《真情·洞见·美言》，见《铁箫人语》，春风文艺出版社1994年版，第292 – 293页。

生阅读课文掌握内容不是语文学习的本质行为。学生阅读行为的最高目的是通过掌握课文内容的过程学习语言，把握"这一篇"语言表现形式的特点，学习作者语言表达的智慧。例如：《劝学》教学解读主要目的并不仅仅是让学生明白学习的重要性，还要引领学生把握该文章形象的喻证艺术和表达气势；《济南的冬天》的教学解读不只是让学生了解老舍对济南这座城市的喜爱之情，更不能仅仅停留在济南冬天特点的分析概述，还应该引导学生学习、借鉴老舍如何从日常的、平凡的景物中引发自我感受的抒写这一言语表达方式。

### 2. 引导学生把握作者写此文章所蕴含的情感和意义

散文是抒发作者的情感的，而不是介绍或描绘文本中所涉及的物象的。散文当中的言说对象是作者个人化的言说产物，是作者眼中、心中独特的感触的寄托物。散文真实地体现作者的人格和性情。放弃情感情思，也就放弃了杂文、散文的唯美。这种真情感和个性美，以及蕴含其中的人文底蕴，是散文教学解读的着眼点！

阅读散文，了解文本所叙之"事"仅为手段，根本的目的是探寻文字背后所蕴藏的"情"和"理"。散文作家的作品就是要不断地拿出自己对生活的看法，拿出自己的思想、感情。散文解读的着眼点不仅在于文中所记叙、描述的客体本身，更重要的是渗透于字里行间的作者真实的感悟和个性化的情感。

在散文中，作者情感抒写的方式一般有两种：一种是直接呈现，作者叙述自己的经历，直接抒发自己的情感，读者很容易了解作者的思想情感；另一种是隐藏的，作者把自己隐藏在字里行间，读者需要深入体悟作品所蕴含的情趣、情意，才能了解作者的思想情感。如果作者对其思想情感是直接叙述的，读者对于他的思想情感很容易就能把握。那么，阅读的重点应放在对文本的细读上，以及对语言的表现形式、文章的写作特色的品味和赏析上。例如阅读宗璞的《紫藤萝瀑布》，作者的情感是很显豁的，学生一眼就能看出。但是，学生对文章的语言表现形式和写作特点没有具体的体验和感悟，就不能具体深刻地领会作者隐含在文章中的情思。如果作者对其思想情感是隐藏呈现的，作者的思想情感十分复杂，那么，教学内容的重点应放在对这种十分复杂的思想情感的认识体验上。又如，《秋天的怀念》字里行间饱含着母亲对儿子深沉的爱和儿子对母亲深深的忏悔，还包含作者对生命的思索与探寻。学生基本上能读懂母爱的无私与伟大。但是，如果教学只是停留在这一浅表层面，那么教学就有悖作品真正的核心价值所在。文章中隐藏了作者对母亲难以释怀的愧疚和自责、对生命意义的认识与思考，这些才是作品的核心意义。此文的教学解读要让学生通过品读文章，走近作者的心灵，通过品味语言细微之处的大不同，理解母亲的苦和"我"的悔。作者用平实的语言讲述着身患肝癌晚期的母亲为了能让儿子摆脱对"活下去"的绝望，小心翼翼地"央求"儿子出去看看菊花。母亲真切的话语背后是对儿子的诚恳与耐心、宽容与博大。作者描述的语言充满着感伤和悔恨。这样的语言文字的情感要教出味道来就是读、品，反复读、反复品，读出内容、读出母爱，品出"我"内心的伤感，这应该是本文阅读教学内容。

### （三）小说教学解读

关于小说，从不同的角度观察有各种不同的表现。不同种类、风格的作品有许多不同的特点。一般来说，关于小说文体已经达成的共识是：多角度地细致地刻画人物形象，生动、曲折且较为完整地叙述故事情节，具体形象地描绘自然和社会环境。在人物、环境、情节的有机统一中，小说充分展现广阔丰富的社会生活。不过，这些认识并不符合现代很多小说的实际。例如，全过程的情节早已不再是作家创作的追求。相反，横断、纵切、省略连贯性的环节才是小说艺术创新的所在。

小说是一门"说"的艺术。小说作者特别擅长说故事。作家用小说来表达想法时，通常带有一定目的来"转弯抹角"地讲述一个虚构的故事。它包含两个相互影响的方面，一方面是以内容、情节、主题为核心的"说什么"，另一个方面就是"如何说"的话语表述。这两个方面的内容在小说内部是相互影响的，正是因为这两个方面的内容，使小说产生了深厚的文本含蓄和丰富的意蕴、美学风格。相应地，小说教学主要分为三个层次。第一层是基本故事层；第二层是人物塑造层，人物性格刻画的叙事层；第三层是变化多端的叙事方法层。

可惜的是，大多数语文教师执着地认定小说三要素，以致大多数小说教学内容还是集中于人物、环境、情节或开端、发展、高潮、结局。如果小说教学按照三要素、四分法的模式来解读小说，那么，小说教学仅是流于表面的形式，小说教学解读只是引导学生归纳概括一个故事提纲。阅读教学当然需要整体感知"这篇文章讲了什么故事"，训练学生获取主要信息也是语文课堂必不可少的环节。但是，这仅仅是处于小说教学的第一层，即基本故事层。这样的教学处理相当于买椟还珠。此外，在信息时代，网络阅读的碎片化、娱乐化等信息传播特点已经淡化了阅读思考的必要，影响了学生的阅读习惯。学生不再是传统的那种体验、思考型的读者，而是渐渐转化为被动的信息接收者。一味地注重小说"讲什么"，容易消解小说的内在意义，难以发现作者独特的艺术创造，导致学生停留于浅表化、碎片化的阅读，更加剧学生被动接受信息的情况发生。当教学停留于此类快餐式的阅读处理，学生难以拥有个人的阅读感受和见解。长此以往，学生将失去欣赏小说的兴趣，难以获得审美体验，难以认识作品的美学价值。

基于小说的语篇特点，小说教学的第一层面是基本故事层，应当引导学生把握小说的相关因素；第二层面是人物塑造层；而第三层则是叙事方法层，以此揭示作者的语言运用的秘妙，让学生感受到小说的独特魅力，同时，渗透小说阅读的基本方法，培养学生阅读小说的能力。

1. 基本故事层的整合

对于小说教学而言，由于篇幅较长与教学时间有限这一矛盾，更加需要对小说的基本故事层进行整体感知。整体感知是阅读的一种基本方式，指的是对文章的主要内容、关键主题的整体把握和理解。整体感知以感受为主，是一种短暂性的概括认识过程，是一种模糊性的直觉认知过程，并不强调对字、词、句、段等细微之处做深入的分析和仔细的揣摩，大多是基于读者以往的阅读经验与人生体悟，从整体角度去感受、体悟和理解文本，透过文章标题等关键部分化繁为简，从而快速完成阅读。

这一层面的教学处理是小说教学的起点，也是基础。教师应当从学习的角度为学生提供整体感知的相关知识与策略，注意引导学生对故事情节的梳理和整合，不要满足于对故事的开端、发展、高潮、结局的简单概述。整体认知的策略就是在文本中找出表达作者主旨的相关信息，而后用自己的语言方式进行整合。一般来说，整体认知的策略包括文本信息筛选策略、文本信息分析策略、文本信息综合策略等。

在具体的教学中，不少老师习惯于让学生按照"开端—发展—高潮—结局"进行分段并概括大意去完成整体感知，"千课一面"的分段并概括大意，容易引起学生的厌烦。实际上，对于这种整体感知要求，学生大多数是借助教辅资料完成的。整体感知的目的是提供相关学习支架，推动学生筛选、分析、整合小说文本的主要信息。除了分段概括，整体感知还可以采用主题词、复述提纲等学习支架。

其一，主题词提炼法。教师提出主题要求，学生按照收集、分析信息的常规，找出并分析哪些信息能够表现主题，以此整体把握小说基本故事层。

【案例】《我的叔叔于勒》整体感知设计（执教：黄厚江）①

（1）学生说说自己阅读小说后印象最深刻的片段，并简单说说为什么印象深刻。教师在黑板上写出这些情节片段的关键词。

（2）根据事件发生的先后整理黑板上的这些情节片段，教师用序号标出发生的先后。

（3）回顾课文，厘清作者叙述这些情节的顺序，再用序号标出作者叙述的先后。

（4）讨论：作者的叙述和故事本身的先后有哪些不同？为什么这样安排？

（5）学生找出有因果关系的事件，用线条连接这些事件。

（6）讨论：这些具有因果关系的情节围绕的核心因素是什么？（金钱）

以上案例这些教学活动都是围绕故事和情节展开的，而且基本涵盖了上述比较复杂的情节和故事的知识。但教学意图并不是告诉学生什么是故事，什么是情节，故事和情节有什么联系和不同；而是借助这些本来不好讲也不容易讲清楚的知识组织学习活动，引导学生收集与分析语言信息，从而促使学生抓住情节去读故事、读小说。

其二，提纲复述法。教师提供主题词，学生参照主题词进行文章复述，以此梳理小说的基本故事层。

【案例】《斑羚飞渡》整体感知设计（执教：干国祥）②

干国祥老师在《斑羚飞渡》教学中设置"空中故事接力"环节，提供"课文故事提纲：身陷绝境—准备飞渡—试跳成功—成功飞渡—走向彩虹—"，分别由5位学生进行讲故事接力，其中斑羚如何跳过悬崖的细节，教师点拨学生进行了补充复述。教师引导学生在文本中发现能支撑主

---

① 黄厚江：《阅读课应是千姿百态的》，https://mp. weixin. qq. com/s?biz = MzU4NzYxMDA0MA = = &mid = 2247576782&idx = 1&sn = f975f8ec99f45568c7926d11a3cfeb15&chksm = fdea8e19ca9d070f61acab087021457f911badce814eabc0b588d77df937151cd2a85d1aca55&scene =27。

② 干国祥：《〈斑羚飞渡〉课堂实录》，https://www. diyifanwen. com/jiaoan/jiaoxueshilu/775004. html。

题的情节与故事，或者语言及其表达的特殊性分析。

其三，破题法。小说题目是一个教学资源，让学生给小说添加副标题或变换题目，也是助推学生感知、把握小说基本故事层的途径。

【案例】宁鸿彬《变色龙》整体感知教学片段①

一、读课文（自读或请几个学生读）

要求：根据对课文内容的初步理解，给课文另外拟一个题目。

（学生拟出的题目是"两面人""势利眼的警官"等。）

二、探讨

刚才同学们给课文另外拟了不少题目，作者为什么用"变色龙"做这篇小说的题目呢？

另拟题目这种形式，是推动学生对课文整体感知的有效办法。学生必须通读小说并筛选关键信息才可以另拟题目，学生所拟的题目反映出他们整体感知的基本状况。所以，整体感知在一定程度上也是学情调查，教师可以从中了解学生对小说的初读体验和可能存在的问题。

### 2. 人物塑造层的细读

对于小说教学的第二层——人物塑造层，目前比较主流的教学处理是：由小说人物的言行推断其性格，通过分析人物言行进而归纳人物的品质，以此赋予人物形象相关"标签"并得出一个社会评价。这种简单的线性分析忽略了小说的典型人物的复杂性、多元性和微妙性，过滤了影响人物言行的复杂因素，因此不可避免地陷入简单化、标签化评价的泥潭里。

例如，关于小说《我的叔叔于勒》的教学，不少教师常常会陷入"人与人之间关系""人与金钱之间关系"的表层分析，以及"资本主义社会中人与人之间赤裸裸的金钱关系""对资本主义底层人物的同情"的庸俗社会学解读的窠臼之中。有的教师参考用书就将《我的叔叔于勒》的主题确定为三种：对资本主义社会中人与人之间赤裸裸的金钱关系的批判、对资本主义社会底层人物的同情、对菲利普夫妇虚荣品质的揭示。这样的主题分析把文学与世界（社会）的关系简单化、庸俗化了，认为文

---

① 参见宁鸿彬《〈变色龙〉教学实录》，载《中学语文教学》1998 年第 8 期，第 22 – 27 页。

学创作直接依附于经济关系和作家的阶级出身，文学作品也自然地成了作家个人立场与主观价值判断的传声筒，这会使学生很容易将资本主义社会与人性的异化、金钱的丑恶画上等号，进而得出"资本主义社会下的人民冷漠、自私又悲惨"的结论。从菲利普夫妇没有经济条件还要买牡蛎的行为推断出菲利普夫妇是虚荣的人的做法，直接忽视了菲利普夫妇虽是底层人民但也有追求美好生活的权利的事实；从菲利普夫妇遇见于勒后转身离开而不是把他接回家的行为推断出菲利普夫妇是自私、冷漠的人，这种做法并未关注到菲利普夫妇"并不是有钱人家，刚刚够生活罢了"的"生命起点"，其拮据的经济条件不足以支撑他们再养一个于勒；根据于勒不仅肆意挥霍父母留给他的遗产还侵占兄长财产的行为，及其在第二封信中承诺他挣了钱便会回来并带着菲利普夫妇一家快活地生活的"骗人的话"，便将于勒定性为无赖、骗子，这种做法并未关注到后来于勒不回家是因为不想连累家人、希望靠自己的劳动养活自己的观念上的重大转变。

对于小说中的人物形象，阅读教学应当去标签、去套路，关注人物形象个性化的展现方式。对同一类型的人物形象，作家的塑造方式总有独到之处，只有这样才能使得人物形象立足于文学长廊。人物形象的塑造手段是多种多样的，或动作描写，或心理描写，或环境描写，或肖像描写，或语言描写。其中，不容忽视的就是人物语言的描写。

小说教学要引导学生细品人物语言的个性化，通过选取人物最有代表性的话语，选取人物的习惯性用语，发掘人物语言的潜台词来品析人物形象。

小说人物语言具有独立性，也就是说，小说中人物话语是一种独立的存在，可以跳出维度直接与读者交流。作者往往通过人物语言传递其意图，小说人物也要借助话语彰显人物性格。人物语言隐藏着很多信息和线索，其言谈内容是直接信息，伴随言谈内容的言谈方式、下意识的肢体动作是间接的、隐藏的信息。通过人物的独白或对话，不仅可以反映人物的身份、经历，交代往事，介绍人物，组织情节安排，而且可以传达人物的思想感情，推动情节展开。小说人物语言的最高要求就是能反映出人物的性格特征，让人物用自己的话语说话。不同的生活经历、不同的文化教养、不同阶层、不同职业、不同的思想性格、不同的脾气性情都会带来人物言语表达的不同特点。人物各自不同的特殊的生活经历，往往会使得每个人有自己的习惯表达方式。习惯用语或口头禅大多能成为人物形象的某种标签，在一定程度上体现了人物的性格特点。例如，《变色龙》中奥楚蔑洛夫的话语方式具有较强的自我感叹性，这与人物自我感觉良好紧密相关。奥楚蔑洛夫的话语方式基本上是在认定自己总是正确的想象中自说自话，自作聪明。

人物语言通常符合人物性格，当小说人物冒出不符合本性的话语就更值得关注。小说教学解读要注意选取这些话语，引导学生分析人物非习惯性用语和语境的关系。《变色龙》在关于奥楚蔑洛夫的语言描写中有一处关于小狗的人称变换，由第三人称变换到第二人称——"哎呀，天！他是惦记他的兄弟了……可我还不知道呢！这么说，这是他老人家的狗？高兴得很……把它带走吧。这小狗还不赖，怪伶俐的，一口就咬破了这家伙的手指头！哈哈哈……得了，你干什么发抖呀？呜呜……呜呜……这坏蛋生气了……好一条小狗……"这种人称的快速、灵活地转变带来的亲昵感凸显了主人公的谄媚。此外，教师还应当引导学生关注标点的使用所隐藏的语用信息。这篇小说有不少地方使用省略号，每当奥楚蔑洛夫得知狗是将军家的时候，其话语就出现断续，使用了许多省略号；每当奥楚蔑洛夫发现狗不是将军家的时候，他说话就很顺畅，不再使用省略号了。为什么奥楚蔑洛夫的表达时而犹豫甚至停滞，时而流畅？教师通过引导学生探讨省略号的使用，可以使学生由此认识到奥楚蔑洛夫是一个媚上欺下、畏惧权贵的警官，对上层领导小心翼翼，一心想着怎么讨好，对下层普通百姓就肆无忌惮地辱骂欺压。

【案例】《变色龙》（马晓奕执教）[①]

同学们，一个人称、几个省略号都不能忽视，更不用说一句话了。现在请同学们读一读第27段，并揣摩其中"可我还不知道呢！"这句话的言外之意。（生读。）

生1：想把原来说的那些骂狗的话全部抹去，表达他对将军的尊重，原先那些话不是针对将军的，是对低等的人说的。

生2：如果知道的话，他会去拜访将军的哥哥，攀附权贵。

师：嗯。我们还可以把重音放在"还"这个字上读一读，揣摩一下他的言外之意又是什么。

---

① 马晓奕、张霞儿：《〈变色龙〉教学实录》，载《语文教学通讯》2012年第7－8期，第40－42页。

生3："还"让我感觉到他想说明他并不十分关注将军的生活，他很体恤百姓，他不是那种阿谀奉承的人，而且他也想要说明如果他知道这是将军家的狗，他绝对不会这么对待狗，他想要说明他很尊敬将军。

师：他既想让将军知道他尊敬他，又想让百姓知道他不是一个阿谀奉承的人。即便如此，老师还是觉得这句话可以省去，因为在第25自然段中有一个类似的句子表达了相同的意思，大家发现了吗？

生4："我还不知道呢！"

师：这样重复有必要吗？

生5：极力表示对将军的尊敬。

师：也就是说这样重复有强调的作用。当然，这两句话有细微的差别，第二句多了一个"可"，这个"可"能够删去吗？

生6：我觉得不能，"可"有指责手下没有告诉他的意思，推卸责任。

生7："可"强调我还不知道将军的哥哥来了。

师：透过这样一个重复，而且是程度有所加深的重复，我们发现警官奥楚蔑洛夫对权贵的畏惧、谄媚，得到了一次又一次强调，得到了一次又一次突出，这就是重复的魅力。其实在警官奥楚蔑洛夫的语言中，重复的内容不止这么一处。下面，我想请同学们小组合作，找到一处重复，看看它强调的是什么，从中我们触摸到警官奥楚蔑洛夫怎样的灵魂。开始吧！

在这一教学片段当中，教师从言语表达层面引导学生关注人物语言的停顿与重复所传递的言外之意，让学生在朗读中明白重复话语的意义，由此认识主人公趋炎附势、媚上欺下的走狗本质。

此外，要注意引导学生辩证看待人物形象的"好"与"坏"、"美"与"丑"。由于中小学语文教材面对的是文学素养相对薄弱的学生，所选取小说的人物形态往往是正面形象较多，单一性格的扁平人物居多，这很容易导致大多数学生常常采用非好即坏的简单的是非判断标准进行直线式的思维。在现实生活中，芸芸众生都是既有善的一面，也有丑乃至某种恶的成分，十全十美的好人和十恶不赦的坏人毕竟是极少数。文学作品当中的人物形象和现实中的人物一样，也是善与恶的多重组合，尤其那些圆形人物或典型人物更是具有丰富而复杂的性格。即使是同一类型的人物，在不同的作家笔下也显示出各自不同的性格特征。很多教师采用的教学方式都是"概括"人物形象，也就是先让学生概括人物性格，给人物"贴标签"，再通过"找细节"来论证、印证"标签"。这种僵化的教学方式，使故事不再曲折、完整，人物不再鲜活、生动，小说人物变得标签化、脸谱化。在小说教学中，要注意引导学生辩证地进行审美判断，不要简单褒贬人物形象的价值，不要以个人喜好看待人物形象。

### 3. 叙事方法层的解析

在小说教学中，教师通常会把教学注意力集中在人物、情节和主题上，而忽略了小说是用怎样的语言和方式呈现出来的，忽视了小说的叙述话语，对于小说作者个体的语言特色关注甚少。许多教师往往会着重分析其中的表达方式，比如对人物语言描写、动作描写、心理描写等的大量分析，而在一定程度上忽略了叙述的言语方式，这就导致教师在解读小说篇目时并没有突出小说的语篇特点，而是采用放之四海皆准的通用讲解方式。

同一主题的小说，作者的语言表述不同，带给读者的感受会不同。小说教学要注重引导学生欣赏作者在叙述方式和语言表述的独特的发现和创造，欣赏作品独到的艺术美。语文教学重在学习作者在语言文字运用方面所体现的规范和智慧。小说教学当然也要关注小说文本的比较个性化的言语形式。作家语言的风格的把握，可以使学生更贴近作者的内心，也更贴近小说这一虚构类文本的真实。小说教学要引导学生从"怎么说"中读出"说什么"，或是在明白"说什么"之后再去关注"怎么说"。语言特色其实是作者性格心理的侧面反映，通过这一点有助于教师带领学生找到进入文本的切口，同时对小说的比较阅读有所辅助。对于外国小说而言，不能忽略的是小说的语言风格有时还会随不同译者而改变。

小说作者在创作过程中并不是一味地铺陈叙述，而是会使用一定的叙述技巧，例如某些片段会频繁地、反复地叙述，某些片段会一笔带过，某些片段是用作者口吻去叙述，某些片段又是用故事中人物的口吻展开叙述。《我的叔叔于勒》这篇小说的叙述比较特别，一方面，作者采用内视角，也就是借助故事中人物的眼光看待整个事件，这比其他视角更容易传达人物感受；另一方面，小说运用了双重叙述者的方法，从若瑟夫视角看菲利普夫妇、于勒、其他人及整个社会氛围和作者眼中的若瑟夫进行叙述，表现了作者的人道主义主张。对此，特级教师王君在《我的叔叔于勒》的教学设计中选择于勒的两封信作为切入口，引导学生重点分析于勒写给菲利普夫妇的第二封信、船长对于勒的评价、"我"看到并接触到的于勒，从灰色小人物身上的温暖及其对美好生活的追求的视角来解读这篇课文，试图还原莫泊桑的创作初衷。

有的学者认为小说写作有公式，即"目标、阻碍、努力、结果，意外、转折、结局"①，简单来说就是两个"因为、但是、所以"的重复操作。这一点在情节性的小说方面尤其明显。小说家往往将人物放在一个特定设置的环境中使其面临着矛盾冲突，并且常常会有意加深人物心灵的矛盾冲突，让他们经受灵魂的折磨，以此暴露人物内心的隐秘，增加故事的精彩性。这就需要教师通过学习并使用叙述话语的理论知识来指导学生分析作者在创作过程中使原故事发生改变的地方，让学生体会到小说写作的艺术魅力，并且教师也能够抓住作者在创作过程中使原故事发生改变的地方进行拓展延伸，开展写作、口语交际等活动对文本进行深入探究，增强教学的有效性，丰富教学的形式。例如，《我的叔叔于勒》正是使用上述"因为、但是、所以"的重复操作来推进情节。"我"一家经济拮据，家中生活捉襟见肘，但是每逢周末，全家还是很有仪式感地到海边栈桥散步，期盼叔叔于勒衣锦还乡。但是，早些年因为于勒败光家业，家里人提起他都是切齿痛恨。因为相信于勒去美洲后发迹成了有钱人，二姐得以订婚，全家高高兴兴去哲尔赛岛旅行庆祝订婚，但是遇到了穷困潦倒的于勒，全家的希望被彻底打碎，心情跌落谷底。小说正是通过这些意外、转折使故事在展开过程中不断反转，带来了节奏的变化。对此，特级教师程红兵通过以下教学流程引导学生分析作者叙述方式的独特创造：一是初读课文，找出课文中的人物是怎么评价于勒的，包括怎么称呼他；二是分类评价，分类标准是哪些话是在大致相同的情况下说的，并说清是什么情况，他们对于勒又采取了什么态度；三是第二次分类，看看这些评价分别是谁说的。

## （四）戏剧教学解读

戏剧是指以语言、动作、舞蹈、音乐、木偶等形式达到叙事目的的舞台表演艺术的总称。戏剧的表演形式多种多样，常见的有话剧、歌剧、舞剧、音乐剧、木偶戏等。戏剧是一种在一个空间里用人物对话来表现冲突的艺术，它通过舞台演出而诉诸观众感官的艺术形式，其中心是演员的表演。因此，戏剧又被人称为"舞台艺术"或"演员艺术"。由于戏剧的时空特性，其具有紧凑集中的结构和紧张激烈的矛盾冲突，人物形象具有个

---

① 许荣哲：《靶心人公式》，见《故事课1：说故事的人最有影响力》，北京联合出版公司2018年版，第18页。

性化和动作性的戏剧语言。在戏剧作品中，人物与人物之间，由于性格不同和所追求的目的不同而展开的矛盾斗争叫戏剧冲突。戏剧作品总是由一个冲突的提出、发展和解决而得到完成的。戏剧冲突的成功与否是戏剧成败的关键，戏剧性正是由于戏剧冲突解决得独特、新颖、有丰富内涵而形成的。中学语文教材中的所谓的"戏剧"指的是为戏剧表演所创作的脚本，也就是剧本。剧本是一种文学形式，是戏剧艺术创作的文本基础，编导与演员根据剧本进行演出。

当下，戏剧教学主要存在的问题是忽略戏剧语篇特点，导致戏剧教学内容不当。主要体现为戏剧教学忽视戏剧语篇特点，忽略戏剧冲突，将戏剧教学内容局限在梳理戏剧情节、探讨戏剧主题、品读细节、品析语言等方面，无视戏剧角色的语言个性、唱腔的特点，忽略旁白、舞台说明，等等。甚至有的教师在戏剧教学解读中抛弃戏剧选本随意拓展教学，只抓住其中一些情节要素展开讨论。例如，《三块钱国币》剧中人物吴太太的女仆李嫂不小心打破了一个主人心爱的花瓶，吴太太要求她赔偿，杨长雄认为不必赔偿，于是争辩起来。对于这一戏剧内容的教学处理，有的教师让学生讨论"该不该赔"。这种借题发挥，也许课堂气氛很热闹，但已经不是一堂戏剧教学课了。

根据戏剧的语篇特点，有以下三点教学建议。

## 1. 体会人物语言的性格化

戏剧语言的性格化是指戏剧人物的言谈所体现出来的人物的性格和个性。言为心声，戏剧人物的语言的基本要求就是让读者能"闻言而知人"，也就是人物开口说话，就要切合他们各自的年龄、身份、出身、爱好，要能表现出他们各自的思想、性格、品质、风貌。小说也非常注重人物的语言描写，通过性格化的语言来塑造具有典型性格的人物形象。但是，剧本与小说不同，在小说中，除了靠人物的对话外，创作者还可以使用多种手段描写塑造人物，而剧本中人物形象的塑造基本上通过人物的对话或独白实现，创作者不会直接介入人物形象的生活，即使要为人物形象说上几句，也要通过人物本身或其他人物的嘴说出来，这就是戏剧文学"代言"的风格。所以，戏剧文学对人物语言个性化的要求也就更强烈。戏剧教学应当重视剧本作者如何通过语言有力地塑造人物角色，引导学生关注剧中人物语言的性格化，促使学生通过人物的语言了解戏剧人物的社会身份、个性特征、内在情感及心理状况。

对于一个剧本而言，语言是第一要素。在戏剧中，能把人物的思想性格表现得最清楚的就是语言。抓住了戏剧人物的语言，就等于抓住了戏剧人物的灵魂。

话剧的主要表演方式就是人物对话。在表演过程中，受时间和舞台的限制，戏剧人物的语言必须简洁且有张力，最大限度地体现更多的意思。当然，该复杂的时候也必须复杂，不惜重复笔墨。优秀的戏剧文学作品，总有令人印象深刻的人物形象。并且，人物形象总会具有高分辨率的个性语言。例如，戏曲《窦娥冤》第三折中，窦娥的唱词【滚绣球】中"天地也！做得个怕硬欺软，却原来也这般顺水推船！地也，你不分好歹何为地？天也，你错勘贤愚枉做天！哎，只落得两泪涟涟"，将不屈服、不妥协的窦娥形象圆满展现出来。戏剧人物的话语，要切合他们各自的年龄、身份、出身、爱好，要能表现出他们各自有的思想、性格、品质、风貌。又如，话剧《雷雨》，剧中人物周朴园、侍萍、繁漪、四凤、周萍、周冲、鲁大海等都有自己独特的个性，他们的语言也充分展现了他们的性格。分析周朴园这一人物形象，不妨抓住周朴园相认鲁侍萍的五句话：

①你——你贵姓？
②（抬起头来）你姓什么？
③（忽然立起）你是谁？
④（徐徐立起）哦，你，你，你是——
⑤哦，侍萍！（低声）怎么，是你？

这五句话充分表现了周朴园的个性特点。第一句"你——你贵姓？"是周朴园"看她关好窗门，忽然觉得她很奇怪"的情况下的发问，体现了他猜疑的心理。第二句"你姓什么？"，已经不再是彬彬有礼的发问，还辅以舞台说明"（抬起头来）"，暗示了周朴园的担心和忧虑，更表现了周朴园猜疑之重，找答案之急。第三句"你是谁？"，直问异性的名字，完全失去了资本家老爷的矜持和礼貌，体现出周朴园言行开始惊慌失措，早已不顾及自己的身份和地位了。第四、第五句则展现了周朴园面对突如其来的旧时恋人的直觉反应。

这五句话是周朴园与鲁侍萍之间的矛盾冲突的开始。在周、鲁"相认"的过程中，鲁侍萍心里明白站在眼前的这个人是谁，而周朴园却一点也没有认出来眼前的这个女人就是自己"朝思暮想"的初恋情人。在鲁侍萍隐忍自己的情感的同时，周朴园一直在习惯性地表现着对鲁侍萍的

"情感"。两者情感流露差异所形成的冲突，通过周朴园简短的五句话展现了出来。在周朴园的无意"相认"中，也暗藏了周朴园与鲁侍萍三十年来的矛盾。这五句话是特别能表现人物语言特色的台词，这是《雷雨》教学设计的一个抓手，可以通过这些台词理解周朴园这一人物的性格特点，以及周、鲁两人的矛盾冲突。

### 2. 品析人物语言的动作性

人物语言的动作性是指戏剧人物形象的语言中有"动作"的成分，品析人物语言的动作性就是品析戏剧人物"怎么说""怎么做"。戏剧人物的内心状态通过语言转化为外部动作，有意识或者潜意识的外部动作源自人物的心灵，而且有一种推动剧情向前发展的张力。这里的动作性，不仅仅指举手投足等具体可见的明显的肢体动作和体态语，还指人物内心复杂细致的思想感情活动，包含戏剧人物之间情感、思想的交流、碰撞和摩擦。肢体动作和体态语这些外部动作主要通过舞台提示来表明。舞台提示中的外部动作是剧情的一部分，它推动了情节的发展。更为重要的是，由于戏剧表演的特殊性，没有了"上帝视角"，戏剧人物的内心活动往往借助人物的舞台动作来传递非言语信息。在引导学生阅读剧本时，我们就要引导学生将舞台提示的"动作说明"演化为戏剧人物的动作，弄清楚角色人物的舞台动作以及作家安排人物这样做的意图，以此揭示戏剧人物的某种内心动机或思想情感。

在戏剧语言的动作性特点上，尤其要引导学生关注富有暗示性和动作性的戏剧语言，揣摩词语的潜台词，进一步体会人物的心态和情感的变化。有经验的剧作家总是努力选择简练、富有潜台词的语言去推动情节的发展和揭示人物丰富复杂的内心世界。戏剧阅读教学要引导学生关注潜台词，理解特定语境下的深一层的语义，以此读出戏剧人物台词的言外之意，把握戏剧人物所要表达的真正意思。例如，《雷雨》片段：

周朴园：那你走错屋子了。

鲁侍萍：哦。——老爷没有事了？

周朴园：（指窗）窗户谁叫打开的？

鲁侍萍：哦。（很自然地走到窗前，关上窗户，慢慢地走向中门）

周朴园：（看她关好窗门，忽然觉得她很奇怪）你站一站。

一开始，周朴园并没有认出鲁侍萍，他的一句"那你走错屋子了"

的言外之意是"你可以走了",但是鲁侍萍已经认出眼前的这位便是曾经山盟海誓的周家少爷,她努力克制自己,同时也希望能认清眼前这个曾爱得刻骨铭心的男人的真面目,"——老爷没有事了?"这句暗示性话语延续了剧情,当周朴园问"(指窗)窗户谁叫打开的?",鲁侍萍"很自然地走到窗前,关上窗户,慢慢地走向中门"。这里充分体现了戏剧语言的动作性,鲁侍萍"很自然"的动作表明她对此处很熟悉,暗示了她和这间屋子曾经有过往事。

### 3. 还原戏剧场面感

戏剧场景是戏剧故事发生和推进的规定性场域,在戏剧作品中不可或缺。但是,反观戏剧阅读教学,大多都是注重情节发展的分析,将戏剧教学等同于小说情节梳理,却忽略戏剧是在假定性生活场景中集中展示和反映生活的这一特性。不少教师没有考虑到戏剧在场景方面的营造,对戏剧人物的会话及戏剧冲突的分析也很少结合特定的戏剧场景进行探讨,没有意识到其与戏剧场景的关联性。戏剧是用于舞台表演的文本。戏剧阅读教学应当关注舞台性,关注戏剧作品的舞台场景设置,还原戏剧场面感,消减学生经验认识与戏剧场景的隔阂,从而促使学生深化对戏剧隐形的人物关系的认识,进而获得直接的、鲜活的戏剧审美体验。

就戏剧来说,戏剧舞台场景可分为生活场景、故事冲突场景、背景场景、社会场景。生活场景主要是戏剧人物生活的寓居空间,一般的室内人文场景;故事冲突场景是戏剧的重要场景,戏剧人物发生戏剧冲突导致关系变化而形成的场景;背景场景是跟随剧情的推动所布置的景观、道具,是更为具体的戏剧故事背景环境,布景的选择和处理带有一定的隐喻性,凸显作者的创作意图并能推动情节发展;社会场景是剧情发生所依赖的时代、文化场景,是戏剧所反映的社会现实,也是通常我们所讲的大情境。例如,《雷雨》营造了20世纪20年代中国半封建半殖民地的社会背景,一个带有浓厚封建色彩的资本家周朴园家庭内部的种种纠葛和周鲁两家错综复杂的矛盾冲突故事背景。《雷雨》的戏剧场景主要是周公馆。周公馆的家具陈设保留了30年前侍萍尚在的旧时家装,延续30年前的关窗旧习。这一室内人文场景的陈设隐喻了周家的封闭,体现了周朴园的权威,其中,窗是该剧重要的隐喻性背景场景。繁漪、周萍、周冲都曾尝试开窗透气,希望打开这一个封闭空间。然而,众人始终没办法抵抗周朴园的权威和森严的封建等级秩序。密闭的窗户带给周公馆空间的压抑和沉闷。

据此,戏剧阅读教学必须体现舞台性。在戏剧阅读教学中,应当强化或还原戏剧情节的场面感，通过演绎舞台语言来展现戏剧冲突，使学生读完后能够形成现场感，促使学生更好地体验戏剧文本。强调戏剧阅读教学的场面感，一方面是因为戏剧本身就是空间艺术，另一方面是因为学生需要"进入"文本所营造的戏剧空间，以此真正进入戏剧文本。"观则同于外，感则异于内。"不同的戏剧作品在内容和表达方式各具特色，然而作者都在直接或间接地表达自己的情感或者观点，从而赋予了戏剧文本深邃的内涵。戏剧阅读教学天然地需要移情的方法，帮助学习者体悟到语言文字背后隐匿的思想情感。教师应尽可能设置相关虚拟情境，让学生或体验或扮演，将个人原本的情感、态度、价值判断等移入作品内容，唤起学生与戏剧作品的"共情"，触发学生对戏剧人物的"角色认同"，不自觉地把自我等同于戏剧人物，助推学生在内心与戏剧人物一起经历、体验相关戏剧事件和活动，以完成主体的"自我角色化"。

戏剧阅读教学的最佳状态是学生的入情入境。在课堂教学中还原戏剧情节的场面感，一般借助角色扮演、分角色朗读、戏剧文本与改编视频的对比阅读等方法。其中，角色扮演能够让学生成为剧中之人，通过演绎戏剧人物对白，直接体验戏剧人物或喜或悲的人生经历，对学生沉浸式体验文本有着积极的作用。不过，不少教师没有弄清楚戏剧教学的本质，误将表演作为课堂的中心，戏剧阅读教学出现不少本末倒置的现象。须知，戏剧教学不是为了让学生学会演戏，而是借助或演或读来体验、理解戏剧人物的感情，通过还原舞台场景来体验特定时空下的戏剧矛盾冲突。与之相反的是某些教师在戏剧教学的缺位或无作为，例如选择播放与课文有关的视频给学生看，或者让学生分角色照剧本一句一句读下去，抑或任由学生自编、自导、自演课本剧。这些表演法的误用，只是图活跃课堂教学气氛而已，非但没有"还原"戏剧的效果，反而简单化处理戏剧，学生无法将自己的主观情感移植在特定的物或景象上，无助于学生"移情"，戏剧演出则沦为闹剧。角色扮演要求教师在课堂教学中营造一个特定的戏剧故事背景，由学生自行选择角色来扮演特定情境中的人物。角色扮演需要学生熟悉戏剧文本，需要学生依据自身的理解来渲染勾画戏剧人物形象，加强情感体验。教师的辅助主要体现在引导学生关注戏剧文本语言，可以通过关键性问题助推学生把握戏剧人物的情绪，也可以直接指点学生角色扮演的舞台处理，诸如人物对话、神态神色以及肢体动作等形象化展示戏剧的具体内容。

## 三、 论述类语篇

论述类语篇是以议论为主要表达方式，通常借助概念、判断、推理等逻辑形式，论证作者的主张和见解，或阐明正确的观点，或批驳错误的论调，并提出解决问题的方针和办法。在我国，论说文是传统文体，论说类文言文源自先秦诸子，包括论、说、辩、原、解、释、驳、考、评、问、对等文体形式。论述类语篇是对传统语文教学中"议论文"概念的扩展，一般而言，论述类语篇主要包括时评、书评、短论、社科论文、自然科学论文，还包括说理性散文，以及阐述观点、立场的书信、演讲词等各种类型的文章。这些文章共同的特点就是摆观点，讲道理，明立场。在语文教科书当中，论述类语篇文本主要以议论文、杂文为主。

对于论述类语篇，《义务教育语文课程标准（2022 年版）》要求："阅读简单的议论文，能区分观点与材料（道理、事实、数据、图表等），发现观点与材料之间的联系，并通过自己的思考，作出判断。"[1] "写简单的议论性文章，做到观点明确，有理有据。"[2]《普通高中语文课程标准（2017 年版 2020 年修订）》在"必修课程学习要求"中提出："阅读论述类文本，能准确把握和评价作者的观点与态度，辨析观点与材料（道理、事实、数据、图标等）之间的联系。"[3] 并且通过"思辨性阅读与表达"提出论述类语篇的学习要求："（1）阅读古今中外论说名篇，把握作者的观点、态度和语言特点，理解作者阐述观点的方法和逻辑。阅读近期重要的时事评论，学习作者评说国内外大事或社会热点问题的立场、观点、方法。在阅读各类文本时，分析质疑，多元解读，培养思辨能力。（2）学习表达和阐发自己的观点，力求立论正确，语言准确，论据恰当，讲究逻辑。学习多角度思考问题。学习反驳，能够做到有理有据，以理服人。（3）围绕感兴趣的话题开展讨论和辩论，能理性、有条理地表达自己的

---

[1] 中华人民共和国教育部制定：《义务教育语文课程标准（2022 年版）》，北京师范大学出版社 2022 年版，第 14 页。

[2] 中华人民共和国教育部制定：《义务教育语文课程标准（2022 年版）》，北京师范大学出版社 2022 年版，第 16 页。

[3] 中华人民共和国教育部制定：《普通高中语文课程标准（2017 年版 2020 年修订）》，人民教育出版社 2020 年版，第 32 页。

观点，平等商讨，有针对性、有风度、有礼貌地进行辩驳。"①

　　从大量的课堂观察中可以发现，不少论述类文章的教学仅停留在"论点、论据、论证"三要素和"中心论点"结构的浅层分析上，教师大多引导学生找出文本的论点、论据并理清论证过程。在议论文教学的课堂中，充斥着议论文的知识教学及知识性练习，课堂教学热衷于寻找论证方法，即所谓的举例论证、比喻论证、对比论证、引用论证等。议论文教学形成一种教学套路：明观点—找论据—析论证。有的教师习惯于用它去分析任何一篇论说文，甚至不管这样分析能不能说得通。这样的教学处理只是关注议论文文体特点，一篇完整的论述类文本被生硬地分隔成了论点、论据、论证三个互不关联的教学知识，文章的逻辑论证被简单粗暴地割裂了，文章论证的语言逻辑之美也被掩盖了。由于大多数论述类语篇教学对论证过程缺少恰当的指导，学生不知道文本如何"就事说理"、如何"以理服人"，以致未能形成有效的论述类文本的阅读学习经验。此外，论述类文章的教学很容易滑入"跟着课文内容跑"的误区，教学内容"纠缠"于中心观点的正确性、合理性的印证，或者放大中心观点的教育意义，异化为"思品课""说教课"，与语文课渐行渐远。

　　长期以来，支撑和影响议论文教学最基本的知识点主要包含议论文的三要素：论点（中心论点和分论点）、论据（事实论据和道理论据）、论证（论证方法、论证方式、论证结构、论证语言等）。由于论述类语篇本身缺乏情节性、趣味性、曲折性，相对学习散文、小说那些文学类语篇，学生学习论说文的困难更大。如果教学囿于对文体知识点的整理，课堂教学容易陷入僵化死板，容易导致部分学生对论述类语篇产生排斥心理。当然，论述类语篇教学如果不涉及任何文体知识，那么课堂教学内容是空洞的。"论点、论据、论证"三要素等基本知识是学习论述类语篇的基础，也是起点。议论文教学之初，很有必要让学生明确议论文三要素的知识，以此掌握阅读议论文的基本方法，诸如：揭示文章所表达的论点—找出相应的论据—分析所采用的论证方式—反思论点是否成立—反思文章论据能否证明论点。但是，这些不是论述类语篇的学习重点。学生并非掌握了这些议论文的知识之后，就能够形成所谓的"议论"能力。知识只有在真实的学习情境中被体验、悟得，才是基于"理解"的真实学习。

---

　　①　中华人民共和国教育部制定：《普通高中语文课程标准（2017 年版 2020 年修订）》，人民教育出版社 2020 年版，第 19 页。

　　论述类文章的教学，不仅仅要关注"说什么理"，更重要的要关注"如何说理"，要思考"为何这样说而不那样说"。论述类文章结构层次清晰，言语充满思辨性，体现逻辑美，字里行间都彰显其表现力。事实上，"思辨性阅读与表达"学习任务群就凸显论说的"语用"价值。

　　从课程标准内容可见，通过论述类语篇的学习，学生在阅读中理解观点，辨析作者的态度与立场，学习有中心、有条理、有针对性地表达，强调的是在阅读中动态地把握语言，在"使用中"体味和学习语言材料的内涵，把握议论语言的使用知识、方法，而非静态积累知识。概而言之，论述类语篇教学路径主要是从分析作者观点入手学习、体会语言的概括性和思辨性，从理清论证思路入手理解表述的缜密性和生动性。

　　教学论述类文章应当引导学生用语文的方式去学习议论文——涵泳语言文字，关注文章的表达，理解表达上的精妙之处。例如《劝学》，其教学内容的重点不是让学生明白学习的重要性，而是要引导学生学习这篇课文的类比论证的手法，以及文章透过排比论证所营造的表达气势。又如，《中国人失掉自信力了吗》的解读，比较有争议的是此文的文体到底是杂文还是议论文？如果是议论文，是驳论还是立论。很多时候，该文教学设计陷入证明个人观点的过程，或者教学过程更多的是去证明作者的证明。其实，如果从语篇特性来看，《中国人失掉自信力了吗》与一般论述类文章相比，它更多地带上了作者的思想感情和主观倾向，而且这种情感是由话语手段直接显露出来的。因而教学《中国人失掉自信力了吗》，除了其字面的理性意义不可忽视之外，重要的是应把握语用（情感）的意义，即把握住作者在什么情境下对什么人表明哪些观点，以及如何表达。

　　论述类语篇具有强烈的语用性。相较于实用类语篇和文学类语篇，论述类语篇具有更为强烈的对象意识、时间意识与情境意识。议论文提出一个观点，或者要说服人，或者驳倒一个观点。尤其是驳论性文章，本身因某一论点而发，意欲驳倒对方论点，其针对性、时效性更强。论述类语篇的教学必须有明确的语用学视角。对于论述类文本的教学内容来说，需要关注几个核心的要素：第一，论述类文本是需要向一定对象阐述观点的，这就存在观点"对谁说""论说什么"的问题；第二，阐述观点需要借助材料，这就存在材料"怎么论说"的问题。并且，谈论证不能只讲具体层面的论证方法或论证技巧等知识，应当重视更高层面的逻辑思维方式——演绎推理与归纳推理。逻辑思维方法是读懂文章的关键。作者独特的逻辑推理是论述类语篇的教学价值所在。论述类语篇教学目的之一就是通过文章语言的学习促进学生逻辑思维能力的发展。

以现行统编高中语文教材必修上册第六单元为例。这一单元是以论述类文章为主的文选类单元，是基于学习任务群"思辨性阅读与表达"的学习要求，单元学习主题是"学习之道"。单元选文各有教学侧重点：《劝学》《师说》《反对党八股（节选）》主要围绕单元目标"把握作者观点、态度，分析作者的论说依据、方法与思路，辨识论证逻辑"和"有针对性说理"，为学会讨论和辩论提供话题和依据。《拿来主义》与两则读书随笔一起，有助于学生形成自己的"劝学"新解、新说。对于这些论说名篇，单元教学处理分三步骤。

第一步，明确论说篇目的语用对象。论说性文章是要讲道理的，而讲道理必须有针对性，无针对性则失去了言说的价值，所以，教学解读首先要弄清楚文章"对谁说""论说什么"。

"思辨性阅读与表达"主要包括论说名篇和时事评论（其实，论说名篇其实也是当年的时事或社会评论）。在论述类文章的阅读中，把握言说的针对性或现实意义是理解和把握作者观点、态度、主张的起点，这是把握与理解作品的思路、论证方法和语言特色的重要前提。教学设计首要的是指导学生辨识作者的观点和出发点。至于《劝学》《师说》涉及的文言语法知识与文学文化常识，《反对党八股（节选）》《拿来主义》这些议论文的文体知识、论证方法等，不必在课堂单列出来"细嚼慢咽"，要通过学习任务整合起来，让学生在自主学习中掌握。

就该单元学习目标和学习任务的设定而言，也是要求聚焦于明确论说篇目的语用对象，把握言说的语用针对性。论述类篇目的语用针对性主要体现为两个方面，一是论说的现实性，二是论说的读者意识。"文章合为时而著"，论述类篇目大多是针对某种社会现实问题或现实背景而生发的议论。这种议论是基于假定的读者群，根据读者群的基本情况选择论述内容和论证方式，以便读者能更好地理解并接受观点。在《劝学》中荀子立足于"性恶论"，强调后天学习的重要性；《师说》针对当时士大夫"耻学于师"的社会不良风气而论述"从师"的必要性，在今天看来，这是一个不值得言说的问题，但就当时的社会背景而言，却有着强烈的针对性，"道之所存，师之所存""小学而大遗""圣人无常师""闻道有先后，术业有专攻"等观点，即便放在当下也是很有现实意义的；《反对党八股（节选）》更是针对延安整风运动当中干部群众文风"八条罪状"，提出采取马克思主义文风。

在该"单元学习任务"中，教材编写者设计了这样一个单元写作任务："……随着社会的发展变化，我们今天在学习中又遇到了新的难题。针对当下学习中的某些问题，以《'劝学'新说》为题，写一篇不少于800字的文章。"之后，还附了一则《议论要有针对性》的写作知识短文。可见，把握言说的语用针对性亦是该单元写作的训练点。

单元教学设计可以整合《劝学》《师说》《反对党八股（节选）》这三篇课文开展群文教学，教学聚焦点就是"论述的针对性"，分别从论点的现实针对性、论据论证与解决问题的针对性、语言论述的读者意识的针对性进行教学统整课文。也可以采用单篇精读教学，如以《劝学》为抓手，探讨荀子为什么要"劝学"，结合《荀子》选段《荀子·性恶》来认识荀子的主张，分析《劝学》在战国时代的现实针对性，以此理解论述类文章的语用针对性。

【单元活动设计案例】①

【学习任务】荀子写《劝学》的意图是什么？其他两篇文章的作者有什么写作意图？这些文章是否打动了你？请详细说明你的理由。

【任务支架】《劝学》《反对党八股（节选）》《拿来主义》都是经典的论述文，请您阅读这三篇文章，并结合论述文的要素揣测这些文章是针对哪些现象和读者写的？请具体说说你的理由。

【表现性任务】近日，某报一篇题为"王者荣耀：是娱乐大众还是'陷害'人生"的评论在豆瓣网上引起了网友的讨论。有网友认为此文是写给家长的，并不能对未成年人起到警醒的作用；也有网友认为该文对《王者荣耀》这个游戏的态度是偏执的。请你对该文进行修改，使其符合下列要求：

①文章应对未成年人不能沉溺游戏提出鲜明的观点。

②文章应考虑未成年人的认知水平和阅读感受，尽可能做到循循善诱、生动流畅。

【拓展资料】①谢小庆《举例简介图尔敏论证模型》；②董毓《批判性思维十讲》。

---

① 陶聘：《基于"逆向设计"的单元整合教学设计——以高中语文统编教材必修上册第六单元为例》，载《教学月刊（中学版）》2020年第11期，第28页。

　　第二步，理解论述类文章的论述之道，理解作者阐述观点的方法和逻辑，感受文章的逻辑思辨力量，欣赏论述逻辑的理性美。常规读写单元的课文是语言文字运用的典范，是学生学习语言文字运用、进行读写训练的范例。第六单元的选文正是"思辨性表达"的范例，《劝学》当中的比喻论证生动形象；《师说》采用对比论证和举例论证，针砭时弊，逐层深入；《拿来主义》先破后立，逻辑论证思路严谨，比喻论证和反讽手法的高超使得文章具有睿智犀利的独特美。依据单元学习目标和学习任务的安排，这一单元重点学习比喻论证和对比论证。

　　关于论证方法，单元教学可以选择以《劝学》为突破口，围绕比喻论证设置相关学习情境活动，诸如：①论证的本质是运用概念进行判断和推理，但是，比喻论证是用比喻进行说理的一种论证方法，这是否不够严谨？你认为比喻论证有哪些局限性？请你结合《劝学》，谈谈比喻在说理中的作用。②孔子认为"学而不思则罔，思而不学则殆"，那荀子为什么会认为"吾尝终日而思矣，不如须臾之所学也"呢？两者是矛盾的吗？

【单元活动设计案例】①
【学习任务】说说你对论述文文体的认识。
【任务支架】阅读三篇文章，完成下面的表格。

| 项目 | 要求 | 《劝学》 | 《反对党八股（节选）》 | 《拿来主义》 |
|---|---|---|---|---|
| 观点 | 文章的观点是什么？ | | | |
| | 文章的分论点有哪些？ | | | |
| 论据 | 文章用了哪些事例进行论证？ | | | |
| | 介绍文章的名句 | | | |
| 论证 | 文章运用了哪些论证方法？ | | | |

　　老师邀请你向全班同学做"优秀论述的标准"微讲座，让大家明白怎样才是好的思辨。请你以本单元任意一篇课文为例，借助表格思考优秀论述的标准，然后给同学们做一个微讲座。

---

　　① 陶聘：《基于"逆向设计"的单元整合教学设计——以高中语文统编教材必修上册第六单元为例》，载《教学月刊（中学版）》2020 年第 11 期，第 28 页。

第三步，迁移运用，学习表达和阐发自己的观点。教科书文本的学习要基于当下、基于生活情境学习语言文字运用。在教学中，应该尽可能多地建立"文本—作者—我—世界"四者之间的联系。

一方面，单元教学不能只停留于学习比喻论证等论证方法，还要学习其运用。例如，教学要引导学生思考：比喻论证适合运用于哪些交流情景、不适用于哪些交流情景？与《师说》《反对党八股》的丰富论证方法相比，《劝学》仅采用比喻（对比）论证的方法，是不是显得过分单一（推想一下荀子采用比喻论证的意图）？

另一方面，单元教学不妨设置情境学习活动任务，促使学生在实际语用情境中把握论证的语用性。完成真实情境中的任务是单元语文学习的路径，该单元学习任务的第三项提出："《劝学》是……《师说》是……随着社会的发展变化……针对当下学习中的某些问题，以《'劝学'新说》为题，写一篇不少于800字的文章。"在这项任务里，《劝学》《师说》等课文是启发学生思考"当下学习中的某些问题"的例子。

【单元活动设计案例】①

进入高中阶段学习以后，不少同学对学习的态度发生了变化，产生了厌学情绪。这种情绪以下表（表3）中的三位同学最为明显。请你仔细思考这些同学的情况，任选一位，以同桌的身份写一封信，向他/她表达"劝学"的意愿。

表3

| 姓名 | 性别 | 成绩 | 爱好 | 表现 |
|------|------|------|------|------|
| 洛天依 | 女 | 年级中游 | 动漫和音乐 | 我选择艺术路线，我不需要学习很多的文化科目就能获得成功 |
| 樱木花道 | 男 | 年级后段 | 运动和游戏 | 我喜欢在运动场上展现青春，虽然我也知道学习的重要性，可是我已经跟不上了 |

---

① 陶聘：《基于"逆向设计"的单元整合教学设计——以高中语文统编教材必修上册第六单元为例》，载《教学月刊（中学版）》2020年第11期，第28－29页。

续上表

| 姓名 | 性别 | 成绩 | 爱好 | 表现 |
|------|------|------|------|------|
| 曹操 | 男 | 偏科 | 社交和网络 | 某某老师是个老古董，我才不要理他，包括他的课，所以我学不好不是我的错 |

# 第六章　语文教师教材开发能力的提升

教师是课堂教学中平等对话的首席，是教学过程的组织者、引导者、发现者，而这一切的基础在于教师本身是一位自觉、自主的自我发展者。一方面，教师要注意自己是一名课程建设者，教材建设是必需的基本功；另一方面，教师作为教学活动过程中的特殊组织者，其对教材的开发使用要拥有理想的高度，充分占有资料，与文本进行更深入的对话，更充分地预想可能出现的多元解读，对解读过程中随机生成的体验、感悟有较充分的把握，以便更好地参与交流和引导交流。

## 一、　语文教师提升教材开发能力的意义

教材开发主要是指教师基于课程标准、学情和教科书文本组织课程教学内容，包括对教科书文本的取舍、增删、整合加工，以及借用其他课程资源等。教材开发能力是语文教师必备的一项基本功，是语文教师的第一功夫，是语文教师的底气。

### （一）教材开发能力直接决定了语文教学质量

影响语文教学质量的因素很多，但最根本的一个因素是语文教师的教材开发能力。由于课程标准的课程内容比较抽象、宏观，加之文选型语文教科书的综合性，导致语文教学内容具有相当的模糊性与不确定性，这就要求语文教师具备解读教材、解读文本的能力。语文教师对教学内容的合理选择与取舍，是落实课程标准导向的起点，是课程内容生成的必要环节，也是发挥语文教科书功能的关键。有效的教材开发促使课堂教学更好地适应学生的学习需求，使得语文课程从静态走向动态、课堂教学从被动接受走向平等对话。

不少语文教师的教学设计聚焦于教学方法和教学手段的花哨与翻新，尚未确定教学内容就首先思考用什么方法来教，结果教学内容反而要适应教学方法。教学方法与手段毕竟是工具，是操作层面的，是为科学有效呈

现教学内容服务的。语文教师的教材开发能力集中体现在对教科书文本的处理。前面章节已阐述教科书文本是原生价值、社会价值和教学价值交错的、复杂的综合体。教科书文本内容如何整合为恰当的教学内容，教科书文本的原生价值如何转化为教学价值，这些都需要语文教师以专业眼光去审视文本，基于语文课程视域合理取舍教学内容，科学地整合文本内容并将其转化为教学内容。

此外，语文教师的教材开发能力直接影响学生的阅读能力。义务教育语文课程标准总目标中提及语文教学要使学生"学会运用多种阅读方法，具有独立阅读的能力"，"感受语言文字的美，感悟作品的思想内涵和艺术价值，能结合自己的经验，理解、欣赏和初步评价语言文字作品，丰富自己的情感体验和精神世界"。[①]　这一陈述集中提出语文教学应当培养学生阅读鉴赏的能力，并使其形成分析、研究教材的能力。阅读教学是学生在学习他人语言成品的过程中习得能力并获得阅读体验的活动过程，教师在这一活动过程中既是引路人，又是示范者。语文教师以自己的阅读体验引导学生感受文本，以自己解读文本的经验为学生做示范，教师的解读策略影响着学生的阅读思路，教师的阅读深度影响着学生理解的深度。

## （二）教材开发能力是语文教师专业化发展的一项重要指标

教师专业化发展是现代教育高质量发展的必需和保障。语文教师对教科书进行解读、分析、研究和建设正是专业化发展的重要途径。

教材开发包括教材建设和教材使用。

教材建设是指在指定教材的基础上，教师根据教学实际进行自主开发、建设，对其他教学资源进行选择、整合和优化，以及自主开发其他新的教材资源。例如，对于基本课文进行"1＋X"的开发，对于不适用的课文能够选择可以完成同样教学任务的适用的教学材料。

教材使用主要体现在文本分析和教学解读，体现在教师对教材灵活地、创造性地和个性化地运用。教学解读能力是语文教师在对具体教科书文本进行分析解读的过程中所表现出来的智慧。教学解读强调的是个人的原创性的解读，要求教师直面文本，以个人的认知储备和生活体验来感受文本，与作者、作品和编辑进行直接对话，生成真实的、个人化的阅读体

---

① 中华人民共和国教育部制定：《义务教育语文课程标准（2022 年版）》，北京师范大学出版社 2022 年版，第 6 - 7 页。

验。当然，这并非否定借鉴他山之石，只是更加强调在借鉴他人的文本解读成果之前，教师要保证自身的阅读经历，避免他人解读成果的先入为主。在个人整体把握文本的基础上，参阅学术界的新成果、新见解，借此与他人研读进行对话，得以准确把握文本，深刻地鉴赏评价文本。这个解读文本的过程也是研究的过程、创造生发的过程，是提升语文教师专业化素养的过程。

　　同样是解读《我的叔叔于勒》，学者王富仁就解读出了于勒的"有情"、兄嫂的"无情"、"我"的"同情"。①兄嫂之"无情"，谁都能看出。于勒之"有情"，多被人忽视。王富仁认为，于勒只是不会过日子，并不是寡情薄义的人。于勒挥霍掉遗产，连属于兄嫂的那份遗产也挥霍了，这自然是于勒这位浪荡子的"不是"。但于勒不是"没良心的"，他自觉有愧。他去美洲之后并不是一走了之，从此杳无音信，而是发了点财即写信告慰兄嫂，表示会赔偿，表示怀念亲人。破产后的又一封信，真相实际很感人。于勒隐瞒破产真相，为的是不让兄嫂担心，他以为兄嫂仍然在怀念他，因此写封信以释思念，并叫兄嫂不要担心他的健康和前途，他赚了钱之后一定会回来和兄嫂一起过好日子。最重要的是，王富仁认为，于勒彻底穷困潦倒后，待在来往于法国与哲尔赛岛之间的船上，都到家门口了，就是不敢再跨出一步，不敢再回到兄嫂身边，增加兄嫂的负担，或者如船长转述的："他不愿回到他们身边，因为他欠了他们的钱。"这就是于勒之"有愧""有情"，还有良心，他心里想着亲人，绝不是他兄嫂想象的"又回来吃我们""重新拖累我们"的流氓无赖。王富仁认为，"这与'我'的父母处处从自己的利益出发，形成了鲜明的对照"②。许许多多的读者都疏忽了"于勒的有情"，也就是不敏感。为什么王富仁能敏锐地觉察到这点？除了他的生活经验外，其人文主义学养也起了重要作用。他不像许多缺乏这方面知识文化背景的读者，一看于勒是败家子、浪荡子，就机械地认为其一切都坏。

　　《我的叔叔于勒》这篇小说在教科书所呈现的文本删掉了小说的开头与结尾，学者钱理群则还原小说原文的开头与结尾，以此解读了"我"

---

　　① 王富仁：《怎样感受人？怎样感受人与人之间的关系?》，见钱理群、孙绍振、王富仁《解读语文》，福建人民出版社 2010 年版，第 406－412 页。

　　② 王富仁：《怎样感受人？怎样感受人与人之间的关系?》，见钱理群、孙绍振、王富仁《解读语文》，福建人民出版社 2010 年版，第 411 页。

的同情。小说开头描述，一个又穷又老的乞丐向行人乞讨，若瑟夫（即文中的"我"）给了老乞丐五法郎的银币。见若瑟夫给乞丐那么多钱，他的同伴感到很奇怪。于是，若瑟夫就讲了他叔叔于勒的故事。小说的结尾，若瑟夫说："此后我再也没有见过我父亲的弟弟。以后您还会看到我有时候要拿一个五法郎的银币给要饭的，其缘故就在此。"钱理群指出，"同情一切不幸者"的伟大的人道主义，同情不幸的人，把少年时代的同情心保留到成年，正是讲故事者（"我"）要表现的，也就是小说和作者要表现的极重要的主题之一。① 钱理群在这里体现的专业背景除了人文学养，还有对文本的熟悉。

而学者孙绍振以创作论、以小说的艺术表现形式入手分析，则更是专业背景的优势起作用了。其解读亮点在情节或者说结构的巧妙设计上，即于勒、于勒兄嫂、"我"这三方要会面，不会面无以言"无情""同情"，必须让兄嫂和"我"亲眼看到于勒穷愁潦倒。于勒是不会回来的，这正是于勒有情，尚存良心。那就必须让兄嫂一家出国。而"我"的家是穷人家，穷人出国，孙绍振说，至少要有三个条件：一是有非同小可的理由，而小说中的理由正是十分充分的——庆祝二姐的婚礼。因这婚事不是一般的，因为是穷人，大姐、二姐老大不小了还嫁不出去，新郎正是得知于勒有钱才决定向二姐求婚的，这在若瑟夫家是了不起的大事，是值得庆祝的（真是环环相扣）。二是十分经济实惠，无须花大钱，哲尔赛岛，一过海，两个小时就到了。三是名义上必须是风光十足的出国，哲尔赛岛是英国人管辖的，充满异国风情，如小说所言："是穷人们最理想的游玩的地方。"三个条件全符合，真是万事俱备。会面的另一方也"合情合理"来了，即前面王富仁分析的，于勒无钱回国，既思念故土，又不愿回去见亲人，好心的法国船长把他带到家门口的哲尔赛岛的船上。于是，船上的"突然"巧遇就顺理成章了。孙绍振指出："从这里，我们可以看出莫泊桑的写作技巧，按中国小说的说法，就是针脚绵密。"②

以上王富仁、钱理群、孙绍振三位学者的精彩解读，充分展现了教师的专业知识、人文学养所发挥的重要作用。一般读者与学者并没有不可逾

① 钱理群：《略说〈我的叔叔于勒〉》，见钱理群、孙绍振、王富仁《解读语文》，福建人民出版社2010年版，第412－417页。

② 孙绍振：《〈我的叔叔于勒〉中的人称视觉》，见钱理群、孙绍振、王富仁《解读语文》，福建人民出版社2010年版，第417－420页。

越的鸿沟。普通的语文教师可能难以赶超学者，但就教科书某一文本的解读，教师可以成为临时的"学者"。假如个人的专业知识暂时还不够丰富，"他山之石，可以攻玉"，不妨将学者解读的可转化部分吸纳过来。就《我的叔叔于勒》这篇文章，三位学者的解读观点几乎都可转化。例如，不少教师对此文的解读习惯定位于批判父母的无情，王富仁提出的"于勒'有情'，兄嫂'无情'，'我''同情'"相关理论，就可以供教师在教学解读中参考借鉴。

## 二、 语文教师提升教材开发能力的途径

### （一）专业阅读

语文教师必须具备过硬的解读教材的能力，唯有如此，才能站在一定高度俯瞰文本，以个人对教学内容的恰当取舍来保证课堂教学效率，以个人对文本的充分把握来应对教学生成，以个人的切身体验来感染学生。语文教师的解读教材能力很大程度上来自阅读的日积月累。《义务教育语文课程标准（2022年版）》提出："语文教师要养成良好的读书习惯，不断丰富语言学、文学、教育学、心理学等方面的知识，注重中华优秀传统文化积累，提升自身文化修养。"[①] 阅读的重要性是不言而喻的，阅读的收效与阅读的方法是密切相关的。

遗憾的是，很多语文教师缺少专业阅读能力。主要体现为以下三个方面：一是缺乏阅读规划，阅读目的不明确，为读而读。由于缺乏阅读目标，不少教师阅读内容浮泛，有的教师的阅读选择如同超市"秒杀"，看到什么都觉得以后可能用得上，结果使自己变成廉价信息的"储存柜"。这样为了读书而阅读，充其量也只是做了一只书篓而已，收获不大。二是阅读的目的带有较强的实用性和功利性，错将专业阅读等同于寻求成功捷径，多集中选择市场化的教育书籍，而这样的书籍往往挑战性不够，却包含着能够刺激荷尔蒙的东西，使得教师错以为坚持、乐观、泛爱诸如此类就可以成就教育。三是阅读方式过于随意，缺乏有效阅读。绝大多数语文教师尚无良好的阅读习惯，甚至很困惑阅读习惯是如何养成的。突出的问题是阅读欠缺专业判断，缺乏梳理与整合，使阅读成为一种平面的量的堆

---

① 中华人民共和国教育部制定：《义务教育语文课程标准（2022年版）》，北京师范大学出版社2022年版，第55页。

积，而难以锻炼自己解决实际问题的思维力。如果阅读没有思考，没有学以致用，而是盲目相信普遍价值化的开卷有益，那这样的读书只是徒有姿势而没有实际效用。教师处于这种没有专业辨析度的阅读状态，其阅读只停滞在一个较低的层次，欠缺一定的阅读效度和深度，必然成为只有宽度而无深度的"平面人"。

专业阅读类似于传统的精读，不过精读是相对于泛读而言的，侧重于文本细读。专业阅读这一说法的提出，主要区别于常态阅读，强调的是围绕一定目标，主动借助相关阅读策略的自主研读，是一种具有反刍性质的研读方法。专业阅读的过程包含阅读者对文本的梳理、批判、整合，包含着阅读者与文本的反复对话，包含着阅读者对文本信息的积极吸收、主动内化。专业阅读有助于阅读者将书籍中有价值的东西吸纳、内化到已有的知识结构，同时，阅读者的积极建构过程也使得文本原有结构得到丰富、优化。

简言之，专业阅读就是阅读专业的，专业地阅读。语文教师在专业方向有一个适当的阅读"据点"，由此向四方衍射，进行泛读，形成一个阅读结构，这样对于构造个人专业知识结构更行之有效。专业阅读可以培养教师对文献阅读的一种严肃认真的态度，培养对学术的耐心，有助于提升个人的认识力和判断力，避免急功近利的浮躁。专业阅读需要阅读专业书籍和专业地阅读的方法。鉴于语文教师的教学生存状况，阅读不可能是全面深入的研读状态，教师不妨在浏览专业书目的基础上，根据自己的兴趣爱好和教育教学研究的需要，选择根基书籍进行研读，并以此基本理论为据点，进一步拓展拓深自己的学术积累，构建个人学术专长。

## 1. 确立根基书籍

鉴于语文教师超负荷的工作现实状况，不可能有较为宽裕的阅读时间和较为自由的阅读条件，因此有选择地开展根基书籍阅读显得十分必要。

根基书籍是指影响和形成教师专业思维方式，奠定其学术研究根基的专业书籍。根基书籍相当于教师判断、思考教育教学问题的原点，也是教师开展专业阅读甚是构建专业知识架构的核心。语文教师应当选择适合自己专业发展的根基书籍。构成教师思维方式的根基书籍的高度，往往会影响到该教师的学术高度。可惜的是，许多老师都没有属于自己的根基书籍，大部分老师甚至误以为只要是"经典"就是必读的根基书目。"经典"主要是指被学界所认可的具有典范性的著作。但是，经典书籍并不意味就是适合语文教师阅读的根基书籍。根基书籍是指奠定教师专业学识根基的书籍，是影响教师教育思想的书籍，是影响和形成其专业思维方式的书籍，是此时此刻最适合教师的书籍。这些书未必是最有名的经典或者最流行的热门书籍，却是当下语文教师构建个人专业结构最需要的书籍。

一般而言，教师的知识结构由三部分组成：本体性知识（即学科专业知识，约占50%）、条件性知识（即教育专业知识，约占30%）、背景知识（人文、科学等学科知识，约占20%）。重要的是，这三部分不是各自为营、彼此孤立的，而是基于共同的知识观和价值背景相互支撑、相互渗透的。对每一个教师而言，都需要与某个特定发展阶段相匹配的知识结构，都需要适合个人专业成长的根基书籍。对语文教师而言，首先要找到组成自己知识结构的知识范畴，科学选择阅读书目并做出阅读规划，避免因为知识结构的缺陷导致专业阅读的障碍。根基书籍可以因人而异，但被确定为根基书籍必须有两大特点：一是本人确实需要并喜爱此研究方向，二是书籍本身确实有专业价值。

语文教师阅读的根基书籍可以从基础理论书籍、经验型书籍、案例型书籍三个方面选择。

对学科核心知识进行阐述的书籍是基础理论书籍的重要组成部分。这类根基书籍勾勒了学科的基本框架，对学科的根本概念有着清楚的解释和科学的梳理。例如：关于诗词鉴赏，朱光潜的《诗论》、王国维的《人间词话》就是基础理论书籍；对于修辞学而言，陈望道的《修辞学发凡》是基础理论书籍。基础理论书籍可以让语文教师在专业理论中检视自己的理论架构，基于自己的理解、感悟与作者进行对话，从而获得对某门学科基本原理的概括认识。基础理论书籍的阅读，首推哲学书籍，可以此涵养精神，提高思想深度。一切哲学都是教育学。无论是教育范畴还是语文学科，寻根溯源的可能就是哲学。例如，文本解读的基础理论书籍就以伽达默尔的《真理与方法》为代表，阅读此书可以有助于语文教师借助哲学解释学的认知检视、反思文本解读。

经验型书籍可以让教师从教育前辈们的思想精华中汲取教育思想的营养，寻找教育智慧的源头，获得教育经验的积累，并由此建构个人的专业阅读的架构。例如，在诗词鉴赏方面，不少学者的解读体会形成的文字就是最实用的根基书籍，《唐宋词十七讲》是语文教师建构唐宋词鉴赏的知识架构的示范，该书也呈现了作者叶嘉莹作为一个优秀的古典文学研究者的学养架构，即理论功底、对古典作品的艺术感受力、对中国传统文化的整体把握，这也是语文教师专业成长可以借鉴的学术规划。又如，在文本解读方面，王建华的《语用学与语文教学》是我国以汉语为语料的语用学代表作之一，是基于语用学角度对语文教材解读的范例，语文教师可以借此梳理语文教科书文本的语用知识，并建构基于语义、语境、语体等角度的文本解读知识架构。

案例型书籍大多是一线教师的教育教学实践的优秀经验集合，诸如名师工作手记、名师课堂实录等。这类书籍最容易阅读，可以说是语文教师最可能接受并进行入门阅读的书籍。这类书籍可以让读者直观感受到优秀教师是如何成长、如何实践的，有利于语文教师找到专业成长的榜样，找到适合自己的教育教学方式。这类书籍颇多，语文教师选择时要注意案例型书籍是否清晰透彻而又简明扼要、通俗易懂地解释某一领域或某些问题，能否具有示范性、可操作性，是否具有个人独特见解并且是公认的代表学科前沿的书。

根基书籍的选择不妨以语文教师的个人专长为首选方向。"尺有所短，寸有所长"，每一位教师都会有个人的长处和短处，但是，对于语文教师而言，重要的是扬长——基于个人长处而建构知识专长，以此增加专业自信，再以点带面，构成更完善的阅读。此外，根基书籍的选择还应当基于语文教师建构个人专业知识结构的可行性。任何职业都有相应的专业知识的基础要求，语文教师的专业知识是一个十分庞杂的语文教育学科知识系统，是汉语言文学学科知识与教育学科知识的交叉组合，实际上是学科理论认识与教育实践知识的磨合体系。一般来说，学科理论知识如语言学知识、文学史知识、文章学知识、美学知识、逻辑学知识、教育学知识、心理学知识等，均可通过课程学习或研读专业书籍的形式获得。但是，这些学科理论知识是平面的，更多的是应然状态的基础性的描述，还不足以让语文教师应对纷繁多变的语文教育教学现实。因此，语文教师必须自觉、主动地采用专业阅读模式，有意识地倾向文论、史论和哲学书籍，以持续地阅读专业书册来拓展专业学识的宽度，采用知性阅读方式使自己的专业阅读由基础性阅读转向深度阅读。

## 2. 采用主题式阅读

（1）第一层次，索引式阅读。这一层次是阅读的初始阶段，主要是初步感知并获取书籍的基本信息。阅读活动是一个整体认识的发展过程，由浏览文字获得初始的整体印象，继而揣摩文章的遣词造句、结构篇章，最后再回到整体，由此获得发展的整体印象。索引式阅读就是阅读初始阶段对书籍的整体把握，通过书籍的封面对书籍的主题、类型进行归类，通过书籍目录了解整本书的框架和纲要，以此定位个人研读关注的焦点，借助书中索引把握书籍的重点，在此基础上确定进一步研读的主要内容或重点章节。以《中国著名特级教师教学思想录（中学语文卷）》为例，索引如图6-1所示。

图6-1　《中国著名特级教师教学思想录（中学语文卷）》索引

这一阶段的阅读可以借助编写书目索引来整理个人阅读信息。在专题阅读过程中，会涉及很多书籍，编写书目索引有利于整理所读书籍的基本信息。书目索引包括作者信息、出版信息、书名信息、章节信息等，这样便于查阅和及时查证。这里仍以《中国著名特级教师教学思想录（中学语文卷）》为例，信息记录（以宁鸿彬老师为例）如下：

············

二、面向未来，改革语文教学

1. 放开学生手脚

提倡独立思考——不迷信古人、名家、老师，欢迎质疑，欢迎发表与教材不同的见解，欢迎发表与教师不同的见解。

理解学生，做到三个允许（允许说错做错，允许改变观点，允许保留意见）。

2. 卡片辅助教学

3. 使学生变苦学为乐学

刻苦是一种学习态度，乐学说的是学习方法。在学习活动中，在精神上要不怕苦，要做好吃苦的准备，当需要吃苦的时候绝不退缩；在做法上，要力求少吃苦，甚至不吃苦，要去努力寻求乐学的科学途径。

4. 寓思维训练于读写听说训练之中

a. 培养学生思维的敏捷性 设情境 求速度

b. 培养学生思维的广阔性 全局性启发 添加式拟题

c. 培养学生思维的深刻性 追根寻源 据理析事

d. 培养学生思维的周密性 多方探求 彼此联系

e. 培养学生思维的创造性 多向思维训练 变向思维训练 新向思维训练

5. 加强语文教学中的世界观、方法论教育

（2）第二层次，检视阅读。检视阅读是指在一定的时间之内，抓住一本书的脉络和重点。在这个层次的阅读中，主要解决四个层面的问题：①这本书在谈什么？作者如何展开主题并从核心主题分解出关键议题？②作者说了什么，怎么说的？从目录当中挑选几个与主题息息相关的篇章来读。如果这些篇章在开头或结尾有摘要说明，就要仔细地阅读这些说明，找出主要的想法与论点，整理成书本信息。③判断这本书说得有道理吗？是全部有道理，还是部分有道理？④建立这本书与自己的关系。这本书提供的资讯有什么现实意义？为什么这位作者认为这主题很重要？自己真的有必要去了解吗？如果还启发了自己，就有必要找出其他相关的含义或建议，以获得更多的启示。

以《语用学与语文教学》为例，这本书阐述了语用学的基本要素对阅读理解的影响，从语用学和语文教学结合的角度讨论有关的教学观念与

教学方法问题，分别从话语语义、语用主体和语境这三个方面展开议题。其中，语境是我们最为熟悉的语用因素。此书分别阐述了与语文教学密切相关的上下文语境、语体语境、文化语境和背景语境对语文教学的影响。语体语境这一观点涉及"语体"这一概念。语体意识及相关解读策略对于文本解读十分必要，但是"语体"这一概念容易与我们熟知的"文体"概念混淆。文本解读必须因体解文，但是语体强调的是话语体系。从语体角度解读文本还是很有启发意义的。不过，此书将情感性散文纳入交叉语体有待商榷。情感性散文这一分类本身就有些含糊，对这一点可以继续探究。此书最关注的是话语体系，分别从话语的语言意义、语用意义、话语理解的理解活动展开陈述，这些理论阐述是语文教师的文本解读的必要理论认识。语文是一门学习语言文字运用的综合性、实践性很强的学科，其本质上就是语用学。以往的语文教学在语言文字教学方面，要么强调思想性、文学性或知识性，要么片面强调语言文字的基础知识和基本训练。所以，语文教师应当了解并掌握这方面的知识，思考如何培养学生正确理解和运用语言文字的能力。

这一层级的阅读尽可能地使用最简短的文字概述整本书的主要观点，将主要部分按顺序与关联度列举出来；能够辨识作者要表达的主旨，从内容中找出相关的句子，再重新架构出来；确定作者已经解决问题及形成的结论，梳理书中还没有解决的问题，并思考。

（3）第三种层次，比较式阅读。《文心雕龙·知音》提出："是以将阅文情，先标六观：一观位体，二观置辞，三观通变，四观奇正，五观事义，六观宫商。斯术既形，则优劣见矣。"周振甫先生对此的译注解释是："就是说文学鉴赏必须从六个方面入手：第一观位体，就是观作品的主题、体裁、形式、结构、整体风格；第二观事义，就是观作品的题材，所写的人事物等种种内容，包括用事、用典等；第三观置辞，就是观作品的修辞手法；第四观宫商，就是观作品的音乐性，如声调、押韵、节奏等；第五观奇正，就是通过与同时代其他作品的比较，以观该作品的手法和风格，是正统的，还是新奇的；第六观通变，就是通过与其他作品的比较，以观该作品的表现，如何继承与创新。"① 一篇文章独立地放在那里，我们或许难以品鉴作者的匠心、命意，如果把相关的文章放在一起比较分析，或许会给我们呈现出一个新的解读体验。这里谈的六个方面就是比较

---

① 〔南朝梁〕刘勰著、周振甫译注：《文心雕龙今译》，中华书局2013年版，第434页。

式阅读的常用角度。这种比较阅读可以是横观同一个作家的不同作品，也可以是纵观不同时期、不同作家的同一题材作品。

以《小石潭记》为例。先观命意。《小石潭记》的命意，表现在后面的一段里：

> 坐潭上，四面竹树环合，寂寥无人，凄神寒骨，悄怆幽邃。以其境过清，不可久居，乃记之而去。

柳宗元被贬永州，所写景物透露出了悲凉的心境。同是被贬题材的文学作品，我们把这篇文章和范仲淹的《岳阳楼记》进行比较。庆历新政失败后，范仲淹贬居邓州，此时他身体欠恙。昔日好友滕子京从湖南来信，要他为重新修竣的岳阳楼作记，并附上《洞庭晚秋图》。范仲淹《岳阳楼记》一文其实是看图写作文，通过他人览物之情的或喜或忧，引出不同常人的"古仁人之心"，即"不以物喜，不以己悲"，归结到"先天下之忧而忧，后天下之乐而乐"。两者相比较，文章立意高下立判。柳宗元的《小石潭记》的立意仅仅停留在"以己悲"，《岳阳楼记》的立意超出私己，表现作者虽身居江湖，仍心忧国事，虽遭迫害，仍不放弃理想的胸襟，在命意谋篇上远超柳宗元了。

再看写法。柳宗元的《小石潭记》对景物的描写，不是概括地写，而是具体地写，并且全篇使用散文，如写潭水游鱼：

> 潭中鱼可百许头，皆若空游无所依，日光下澈，影布石上。佁然不动，俶尔远逝，往来翕忽，似与游者相乐。

把同类写法的文章进行比较，在比较中更容易发现文章写法的精妙，比如吴均《与朱元思书》的山水：

> 夹岸高山，皆生寒树，负势竞上，互相轩邈，争高直指，千百成峰。泉水激石，泠泠作响；好鸟相鸣，嘤嘤成韵。蝉则千转不穷，猿则百叫无绝。

《与朱元思书》本是一封写给友人的书信，文章内容却有别于书信的常见内容，没有客套的"唠嗑"，也没有日常事务的叙述，而是描绘了奇山异水之美。这篇写景小品文充分体现了吴均体的独特魅力，即"文体清拔有古气"。对比之下，我们可以认识到南朝文人笔下的山水的共同写法是概括描写，骈文的写法。到了唐代，柳宗元采用具体描写，散文写法。

在语言表述方面，还可以与欧阳修的《醉翁亭记》进行对比阅读。两篇文章采用的是概括描写和具体描写相结合，骈散结合，是另一种"变"，另一种"新"。作者的匠心在哪里，文章的优劣在哪里，在比较中或可探知一二。

（4）第四层次，专题式阅读。此读书策略重在有目的地摘录自己所需要的有关内容，建构个人知识结构。摘录只是基础，关键是在摘录的过程中，对已有的知识结构进行反思，联系旧认知结构，建构新认知领域，使知识系统化，发现疑难之处或有不同看法等，就此进行批注，发表个人评论意见，提出质疑。这一层次的阅读重在通过议论提高教师的教学思辨能力、分析判断教育教学实践的疑难问题的能力。它要求语文教师在阅读过程中抓住关键疑难，提出自己的见解并找出依据，然后与专家、同行共同议论（包括评论、争论），各抒己见，进行深入的探讨。尚有余力者，可以针对研究的主题，设计一份试验性的书目，依照书的种类与主题来分类；接下来，浏览书目，确定哪些与主题相关，并就主题建立清晰的概念，找出最相关的章节；而后，界定主要及次要的议题，将作者针对各个问题的不同意见整理陈列在各个议题之旁，议题以其共通性来决定排列的先后顺序；然后，分析这些讨论，从书中找出相关章节解读议题。例如，深圳市教育科学研究院中学语文教研员程少堂备教省级教学公开课《锦瑟》期间的阅读，就是主题式阅读。

【附】程少堂广东省公开课《锦瑟》备课阅读参考主要书目①

### 程少堂广东省公开课《锦瑟》备课阅读参考主要书目

| 序号 | 作　者 | 书　名 | 出版社 | 说　明 |
|---|---|---|---|---|
| 1 | 刘学锴、余恕诚 | 《李商隐诗歌集解》（1—5册） | 中华书局 2004年版 | 部分阅读 |

① 《程少堂广东省公开课〈锦瑟〉备课阅读参考主要书目》，https://www.baidu.com/link?url = yJtxtIXmUp－g0bJdVhsmCddXNd6NqvZNAtWxKnV9jmeXynMQ4yARJsa38Y28mePDZMKF SmjIL-GRJiwCe2YcOOK&wd = &eqid = c4d374560013fe80000000065e4e6f1e。

续上表

| 序号 | 作　者 | 书　名 | 出 版 社 | 说　明 |
|---|---|---|---|---|
| 2 | 刘学锴 | 《李商隐传论》（上、下） | 安徽大学出版社 2002 年版 | |
| 3 | 刘学锴、李翰 | 《李商隐诗选评》 | 上海古籍出版社 2003 年版 | |
| 4 | 叶嘉莹 | 《迷人的诗谜——李商隐诗》 | 文化艺术出版社 2010 年版 | |
| 5 | 倾蓝紫 | 《我是人间惆怅客——解谜李商隐的锦瑟人生》 | 文化艺术出版社 2010 年版 | |
| 6 | 王蒙 | 《双飞翼》（这部集子前半部分收录王蒙研究李商隐的著名文章7篇） | 生活·读书·新知三联书店 1996 年版 | 我没有买到王蒙另一部研究李商隐的著作《心有灵犀》 |
| 7 | 叶嘉莹 | 《迦陵论诗丛稿》 | 中华书局 2005 年版 | 喜欢诗歌的，做语文教师的，这几本书建议看一看 |
| 8 | 顾随讲，叶嘉莹笔记，顾之京整理 | 《顾随诗词讲记》 | 中国人民大学出版社 2006 年版 | |
| 9 | 叶维廉 | 《中国诗学》 | 生活·读书·新知三联书店 1992 年版 | |
| 10 | 朱光潜 | 《诗论》 | 安徽教育出版社 1997 年版 | |
| 11 | 徐复观 | 《中国艺术精神》 | 春风文艺出版社 1987 年版 | |
| 12 | 朱良志 | 《中国艺术的生命精神》 | 安徽教育出版社 1995 年版 | |

续上表

| 序号 | 作 者 | 书 名 | 出 版 社 | 说 明 |
|---|---|---|---|---|
| 13 | 袁行霈 | 《中国诗歌艺术研究（增订本）》 | 北京大学出版社1996 年版 | 喜欢诗歌的，做语文教师的，这几本书建议看一看 |
| 14 | 黄子平 | 《文学的"意思"》 | 浙江文艺出版社1988 年版 | |
| 15 | 赵沛霖 | 《兴的源起——历史积淀与诗歌艺术》 | 中国社会科学出版社 1987 年版 | |
| 16 | 鲁枢元 | 《超越语言——文学言语学刍议》 | 中国社会科学出版社 1990 年版 | |
| 17 | 叶朗 | 《美学原理》 | 北京大学出版社2009 年版 | |
| 18 | 萧涤非等 | 《唐诗鉴赏辞典》 | 上海辞书出版社1983 年版 | 李商隐部分 |
| 19 | ［美］宇文所安 | 《晚唐——九世纪中叶的中国诗歌（827—860）》 | 生活·读书·新知三联书店 2011年版 | 这部著作约 40 万字，研究李商隐的文字大约有 20万字 |
| 20 | 冉云飞 | 《像唐诗一样生活——中国人心灵栖居的诗意追寻》 | 上海社会科学院出版社 2005 年版 | |
| 21 | ［美］宇文所安 | 《迷楼——诗与欲望的迷宫》 | 生活·读书·新知三联书店 2003年版 | |
| 22 | 史冬冬 | 《他山之石——论宇文所安中国古代文学与文论研究》 | 巴蜀书社 2010年版 | 博士学位论文 |
| 23 | 陈小亮 | 《论宇文所安的唐代诗歌史研究》 | 中国社会科学出版社 2010 年版 | 博士学位论文 |

续上表

| 序号 | 作 者 | 书 名 | 出版社 | 说 明 |
|---|---|---|---|---|
| 24 | ［美］斯蒂芬·欧文（又名宇文所安） | 《追忆——中国古典文学中的往事再现》 | 上海古籍出版社1990年版 | |
| 25 | 王力 | 《诗词格律十讲》 | 商务印书馆2002年版 | |
| 26 | 肖鹰 | 《美学与艺术欣赏》 | 高等教育出版社2004年版 | |
| 27 | 刘长林 | 《中国系统思维》 | 中国社会科学出版社1990年版 | |
| 28 | 申小龙 | 《文化语言学》 | 江西教育出版社1993年版 | |
| 29 | 王岳川主编 | 《当代西方最新文论教程》 | 复旦大学出版社2008年版 | |
| 30 | 朱立元主编 | 《当代西方文艺理论（第2版）》（增补版） | 华东师范大学出版社2005年版 | |
| 31 | 李宗桂 | 《中国文化概论》 | 中山大学出版社1988年版 | |
| 32 | 李中华 | 《中国文化概论》 | 华文出版社1994年版 | |
| 33 | 畅广元主编 | 《文学文化学》 | 辽宁人民出版社2000年版 | |
| 34 | 曹明海 | 《文学解读学导论》 | 人民文学出版社1997年版 | |

续上表

| 序号 | 作 者 | 书 名 | 出 版 社 | 说 明 |
|------|--------|--------|----------|-------|
| 35 | 周振甫 | 《诗词例话》 | 中国青年出版社1979 年版 | |
| 36 | ［美］浦安迪 | 《中国叙事学》 | 北京大学出版社1996 年版 | |
| 37 | 杨义 | 《中国叙事学》 | 人民出版社 1997年版 | |
| 38 | ［法］郁白 | 《悲秋——古诗论情》 | 广西师范大学出版社 2004 年版 | |
| 39 | 张世英 | 《哲学导论》 | 北京大学出版社2002 年版 | |
| 40 | 傅修延 | 《文本学——文本主义文论系统研究》 | 北京大学出版社2004 年版 | |
| 41 | 张会恩、曾祥芹主编 | 《文章学教程》 | 上海教育出版社1995 年版 | |
| 42 | 倪宝元主编 | 《语言学与语文教育》 | 上海教育出版社1995 年版 | |
| 43 | 张颂 | 《朗读美学》 | 北京广播学院出版社 2002 年版 | |
| 44 | 张颂 | 《朗读学》（修订版） | 湖南教育出版社1990 年版 | |
| 45 | 杜伟东 | 《朗诵学》 | 成都科技大学出版社 1992 年版 | |

续上表

| 序号 | 作 者 | 书 名 | 出版社 | 说 明 |
|---|---|---|---|---|
| 46 | 叶舒宪等 | 《中国古代神秘数字》 | 社会科学文献出版社 1998 年版 | 看这两本书的动机是：备这节课时我老琢磨一个问题——为何中国格律诗有五律、七律，而没有九律、十律？ |
| 47 | 吴慧颖 | 《中国数文化》 | 岳麓书社 1995 年版 | |
| 48 | 叶纯之等 | 《音乐美学导论》 | 北京大学出版社 1988 年版 | 我每次公开课备课期间，都要看几本跟课的内容毫无关系的其他艺术门类的书，从中受到启发 |
| 49 | ［美］伦纳德·迈尔 | 《音乐的情感与意义》 | 北京大学出版社 1991 年版 | |
| 50 | 王毅 | 《园林与中国文化》 | 上海人民出版社 1990 年版 | |
| 51 | 徐风 | 《一壶乾坤——紫砂历史大散文》（紫砂历史三十位大师传记） | 中国青年出版社 2010 年版 | |

程少堂老师这一份书单可以说是《锦瑟》备教的主题式阅读的初步书单。从程少堂老师的阅读书单来看，按照书目的种类与主题，这些书目可以分为李商隐（作者）研究、李商隐作品（作者相关作品）研究、晚唐（作者所处的时代）诗歌研究、诗学理论、文化概论、朗读理论、文学解读理论等。研读其他作品，同样可以按照这样的种类和主题（作者研究、作者作品研究、作者所处时代作品研究、作品所属文体的相关理论、文学解读理论等）确立书目。语文教师研读文本，不妨确立个人研读的关注点，以点带面，先"深挖坑"再"广积粮"。

第一步，确立研读主题；第二步，围绕主题确定相关的议题；第三步，界定主要及次要的议题并依次排序；第四步，选择书目或阅读章节，解读议题。以《锦瑟》为例，研读主题如下：李商隐作品具有哪些特点？与其他唐诗（尤其是晚唐诗）相比，有什么与众不同之处？学者顾随认

273

为："若令举一首诗为中国诗之代表，可举义山《锦瑟》。若不了解此诗，即不了解中国诗。"[①] 中国古诗有什么特点？《锦瑟》如何体现中国古诗特点？其主题式阅读的主要及次要议题如下：①诗歌鉴赏的知识；②唐代诗歌的知识，尤其是晚唐诗歌的知识；③七言律诗的知识；④对诗人李商隐的了解；⑤对李商隐创作特色的了解；⑥把握《锦瑟》的音韵之美、意境之美、文化之美。

根据这些议题展开阅读，将不同书籍的相关论述整理在相关议题之下。通过这样的主题式阅读，能够比较系统地把握所研读的文本，自然就可以抓住文本的要点和精华，还可以由此进一步把握中国古典诗歌的音韵之美、语言之美、文化之美的典型特征。

## （二）建构互文阅读体系

如果说专业阅读是教材开发的内功修炼必要程序，那么，建构个人教材体系则是提升教材开发能力的实际操作。越来越多的语文教师意识到自主建构教材体系的可能和必要，但是，建构教材体系毕竟不是简单易行的操作。如果教师能力足以自主编排教材，那固然可喜可贺，如果不具备独当一面的条件，在个人教学领域进行互文阅读体系的建构则不失为一个提升教材开发能力的最佳选择。

互文阅读体系是指基于教科书文本的互文性，结合教科书已有教学单元的编排特性，为已有选文配置相关的互文阅读的文本，以此构建一定阅读主题之下的阅读材料体系。

教科书文本的互文性，首先源自文本的互文特性。互文性是作者写作的基本存在方式。每一个作者的写作都以共同的人类文化作为知识背景，都是基于大同的社会现实的记录或创作，任何文本的创作都自觉或不自觉地吸收和转化其他文本，文本之间存在镜像因素，相互参照。最直接、最明显的互文主要包括语典、事典（典故）和重写、改写。此外，互文性也是读者阅读的基本存在方式。阅读者的知识储备是一个复杂的、多层次的结构。在阅读一个词、一句话、一段篇章的时候，阅读者的体验、感悟、理解不可能是真空的，其阅读经验和认知架构当中的古今文本信息因素会直接或间接地影响阅读者。

---

① 顾随讲，叶嘉莹笔记，顾之京整理：《顾随诗词讲记》，中国人民大学出版社2006年版，第195页。

教科书文本的互文性也是语文课程编排的需要。语文知识结构不可能呈线性或直接的台阶式地递进，只能是通过文选系统实现螺旋式上升。语文学习也需要用相关文本语境重复出现的方式加深巩固语言文字的学习运用，以此引导学生形成正确的语感。教科书的互文性间接体现在教科书中的单元与单元之间的知识系统的勾连，单元内文选系统与助读系统、练习系统的关联，等等。

建构互文阅读体系有助于规避语文教师在教材文本资源开发方面存在的问题。不少语文教师对文本资源的开发呈现无序状态，在教材文本资源开发中"去语文化"现象严重，体现为放弃已有的教材资源而无根据地扩展，缺乏系统性建构。例如：教学《再别康桥》这篇文章，有些教师介绍了徐志摩方方面面的信息，唯独没有集中于《再别康桥》对"三美"主张的体现；教学朱自清《春》这篇文章，采用了大量的关于春色美景方面的音乐资源、图像视频资源，却淡化了课文精彩描写的文段资源。因此，教师需要充分认识教学单元文本资源的目标、教科书文本资源的功能等，从而构造与课程标准、学情相适应的教科书体系，基于教学单元的互文阅读体系的建构就是恰当的切入路径。

互文系统的建构要基于教学解读角度的以文解文，主要是为单元教学任务而服务，而不是与教科书文本有关联的就可以组成互文系统。

## 1. 基于教学目标来选取

统编教材的选文都会承载着一定的教学目标。互文系统的构建也要围绕着"这一个"教学目标，有助于"这一个"教学目标的落实，即所选的文章，可以使"这一个"教学目标在落实时要么更全面，要么更彻底，要么更快速，要么更有效，要么更轻松。

例如，统编语文教材八年级下册第一单元有鲁迅的《社戏》、贺敬之的《回延安》、刘成章的《安塞腰鼓》、吴伯箫的《灯笼》四篇课文。本单元的课文主要是与民俗有关，或表现各地风土人情，或展示传统文化习俗。在教学中，教师首先要关注语文课的人文性，引导学生在理解课文内容的基础上，了解课文所展示的风土人情、民俗文化，并认识其背后的价值和意义。其次，不能忽视语文课的工具性，在单元导言的提示中，我们可以得知，在本单元的学习中，不仅要注意体会作者是如何根据需要综合运用多种表达方式的，还要注意感受作者寄寓的情思，品味作品中富于表现力的语言。因此，在选择文本与本单元课文互文时，除了要注意所选文本与课文之间有无相互关系，还要注意这些文本是否能帮助学生更好地达成本单元的学习目标，加深学生对本单元课文的理解。

《回延安》是贺敬之写的一首抒情诗，这首诗是用陕北民歌"信天游"的形式写成的，使用了富有地方色彩的词语，展现出浓郁的陕北风情，抒发了诗人重回阔别十余年延安时的激动与喜悦之情，表达了诗人对"母亲延安"深厚的感情。该课可以用祁念曾的《延安，我把你追寻》、曹靖华的《小米的回忆》来互文。贺敬之的《回延安》与祁念曾的《延安，我把你追寻》都是写延安，表达诗人对延安的深情的诗歌，通过比较，我们可以发现二者的诗歌语言不同：祁诗的语言简洁清新，而贺诗的语言更加质朴醇厚。同样是借物抒发感情，但采用的写作手法不一样，祁诗采用的是比拟的抒发，贺诗采用的是比兴的手法，同时又具有鲜明的地域色彩。此外，因为贺诗借用了"信天游"的形式，所以贺诗比祁诗中还多了许多富有地域色彩的词语，我们可以引导学生体味其与祁诗在艺术效果与感情表达上的不同。除此以外，我们还可以品味这两首诗歌中有关延安的一系列意象。曹靖华的《小米的回忆》是一篇叙事性的抒情散文，文体与诗歌《回延安》不同，但在感情表达上并不逊色，表达了延安革命时期革命同志之间深厚的革命情谊，歌颂了"小米加步枪"的延安精神。学生通过阅读《小米的回忆》有助于体会《回延安》的思想感情，深入体会"延安精神"。此外，《小米的回忆》中也运用了多种表达方式，可以帮助学生思考并理解作者是如何根据需要来综合运用这些表达方式的。

## 2. 基于重难点来选取

每一篇课文，都会有自身的重点和难点，这是阅读过程的关键节点。互文的选取，要有利于突破重点和难点，能为其添把火，加把劲，能把课文需要达到却难以达到的阅读水平，通过互文系统的阅读来达到。《安塞腰鼓》是刘成章写的一篇抒情散文，写陕北高原，写高原腰鼓，写打腰鼓的人，展现了高原的民风民俗，以及高原人奔放雄健的精神气质。根据本课的教学重点：感知安塞腰鼓的特点，理解其中所蕴含的民俗文化的意义和价值；体会本文所表达的热烈、豪放的情感，感受西北高原人的蓬勃生命力；体会多种表达手法、多种修辞手法综合运用的效果；品味抒情散文语言的诗意；等等。互文阅读可以选择霍竹山的《安塞听鼓声》、张亚宁的《陕北秧歌》。《安塞听鼓声》与《安塞腰鼓》同样是写安塞腰鼓，表达了作者对安塞腰鼓的喜爱和赞美。二者主题相关，在修辞手法的选用上也有相似之处，都运用了排比、比喻、夸张等修辞手法，而且这两篇文章都采用了抒情和议论的表达手法。相信学生通过阅读《安塞听鼓声》，更能了解安塞腰鼓的特点，体会安塞腰鼓表演的魅力，理解安塞腰鼓背后的民俗意义。选用张亚宁的《陕北秧歌》互文可以帮助学生拓展课外知识面，了解到陕北的民俗表演不止一种，除了安塞腰鼓，还有秧歌。可以引导学生把《陕北秧歌》与《安塞腰鼓》做比较，体会两篇文章中描写的共同的地域特点、文化特色，以及陕北人民吃苦耐劳的精神和粗犷、质朴、开朗的性格，感受西北高原人蓬勃的生命力。此外，还可以比较不同文章的语言特点等。

### 3. 基于学情来选取

学生是阅读行为的主体。面对同一阅读对象，不同的阅读主体会产生不同的阅读反应。教材规定篇目是统一的对象，在兼顾不同区域、不同层次的阅读个体方面难免存在一些瑕疵。面对这些篇目，不同区域、不同层次的学生个体所需要的帮助自然有所不同。这个不足之处可以由互文系统来弥补。"互文"的选取必须立足学生阅读课文的困惑和问题，符合学生的实际学情。例如：引导乡村学生阅读城市题材作品时，可选取有同质关联的乡村内容的文章给乡村学生补白；引导南方学生阅读北方地域题材作品时，可考虑选取跟南方地域同质关联的文章来唤起南方学生的共鸣；引导当代学生阅读跨时代题材作品时，则要充分利用各种文本来消除学生的时代隔阂。

课文《灯笼》是吴伯箫的一篇散文，以"灯笼"为话题，串联起早年乡村生活的诸多回忆，表现旧时的乡村民风民俗，表达了作者对故乡的怀念之情；同时以小见大，借"灯笼"表明作者想做抗日"马前卒"的心愿。该文行文自由随心，意绪纷繁，学生阅读起来比较费力，教师可选择用朱成玉同题散文《灯笼》构成互文系统。这两篇文章同样是以"灯笼"为话题，在文中表现了"灯笼"背后所承载着的厚重的文化内涵，借"灯笼"来抒发心中情感。但二者所表达的情感有所不同，吴伯箫的《灯笼》不仅表达了作者对故乡和祖父、母亲等亲人的怀念之情，还表达了爱国情；朱成玉的《灯笼》主要表达了作者对父亲的崇敬和怀念之情。通过阅读比较，分析文本中带有民俗元素的语句，学生可以更好地理解"灯笼"具有的民俗文化的意义。因为这两篇文章所抒发情感的不同，所以可以引导学生关注这两篇文章各个叙述点的次序和关联，思考作者是如何依据情感线索安排写作材料的次序。另外，通过比较，可以让学生感受二者语言特点的不同。还可以选取陈平原的散文《扛标旗的少女——我的春节记忆》来互文，该文以"少女扛标旗"这一种颇有潮州地域文化特色的民俗活动来追忆旧时故土情怀。我们将这一篇散文作为《灯笼》的"互文"，无疑能让潮汕的学生对民俗信物、民俗现象有了更近距离的接触，有了更深入的体验，从而更好地实现"我们能够从中看到一幅幅民俗风情画卷，感受到多样的生活方式和多彩的地域文化，更好地理解民俗的价值和意义"这一单元目标。

【例1】统编语文教材九年级上册第一单元互文系统建构（岭南师范学院文学与传媒学院2020级学生郭江灵）

第1课《沁园春·雪》

助读文本：①《〈沁园春·雪〉课文解读》

②《浅谈毛泽东〈沁园春·雪〉的语言特点》

展读文本：③《沁园春·长沙》

④《忆秦娥·娄山关》

专题文本：⑤《七律·长征》

⑥《清平乐·六盘山》

⑦《浪淘沙·北戴河》

第2课《我爱这土地》

助读文本：①《论艾青的诗》

②《〈我爱这土地〉课文解读》

③《浅谈艾青诗中的"土地"意象》

展读文本：④《大堰河——我的保姆》

⑤《向太阳》

专题文本：⑥《雪落在中国的土地上》

⑦《北方》

⑧《黎明的通知》

第3课《乡愁》

助读文本：①《论余光中的诗》

②《〈乡愁〉课文解读》

③《浅谈余光中〈乡愁〉的语言特点》

展读文本：④《等你在雨中》

⑤《乡愁四韵》

专题文本：⑥《再别康桥》

⑦《在那山道旁》

⑧《沙扬娜拉一首》

第4课《你是人间的四月天》

助读文本：①《〈你是人间的四月天〉课文解读》

②《论林徽因〈你是人间的四月天〉的语言特点》

展读文本：③《你若安好，便是晴天》

④《情愿》

专题文本：⑤《雨巷》

⑥《致橡树》

⑦《神女峰》

⑧《四月的黄昏》

第5课《我看》

助读文本：①《论穆旦的诗》

②《〈我看〉课文解读》

展读文本：③《夏夜》

④《春》

专题文本：⑤《生命幻想曲》

⑥《我会像青草一样呼吸》

【例2】统编语文教材七年级上册第一单元互文系统（岭南师范学院文学与传媒学院2020级学生吴绮琪）

《天净沙·秋思》——

助读文本：①温庭筠《商山早行》

②白朴《天净沙·秋》

③秦观《满庭芳·山抹微云天粘衰草》

展读文本：④马致远《汉宫秋》

⑤马致远《寿阳曲·江天暮雪》

专题文本：⑥白居易《钱塘湖春行》

⑦刘禹锡《石头城》

《春》——

助读文本：①杜甫《春夜喜雨》

②萧红《小城三月》

展读文本：③老舍《春风》

④叶圣陶《春天》

专题文本：⑤朱自清《荷塘月色》

⑥朱自清《绿》

《济南的冬天》——

助读文本：①夏丏尊《白马湖之冬》

②贾平凹《冬景》（节选）

展读文本：③梁实秋《北平的冬天》

④朱自清《冬天》

专题文本：⑤老舍《五月的青岛》

《观沧海》——

助读文本：①李世民《春日望海》

展读文本：②李白《行路难》

专题文本：③曹操《龟虽寿》

④曹操《冬十月》

《次北固山下》——

助读文本：①王之涣《登鹳雀楼》

②王维《相思》

展读文本：③王安石《泊船瓜洲》

④崔颢《黄鹤楼》

专题文本：⑤王湾《奉使登终南山》

# 后　记

自 2007 年开始执教"语文课程与教学论""语文教学技能"等课程以来，我时常感觉课程教学的无力，越教学越困惑，这种无力与困惑主要源于不知如何帮助师范生有效地理解课程理论，并有效地建构个人的语文课程教学认知结构。在多年的教学过程中，我发现，开发与建设语文教科书是师范生乃至一线教师形成专业实践能力的关键和突破口。我曾经从语文教师专业成长的角度进行探索，也尝试从文本解读的角度进行研究，但始终是隔山打牛。我希望能寻找到一条路径，让我的学生能够清楚地认识语文教科书的本质，把握语文教科书的开发与建设的尺度。

在写作本书之前，我对其难度已有充分估计，可是，当写起来，才真正感受到这难度的分量。语文课堂教学解读涉及的因素较多，无论是教师、学生，还是教材、课堂，这些因素自身充满复杂性，导致语文教科书研究形成了非常庞杂的研究系统。并且，本书不能局限于理论的研究，还必须结合中小学语文教学实践，把新兴的理论和传统的教学相嫁接，难度是显而易见的。由于学养不足，面对这样一个复杂的问题，我常有力不从心之感，有些问题的探讨并不尽如原来的设想，课程理论、课程标准导向如何有效指引教科书开发与处理"老大难"问题也在本书留下不少缺憾。语文教科书的研究是一个动态的存在，没有建设完成画上句号的一天，本书的研究只是一个阶段的思考，仍需要随着语文课程发展改革而深度研习。我期待学术界的前辈时贤以及广大的中小学语文教师对本书提出批评建议（联系邮箱：1779902720@ qq. com），我也期待今后能有机会弥补这些缺憾。

本书的主要内容曾在岭南师范学院文学与传媒学院主干课程和一些省级培训项目中提及，得到了学生和学员的肯定和好评。如果这本书能给广大语文教师一些实际的帮助和理论的启迪，那么我将十分欣慰。

感谢本书所收入案例的撰写者，虽然没能与这些老师一一交流，但他们的创造使本书内容更加切合教育实践，谢谢辛勤耕耘的各位语文教师！

本书征引了国内外不少专家学者的观点（在书中已做注释，如有不当之处，敬请谅解），从中获益良多，在此也一并致谢！

感谢岭南师范学院文学与传媒学院领导对我的关心与帮助，感谢岭南师范学院基础教育高质量发展研究院提供的出版资助，感谢所有负责本书出版的工作人员！